古代歷史文化研究輯刊

十七編

王 明 蓀 主編

第 19 冊

狐媚燕京：
海之王國占城對明朝的朝貢策略與影響

張 正 諺 著

國家圖書館出版品預行編目資料

狐媚燕京：海之王國占城對明朝的朝貢策略與影響／張正諺
著 -- 初版 -- 新北市：花木蘭文化出版社，2017〔民106〕
目 2+160 面；19×26 公分
（古代歷史文化研究輯刊 十七編；第 19 冊）
ISBN 978-986-404-959-2（精裝）
1. 外交史
618   106001392

ISBN-978-986-404-959-2

9 789864 049592

古代歷史文化研究輯刊
十七編　第十九冊　　　　　　　　　ISBN：978-986-404-959-2

狐媚燕京：海之王國占城對明朝的朝貢策略與影響

作　　者　張正諺
主　　編　王明蓀
總 編 輯　杜潔祥
副總編輯　楊嘉樂
編　　輯　許郁翎、王筑　美術編輯　陳逸婷
出　　版　花木蘭文化出版社
社　　長　高小娟
聯絡地址　235 新北市中和區中安街七二號十三樓
　　　　　電話：02-2923-1455 ／傳眞：02-2923-1452
網　　址　http://www.huamulan.tw 信箱 hml 810518@gmail.com
印　　刷　普羅文化出版廣告事業
初　　版　2017 年 3 月
全書字數　149113 字
定　　價　十七編 34 冊（精裝）台幣 68,000 元　　　　版權所有・請勿翻印

狐媚燕京：
海之王國占城對明朝的朝貢策略與影響

張正諺　著

作者簡介

張正諺，2014 年取得國立清華大學歷史所碩士學位後，協助臺灣省諮議會史料科處理議會史料。2015 年前往西班牙塞維亞印地亞斯總檔案館（Archivo General de Indias, Sevilla, AGI）擔任澳門史料調查計畫專任助理，現為國立清華大學歷史所計畫助理、《季風亞洲研究》學術期刊編輯助理。

提　　要

　　占城，一個被日本占城史專家桃木至朗稱之為「海之王者」的國家，在 14 世紀時，因王室聯姻與邊境問題，與北方的安南結下不解之仇，卻不敵安南的入侵，被迫簽下城下之盟。正所謂時勢造英雄，占城國王制蓬莪靠著傑出的外交手腕，朝貢北方的大明，「假中國之威，以制服其仇」，成為了安南人眼中的「占城項羽」。

　　明成祖時期，安南與明朝關係極度惡化，占城遂順水推舟，配合明朝南北夾擊安南，將之消滅。但局勢瞬息萬變，隨著明成祖逝世，安南最終擺脫明朝的控制建立黎朝，再度出現於歷史的舞台上。有「天南洞主」之稱的黎聖宗，文滔武略被越南史家比擬為漢之武帝、唐之太宗，他記取了前朝外交失敗的經驗，致力於與明朝的朝貢關係上。同時期的占城，在外交上卻墨守成規，一昧抱守著「狐媚燕京」的縱橫策略，最終不敵安南入侵，國破家亡。占城王子古來被迫親自前往明朝告御狀，卻於事無補，占城遂逐漸消失於歷史的洪流之中。

目次

序　論

第一節　研究動機

　　本文的題目出自於《大越史記全書》，書中有一則安南黎聖宗征討占城的檄文：「豈蠱占城……作狐媚于燕京（借指明朝）」〔註1〕。這一句話恰好反映出占城在以明朝爲中心的天下秩序的外交手段與方法。〔註2〕

　　在張鏡心的《馭交紀》裡提到：「夷性好爭，爭則自相仇殺不暇，爲中國患，而求假中國之威，以制服其仇。是故，夷狄之勢分，則中國之威振，而邊圉款矣！」〔註3〕筆者發現占城在外交手段上，常常以此方式對付其敵人——安南，因此筆者要探討的是，占城在對明朝的朝貢關係中如何「狐媚燕京」的過程，藉以突顯出朝貢關係並非只是單純的「朝」與「貢」，尙有更實質層面的內容。

　　林邑是占族最早的國家中心，其歷史始於二世紀末（192），當時占據了中國的屬地日南（橫山一帶），在南邊的象林郡自立爲王。〔註4〕鄭永常先生認爲漢人從秦漢之際，就不斷向東南擴張，迫使越人逐漸南移。進而壓縮占人的生存空間，因此在中國的早期歷史中，常有林邑侵犯中國邊境之事。

〔註1〕〔越〕吳士連，陳荊和編校，《大越史記全書》（東京：東京大學東洋文化研究所附屬東洋學文獻センター刊行委員會，1984），卷12，〈本紀〉，頁681。

〔註2〕明朝歷史上有兩個首都，洪武朝時爲南京，成祖朝以後爲燕京。因明朝大多時期定都在燕京，因此筆者以此借代明朝。

〔註3〕〔明〕張鏡心，《馭交紀》，《明代基本史料叢刊・鄰國卷・越南【77】》（臺北：線裝書局，2006），卷3，頁113。

〔註4〕〔法〕G. 賽代斯，蔡華、楊保筠譯，《東南亞的印度化國家》（北京：商務印書館，2008），頁80。

　　自越人佔據越南北部之後，占人遂停止對中國南部的擴張，轉而聯合中國對付越南，因此在中國的歷史上，很早就有占人朝貢的紀錄，這是占人爲了自身生存的外交手段。

　　明朝時期的中國對外關係是以「朝貢」爲核心，因此朝貢是占城與明朝最主要的外交方式。在宗藩關係裡，有了朝貢才會有更進一步的交流。本研究並非只侷限在政治層面，尚包含著朝貢關係下進行的各種交流，以便從宏觀的角度去理解當時占城與明朝整個的互動過程。所謂的互動，建立在雙向交流的基礎上，占城「狐媚燕京」去對付安南，那麼對於明朝而言，占城在整個明朝對外關係又扮演什麼樣的角色？

　　除此之外，身爲占城世仇的安南要如何突破占城與明朝的宗藩關係，以便吞併占城，實現其「南帝」之目的。這皆是占城與明朝關係研究中不可分割的一部分。筆者將以占城爲主體，去介紹 14 世紀至 16 世紀初，占城與宗主國明朝的外交策略與方法，以及占城與安南的互動。

　　明朝建立之初，明太祖「分遣使臣，奉詔往諭諸番，以平定四海之意。」〔註5〕當時「占城、暹邏及高麗諸國亦馳詔往報，咸有朝貢之心。」〔註6〕不過，要先注意的是，占城與其他國家並不相同，其在收到詔書之前就已遣使中國，明太祖甚至對此感到訝異的說：「朕主中國天下方安，恐四夷未知，故遣使以報諸國，不期王之使者先至，誠意至篤，朕甚嘉焉！」〔註7〕從這可推測，占城朝貢明朝之動機，應不僅僅是臣服而已。

　　在 14 世紀，占城與北方的安南常有衝突發生。順化一地被安南佔領，占城王制至戰敗被擒，其弟制能又被安南設立爲傀儡國王，自此占城與安南仇怨連連。1360 年左右，制蓬莪〔註8〕繼位爲占城國王。他是占城歷史上相當著名的國王，可謂占城的中興之主。占城第一次朝貢明朝，即是此君王在位之時，因此其朝貢明朝的動機就值得好好分析。

　　按照《明實錄》的記載，在明太祖接受占城的朝貢後，制蓬莪隨即向明

〔註5〕　〔明〕李東陽、申時行，《大明會典》（臺北：文海出版社，1984），卷105，頁1585。

〔註6〕　〔明〕佚名，《秘閣元龜政要》，《四庫全書存目叢書・史部【12】》（臺南：莊嚴文化事業有限公司，1996），卷4，頁351。

〔註7〕　〔明〕董倫等，《太祖高皇帝實錄》（京都：中文出版社，1984），卷39，洪武二年二月辛未條，頁785～786。

〔註8〕　制蓬莪或作制蓬莪，或作制蓬峩，明人稱爲阿荅阿者。筆者敘述時以制蓬莪爲準。

朝要求「兵器」，要安南知道占城是「聲教所被，輸貢之地」。〔註9〕所以占城主動臣服於明朝的目的，似乎是想透過外交的手段，以加強軍事力量的不足。只是當時明太祖爲了要秉持著「一視同仁」的立場，對於兩國糾紛，僅派遣使者調停而已。

制蓬莪並不因此停下其外交動作，他靠著「獻俘」、「遣使告捷」、「祝壽」等行爲，增加明太祖對占城的好感。於此同時，制蓬莪發揮了他的軍事才能，屢次擊敗安南軍隊，並三度（1371、1377、1378）攻陷安南首都。《大越史記全書》記載「至蓬莪，羅皚，生聚教訓，漸革舊俗，勇悍耐苦，故常入寇，爲我國患。」〔註10〕值得注意的是，制蓬峨在與明朝的國書中往往是以「被害者」的形象來博取明太祖的同情，結果，明太祖對於兩國糾紛的反應是：「上（太祖）惡其（安南）彊悍，數侵占城。」〔註11〕明朝對於兩國的戰爭，基本上是以不介入，不偏不倚爲原則。〔註12〕但從明太祖與制蓬峨的國書中，可藉此看出明太祖內心世界裡對於占城本身的印象以及相關的外交政策。

制蓬莪利用其軍事及外交才能，雙管齊下，在東南亞成爲一方霸主。按照薩道義〔註13〕的定義，「外交是適用智慧及技巧於獨立國家政府間官方關係的處理。」〔註14〕從明朝初期與占城的外交活動來看，制蓬莪是一個智勇雙全的君王。關於這部份的研究，本文會先釐清安南與占城紛爭的背景，並比較兩國與明朝的關係，以突顯占城的特別之處，接下來分析占城朝貢之動機及外交手段所帶來的影響，最後是分析明太祖處理占城、安南兩國衝突的經過。

再者，制蓬莪戰死後，明朝與占城的關係並未因此結束。14 世紀前後，明朝、安南、占城皆發生政變。三個國家爲了鞏固政權，不約而同的在朝貢關係上動腦筋。安南的外戚胡季黎篡奪陳朝後，靠著明朝的冊封來「正名分」，並侵略衰弱的占城來擴大勢力；而占城的政權在制蓬莪之後，已落入軍事將領羅皚的手裡，在羅皚死後，後代的繼承者爲了要抵抗安南的入侵，不惜「納

〔註9〕〔明〕董倫等，《太祖高皇帝實錄》，卷67，洪武四年七月乙亥條，頁1260。
〔註10〕〔越〕吳士連，陳荊和編校，《大越史記全書》，卷8，〈本紀〉，頁457。
〔註11〕〔明〕王圻，〔萬曆〕《續文獻通考》（臺北：文海出版社，1984），卷235，頁13992。
〔註12〕鄭永常，《征戰與棄守：明代中越關係研究》（臺南：國立成功大學，1998），頁15。
〔註13〕Ernest Mason Satow（1843～1929），英國外交家，曾代表英國簽署《辛丑和約》。
〔註14〕李其泰，《外交學》（臺北：正中書局，1980），頁31～32。

國土請吏治之」〔註 15〕，以冀望明朝宗主國的援助；至於明成祖因清君側事件繼位，其正統性在國內受到質疑。明成祖似乎有意以宗主國的身份調停兩國糾紛，希望可藉此肅立其威望，三個國家各有自己的盤算。

　　明朝、安南與占城好比是叢林中的老虎、豺狼與狐狸。當時明朝是亞洲政治強權，周遭的國家對明朝「尊皇上如天，畏中國如虎。」〔註 16〕而位於東南亞的安南一直有狼子野心，如豺狼般注視著鄰近的占城。明朝出兵安南後，林希元說「成祖皇帝既取交趾，狼子野心之民悉郡縣。」〔註 17〕至於占城，為了避免被安南吞併，一直「狐假虎威」，甚至被安南譏為「作狐媚于燕京」。老虎、豺狼與狐狸三者間，一直有著錯綜複雜的三角關係。

　　最後，因胡季黎「遮拒天兵，阻遏天使」〔註 18〕，明朝逐與占城南北夾擊安南，這也導致了安南胡朝的滅亡。當中最值得關注的地方是，占城在安南滅亡後開始做出一些反常的舉動，例如資助安南地方的武裝勢力以對抗明朝，並且在明朝與占城邊境上不斷生事，只是明成祖對其行為，僅給予詔書上的警告，並未有其他大動作的出現，這是否與明成祖下西洋的壯志有所關聯？若真是如此，占城又在這下西洋的航路上扮演著什麼樣的角色呢？這皆是值得研究之處。

　　當安南黎朝興起並脫離明朝控制之後，有鑑於之前與明朝不睦的關係，不斷地派遣使者前往中國交好明朝。其用意相當明顯，即避免重蹈兩面作戰的覆轍，在與明朝修好關係的同時，進行對占城的併吞計畫。當然，占城勢必派遣使者向明朝控訴安南的行徑，如「本國與安南壤地相接，累被侵奪……安南兵至，攻破國城……攘取寶印焚毀屋，擄殺掠軍民男婦不可勝計。」〔註 19〕只是此時的安南也會派使者在明廷進行辯解，如「往因占城侵化州地，故舉兵為援，由彼國人自相叛亡以取敗北耳！」〔註 20〕在雙方各持己見的情形下，

〔註 15〕　〔明〕楊士奇等，《太宗文皇帝實錄》，卷 33，永樂二年八月庚午條，頁 582。
〔註 16〕　〔明〕陳子龍，《明經世文編》（北京：中華書局，1962），卷 450，〈夷酋求貢疏北虜封貢〉，頁 4951。
〔註 17〕　〔明〕林希元，《同安林次崖先生文集》，《四庫全書存目叢書·集部【075】別集類》（臺南：莊嚴文化事業有限公司，1997），卷 10，〈宣德交趾復版始末記〉，頁 644。
〔註 18〕　〔明〕楊士奇等，《太宗文皇帝實錄》，卷 60，永樂四年十月乙未條，頁 868～871。
〔註 19〕　〔明〕劉吉等，《憲宗純皇帝實錄》，卷 104，成化八年五月丁巳條，頁 2405～2406。
〔註 20〕　〔明〕劉吉等，《憲宗純皇帝實錄》，卷 108，成化八年九月丙午條，頁 2100～2101。

明憲宗對此感到困擾的說：「所奏情詞各異」。明朝的兵部官員也認爲：「（安南）所奏畧不及侵佔占城之事……情僞叵測。」〔註21〕後來占城又向明朝冊封的使節苦苦訴說土地被侵奪之事時，而安南卻「瀝血陳辭」地說：「得其地不可以居，得其民不可以使，得其貨不足以富，得其勢不足以強」〔註22〕，形成一種「安南辯釋之語方陳，而占城控訴之詞又至」〔註23〕的特殊現象。《大越史記全書》裡也記載著黎聖宗不斷「遣使如明，奏占城地方事。」這說明安南已從歷史中學到教訓，也學會在明朝的朝貢關係上施展外交策略。

占城在外交策略上因襲保守，逐漸失去以往的優勢。而後，占城與安南的軍事作戰節節失利，占城王子古來最終帶領著全家大小到海南島避難。此時占城大部分的領土已被安南所併吞，明朝所能做的是在廣東冊封古來爲王，並派遣商船護送古來歸國，占城最終淪爲安南的附庸。按《明實錄》的記載，嘉靖以後占城就未再朝貢明朝了。在這當中最令人好奇的是，明朝的文武大臣是如何看待這段衝突的？當占城希望明朝再度征討安南時，明朝皇帝諮詢不少大臣的意見，那麼明人到底持什麼樣的立場來看待這件事？這亦是值得分析之處。

占城與明朝的關係有別於一般的藩屬國，特別是占城對於明代海洋史上的歷史意義。明太祖曾說占城：「爾居海島中，號令群夷」〔註24〕，明太祖會這樣說，是否與占城曾經幫助明朝圍剿海賊〔註25〕與倭寇〔註26〕有關？明成祖時，鄭和下西洋又爲何屢次經過占城？除了占城是航路上的補給站外，是否尚有其他因素？這皆是值得討論之處。

有朝貢就會有交流，明太祖繼位不久後頒發了科舉詔，其中有三道頒至國外，即高麗、安南與占城〔註27〕，說明了這三個國家與明朝較爲親近，且漢化程度高於一般藩屬國，只是占城的特殊性並不僅限於此。例如學界上普

〔註21〕　〔明〕劉吉等，《憲宗純皇帝實錄》，卷144，成化十一年八月辛丑條，頁2660～2661。
〔註22〕　〔明〕劉吉等，《憲宗純皇帝實錄》，卷176，成化十四年三月戊子條，頁3185～3186。
〔註23〕　〔明〕劉健等，《孝宗敬皇帝實錄》，卷151，弘治十二年六月己酉條，頁2674～2675。
〔註24〕　〔明〕董倫等，《太祖高皇帝實錄》，卷190，洪武二十一年四月壬子條，頁2863～2865。
〔註25〕　〔明〕董倫等，《太祖高皇帝實錄》，卷84，洪武六年八月戊戌條，頁1505。
〔註26〕　〔明〕董倫等，《太祖高皇帝實錄》，卷182，洪武二十年潤六月庚申條，頁2752。
〔註27〕　〔明〕董倫等，《太祖高皇帝實錄》，卷52，洪武三年五月己亥條，頁1021。

遍認為明朝的廢相是因內部引起的，卻忽略外在事件的影響——中書省怠慢占城貢使。鄭永常先生首先注意到這件事，與爪哇的三佛齊事件有嚴重關係，〔註 28〕事情發生後，加速了明太祖廢相的腳步，這當中最令人好奇的是占城在這次事件中扮演什麼樣的角色。此外，當明太祖厭煩藩屬國朝貢頻繁〔註29〕，要求三年一貢時，對藩屬國的態度卻有所不同。如安南幾近每歲一貢，明朝要其卻貢。占城有時每歲兩貢，太祖卻說「占城來貢甚誠」〔註 30〕，這樣的標準到底為何？又占城朝貢明朝勢必會帶來文化上的交流，其影響範圍相當廣大，可以從政治、經濟、文化等多個層面來談，值得做一番考證。

總體而論，本文處理的問題是要釐清占城與明朝之朝貢關係，探討其朝貢動機、過程及結束；同時比較安南對於此朝貢關係的反應，以及分析明朝歷代君王在面對安南與占城糾紛的態度與措施，並詳加介紹明朝與占城朝貢關係下的各種交流。

第二節　研究回顧

關於明朝與占城的研究著作，近人有不少相關論述。從性質分類來看，使節研究有劉利華的〈明朝出使占城使節考（上）〉〔註31〕、〈宣德至成化年間明朝出使占城使節考〉〔註 32〕、〈明代占城通使中國考〉〔註 33〕，篇幅精簡，其內容按照時間先後順序，考證明朝出使占城的使節。至於更進一步的研究有陳文所寫的〈明朝出使占城研究〉〔註 34〕，分五小節，內容涉及出使頻率、出使任務、派出機構與使者職務、使節返國覆命、及出使過程等。

〔註28〕 鄭永常，《來自海洋的挑戰：明代海貿政策演變研究》（臺北：稻香出版社，2004），頁 31～49。

〔註29〕 「入貢既頻，勞費太甚，朕不欲也！令遵古典而行，不必頻煩，其移文使諸國知之。」〔明〕董倫等，《太祖高皇帝實錄》，卷88，洪武七年三月癸巳條，頁 1565。

〔註30〕 〔明〕朱元璋，《明太祖文集》，《景印文淵閣四庫全書1223》（臺北：臺灣商務印書館，1983），卷7，頁 62～63。

〔註31〕 劉利華，〈明朝出使占城使節考（上）〉，《阜陽師范學院學報（社會科學版）》1（2002），頁 122～124。

〔註32〕 劉利華，〈宣德至成化年間明朝出使占城使節考〉，《韶關學院學報》4（2002），頁 102～106。

〔註33〕 劉利華，〈明代占城通使中國考〉，《船山學刊》3（2009.07），頁 177～180。

〔註34〕 陳文，〈明朝出使占城研究〉，《東南亞》2（2004），頁 46～52。

　　討論明朝與占城兩國關係的文章有陳文〈明代占城與中國的友好關係〉
〔註 35〕，此篇文章分兩大部份：政治關係與文化交流。作者考察了明朝冊封
占城的狀況與兩國交流對占城所帶來的影響。而蕭軒竹在其〈占城在明代對
外關係中的地位〉〔註 36〕則專論占城朝貢地位的特殊性，其時間點以明太祖
為主，旁及成祖時期。文章探討了有關於占城冊封國王時的情形、使節往來、
山川祭祀，甚至是科舉詔的頒布，突顯了占城與其他朝貢國的不同之處。除
此之外，尚有劉利華的〈明朝與占城關係論略〉，這是一篇碩士輪文，內容可
分為兩大部份，其一是使節的考證，包含明朝與占城兩國的使節；其二是明
朝與占城的政治、經濟和文化關係。前述幾篇文章與本文關係較為密切，不
過有的專論特定事件，有的著重於特定時期，因此筆者打算將這些內容加以
整合，作一全面性的研究。

　　涉及明朝對安南與占城糾紛的文章有毛春初的〈安南、占婆的百年衝突
（1368～1471）與明朝的不作為政策〉〔註 37〕，此文章篇幅精簡，文中分析
了明朝、安南、占城三國之間的關係，認為明朝是以旁觀者的角度去看待安
南與占城的衝突，是一種不作為的態度。對此，筆者想從「作為」的部份去
進行論述，因明朝政府曾多次派遣使者，詔諭安南停止侵略占城。且明成祖
出兵安南時，其征討檄文中也提到安南侵略占城之事，明顯是有作為的。只
是因明朝後來的繼任者，在處理此事時「作為不大」，才導致占城淪為安南的
附庸，最終為安南所兼併。因此，在文章中筆者打算突顯明朝的「作為」，希
望能以一個新的角度，看待這段歷史。

第三節　內容大綱

　　本文預計分為三個章節，關於第一章的部份，筆者首先關注的是制蓬莪
朝貢明朝的動機及影響，本章將列舉實例，探討其朝貢動機及手段，甚至是
對於明太祖的影響。緊接著分析明朝、安南、占城三者在朝貢關係下各自打
的如意盤算，以及占城是如何與明朝軍事合作聯手滅掉安南，甚至是占城在

〔註 35〕陳文，〈明代占城與中國的友好關系〉，《東南亞縱橫》7（2004），頁 45～51。
〔註 36〕蕭軒竹，〈占城在明代對外關係中的地位〉，《政大史粹》10（2006.06），頁 1
　　　　～27。
〔註 37〕毛春初，〈安南、占婆的百年衝突（1368～1471）與明朝的不作為政策〉，《中
　　　　山大學研究生學刊（社會科學版）》22：4（2001），頁 86～91。

安南滅亡後，與明朝的互動關係。本章主要圍繞在帝王的外交政策上，因當中涉及到國與國的外交情形，有相當多的國書流傳下來，國書的內容不但反映了國家的對外政策，也反映了當時君王們的性格。

第二章接續第一章的脈絡，分析黎朝興起後，占城與明朝朝貢關係的沒落。當黎聖宗繼位安南國王之後，安南加速侵略占城的腳步。黎聖宗除了靠著軍事上的優勢外，其外交手腕更為活躍，不斷地派遣使者在明廷面前辯解侵略的經過，以達緩兵之計之目的，在明朝來不及反應之際，占城幾近為安南所併吞。占城王子古來被迫於中國接受冊封，此時占城國王的頭銜已名存實亡，明朝與占城的朝貢關係也因而進入尾聲。

最後一章談的是占城與明朝的朝貢交流。本章先探討明朝對於占城進貢的態度、再者是占城貢物的內容，最後是朝貢對彼此的影響。

第四節　研究方法

本文的研究方法是以近人研究為基礎，追溯其史料來源，先進行史料本身的考證，以確保歷史的真實性。近年來，歷史學研究方法日益進步，除了結合其他學科的研究方法外，更重要的是 E-考據時代的來臨。歷史學問是時間的學問，要掌握歷史，需先掌握時間。由中研院開發的「漢籍電子文獻資料庫」，甚至是「文淵閣四庫全書電子版」、「中國古籍庫」、「中國方志庫」等等電子資料庫，都可以幫助筆者在史料的搜索上節省相當多的時間。另外，筆者將使用越南國家圖書館和越南喃保護基金會合作建置的「漢喃古籍文獻典藏數位化計畫（資料庫）」，其資料庫與上述資料庫最大的不同點，在於其是利用照相的方式，將古代典籍一頁一頁的建構於電子檔上，因而不會出現如同其他電子資料庫錯字或缺字的情形。

在史料的運用上，筆者打算以明人編修的《明實錄》、越人編修的《大越史記全書》〔註38〕、法人馬司培羅撰寫的《占婆史》〔註39〕為主軸，從三個

〔註38〕1471 年黎聖宗攻陷占城首都，其為了彰顯大越的歷史，於 1479 年命史官吳士連編纂《大越史記全書》，將前人的歷史進行條列式的整理，屬於編年體通史，是研究此一時期最重要的越南史料。

〔註39〕作者為 Georges Maspéro（1872～1942），是法國東方學家及法屬交趾支那殖民代理總督。根據其書中序言，有感於占人亡國已久，傳說多而事實少，因而整理了占人石刻，中國史料，安南史料，吉蔑史料，進行整理。《占婆史》譯者馮承鈞先生說：「今人之研究占婆史者，鮮有完備之書，惟馬司培羅所撰

角度來看待這段歷史。除此之外，依章節的分配，筆者打算運用不同性質的史料。如第一章談的是占城朝貢明朝的背景與動機，筆者會把重點放在外交文書或是詔令上，這些資料大多收錄於《明實錄》、《明朝開國文獻》、《明太祖文集》等等。

　　第二章涉及了明人對於明朝與占城兩國關係的看法。從成化十七年（1481）開始，占城王子古來不斷派遣使者前往中國，控訴安南侵略行徑，甚至要求明朝再度出兵安南。筆者將以明人對此事的處理態度上進行研究，以便洞悉明人是否要放棄占城這個藩屬國。因此，筆者會把重點放在明朝的士人身上，例如屠滽、李東陽、馬文升、劉大夏、李孟暘等等，因而會運用大量的奏章，希望可以從這些人的角度來探究兩國之間的關係。

　　第三章談的是明朝與占城的朝貢貿易，及其所帶來的影響。例如占城進貢白象，被人們視爲明成祖平安南的吉兆，「白象之獻，安南克平之先兆也！」〔註40〕明成祖龍心大悅，甚至要求朝廷官員爲其賦詩獻歌，「集翰林儒臣及修書秀才千餘人於奉天門丹墀內同賦」〔註41〕，這場面可謂壯觀，這些相關資料大多收錄於明人的文集中，如《文毅集》、《黃文簡公介菴集》、《胡文穆公文集》、《忠靖集》等等。至於民間交流的部份，則有香料、藥材、布匹等等，在明人撰寫的《香乘》、《農政全書》、《天工開物》、《本草綱目》皆可窺見。

　　至於文章的呈現方式，筆者認爲文字、表格、圖像三者缺一不可，文字代表的是寫作者的表達能力，表格反映的是作者統整能力，圖像（例如地圖、考察照片）則是用來佐證寫作者的論點，這是本文想要呈現的研究成果方式。

第五節　預期結果

　　本文最基本的是要讓讀者了解到占城與明朝關係的發展與結束，將當時

之《占婆史》爲較完善。其書乃集中越載籍、梵、占、吉蔑諸碑等史料而成。所引史籍，固不無遺漏之文，而原稿亦不乏錯誤之點。但首尾完具，爲今日占婆史空前之撰述。其辨正補輯中國史書錯誤遺漏之處，亦復不少。」〔法〕馬司培羅，馮承鈞譯，《占婆史》（上海：臺灣商務印書館，1933），譯者序和頁1～7。

〔註40〕　〔明〕董倫等，《文毅集》，《景印文淵閣四庫全書【1236】》（臺北：臺灣商務印書館，1983），卷2，頁615。

〔註41〕　〔明〕黃淮，《黃文簡公介菴集》，《叢書集成續編【138】文學類》（臺北：新文豐書局，1988），頁420。

的歷史呈現在讀者面前。筆者期許自己可以在前輩的基礎上，將這些研究成果作一整合，完整的展現出來。當然，除了這些還是不夠的，更重要的是文章本身是否含有寫作者自身的見解以及對史學研究的貢獻。筆者在閱讀這些相關史料時，發現一些有趣的事，如中國的史書和越南的史書對於占城的記載，很多是完全相反的，若將兩者史料做比對，再與法國學者馬司培羅所著的《占婆史》做對照，將可重新建構當時的歷史。

筆者希望自己所寫的論文，可以對當時的明朝與占城關係有一個較新的詮釋，從不同國家的角度來談，即明朝、安南、占城；從不同的階層來談，即君王、大臣、人民；從不同的時間來談，即朝貢開始、朝貢過程、朝貢結束，希望藉此對整個歷史研究做出貢獻。

第壹章　占城朝貢明朝之動機及經過

第一節　前　言

　　明朝建立後，太祖朱元璋欲建立以明朝爲中心的天下秩序，因此「分遣使臣，奉詔往諭諸番，以平定四海之意。」〔註1〕先是，洪武元年十二月壬辰（1369/2/3），遣中順大夫漢陽府知府易濟出使安南。詔曰：「昔帝王之治天下，凡日月所照，無有遠近，一視同仁……朕肇基江左……已主中國，建國號曰大明，建元洪武……故茲詔示，想宜知悉。」〔註2〕並派遣使者前往其他國家，「占城、暹邏及高麗諸國亦馳詔往報，咸有朝貢之心。」〔註3〕明朝的屬國因而與日俱增，但麻煩也隨之而來，特別是占城與安南兩國。兩國因歷史仇恨，紛爭不斷，互相攻伐。占城國王制蓬莪很早就派遣使者向明朝告狀，請明朝處理兩國紛爭。明朝身爲兩者共同之宗主國，勢必不能置身於外，因此明朝史書上多有紀錄安南與占城事，但當中卻有許多可議之處。

　　以明太祖時期的安南與占城之紛爭爲例，明人的記載多是安南入侵占城，如「上（太祖）惡其（安南）彊悍，數侵占城。」〔註4〕、「安南疆吏爲寇，剽占城不已，上（太祖）詔責叔明（安南王）」〔註5〕但安南的史書——

〔註1〕　〔明〕李東陽、申時行，《大明會典》，卷105，頁1585。
〔註2〕　〔明〕董倫等，《太祖高皇帝實錄》，卷37，洪武元年十二月壬辰條，頁750～751。
〔註3〕　〔明〕佚名，《祕閣元龜政要》，卷4，頁351。
〔註4〕　〔明〕王圻，〔萬曆〕《續文獻通考》，卷235，頁13992。
〔註5〕　〔明〕王世貞，《安南傳》，《明代基本史料叢刊・鄰國卷・越南79》（北京：線裝書局，2006）卷1，頁11。

《大越史記全書》卻是記載「至蓬莪，羅皚〔註6〕，生聚教訓，漸革舊俗，勇悍耐苦，故常入寇，爲我國患。」〔註7〕，明顯有矛盾之處。

據學者考證，1361 年至 1390 年間，制蓬莪幾乎從未間斷地對越南進行一系列的戰役，例如：1361 年劫掠了陀里港；1368 年在今日廣南被叫做「占洞」的地方擊敗越南人；1371 年，占軍侵入東京三角洲，並洗劫河內；1377 年在平定的佛誓（闍班）城下大敗越軍，接著在越王陳睿宗死後，占軍再度入侵東京並又一次劫掠了河內；1380 年，占軍搶劫義安和清化；1384 年又從陸路襲擊了東京；1389 年在東京再戰又獲勝利，使占人得以長驅直入今日的興安省。〔註8〕孰強孰弱，已相當明顯。明朝身爲宗主國，應當要如同詔書所寫「一視同仁」，可是明代史料關於此期間的記載卻與史實完全相反，似乎有偏袒占城之嫌。這背後說明了明朝對藩屬國事務的不甚瞭解，而這一點就容易被有心的藩屬國所利用。

15 世紀左右，明越占三個國家不約而同的發生政變，如明成祖清君側（1399）、黎季犛篡奪陳朝政權（1400），羅皚據占城國自立（1390），彼此國內動盪不安，但在對外關係上，仍保持著朝貢體制。只是，此時三國的朝貢關係是與穩固國內政權有關，與一般所謂的「朝貢貿易」不同。首先季犛父子想透過朝貢關係下的「冊封」，來鞏固其得來不易的政權。再者，安南、占城兩國本是世仇，彼此互相攻伐。先是占城的羅皚憑藉其軍事才能不斷進攻安南，但羅皚死後，形式逆轉，輪到安南的季犛父子出兵占城，占城被迫割地求和。此時占城反制安南的唯一方法即是透過對明朝的朝貢，希望「降勑戒諭安南」、「請兵討之」。而明成祖似乎樂於當「和事佬」，因只要調停成功，即是外夷所承認的共主，將可提高明成祖在國內的聲望。三個國家利用朝貢關係，打著自己的如意算盤。

正所謂人算不如天算，一位自稱陳朝後人的陳天平突然出現在中國，打亂了黎季犛的外交布局，明成祖有意恢復陳朝正統以便加強對安南的控制，因而派遣軍隊護送陳氏後人歸國。黎季犛父子當然不願交出政權，因而在半途上將之誘殺。此舉顯然讓身爲宗主的明成祖相當沒面子，占城於是把握機會慫恿明成祖出兵，最終聯手消滅安南。

〔註6〕 羅皚，1390～1400 在位，制蓬莪的大將，在制蓬莪死後成爲占城國主。
〔註7〕 〔越〕吳士連，陳荊和編校，《大越史記全書》，卷8，〈本紀〉，頁457。
〔註8〕 〔法〕G.賽代斯，蔡華、楊保筠譯，《東南亞的印度化國家》，頁395。

　　「外交被認爲是不經戰爭而達成國家目的的手段」〔註9〕，本章節試著分析占城雄主制蓬莪是如何利用明朝宗主國的關係，進而合縱連橫，確保自身最大的利益，以及明成祖時期占城與明朝聯手出兵安南之過程。

第二節　占城制蓬莪的外交謀略

　　關於明代安南與占城糾紛的背景，需從元朝說起。元大德五年（1301）安南陳仁宗（1278～1293 在位）〔註10〕遊訪占城，答應以玄珍公主（1287～1340）「下嫁」占城國王制旻（？～1307 在位），制旻因此獻烏、里二州爲聘禮。〔註11〕當時安南朝野文人大多認爲此舉好比昭君嫁匈奴〔註12〕，卻無力阻止，兩國和親遂成定局。

　　元大德十年（1306）公主出嫁，隔年，陳英宗（1293～1314 在位）〔註13〕改烏、里爲順、化二州（順化一名始於此）。只是公主出嫁不到一年，國王制旻駕崩，按占城當地風俗，公主必須以火殉葬〔註14〕。陳英宗害怕公主遇害，

〔註9〕　李其泰，《外交學》，頁3。

〔註10〕　陳聖宗的長子，名陳昑（1258～1308），《元史》作陳日燇。史家評：「仁宗上奉慈宮，有光孝道；下任賢輔，克定武功，非有仁明英武之資，能如是乎。獨出家一事，不合中庸之道，賢者過之也。」〔越〕吳士連，陳荊和編校，《大越史記全書》，卷6，〈本紀〉，頁390。

〔註11〕　時占人爲了應付與眞臘戰爭，將首都南遷至平定歸仁，因而以烏里兩州爲聘禮割與安南，尋求北邊的安定。轉引自鄭永常，〈會安興起：廣南日本商埠形成過程〉，頁167。本篇於2013年11月29～30日，發表於國立成功大學人社中心主辦「2013海洋文化學術研討會【東亞海港城市與文化】」之學術會議論文（未正式出版）。

〔註12〕　〔越〕吳士連，陳荊和編校，《大越史記全書》，卷6，〈本紀〉，頁388。越南人在精神上和文化上把占人當作次等民族，與他們聯姻是令人不快的事情。〔紐西蘭〕尼古拉斯‧塔林主編，陳明華、俞亞克譯，《劍橋東南亞史》（雲南，人民出版社，2003），頁340。
Nicholas Tarling, *The Cambridge history of Southeast Asia*, (Cambridge: Cambridge University Press, 1999), p. 415.

〔註13〕　陳仁宗的長子，名陳烇（1276～1320）。史家評：「帝善繼善承，所以時臻康泰，治底休明，文物制度漸盛，亦陳朝之盛主也。然聚沙門於安子之山，勞民力於英雲之閣，非醇中之小疵乎。」〔越〕吳士連，陳荊和編校，《大越史記全書》，卷6，〈本紀〉，頁373。

〔註14〕　此習俗出自印度教的薩蒂（suttee）神話：薩蒂與濕婆是一對戀人，但薩蒂的父親達克沙（Daksha）並不喜歡濕婆，甚至舉辦儀式爲女兒選婿。薩蒂爲了證明濕婆比其他人都偉大，因而投火自盡。薩蒂的靈魂後來轉世成喜馬拉亞

便以吊喪爲名，派陳克終〔註15〕搶救公主回國。

制旻之子制至（？～1313 在位）繼位爲占城國王後，對此心懷不滿。陳英宗察覺後，便以「反策」〔註16〕爲名征討占城，擒制至，封其弟制能（1307～1312 在位）爲王，與傀儡無異。制至則留在安南，被封爲效順王，不久即去世，安南以占城俗火葬。占城不但失去領土，還陪了夫人又折兵，自此占城與安南仇怨連連。〔註17〕

14 世紀初期，越人筆下的「英雄國君」〔註18〕——制蓬莪（1360～1390 在位）出現於歷史的舞台上。關於他的來歷無人知曉，只知他在 1360 年左右繼位爲占城國王，他將成爲占城歷史上的霸主，占城收復失土的大業就此揭開了序幕。

占城因國力尚未恢復，制蓬莪只能以打遊擊戰的方式騷擾安南，於 1361 年渡海搶掠迆哩海門（越南廣平省布澤縣）〔註19〕，1362 年劫掠化州、1365 年擄掠化州人口。接著於 1366 年出兵臨平府（越南廣平省廣寧縣）〔註20〕，卻爲安南守軍所敗。隔年 12 月，安南決定派遣遠征軍出兵占城。

山神（Himavan）的女兒帕爾瓦蒂（Parvati），並與濕婆再度結婚。梵語名詞薩蒂源自薩特（sat）一詞，意味著好的或眞的，用在那些被焚燒的妻子們身上，後來歐洲的傳教士給這種自焚行爲起了的名字——薩蒂（suttee 寡婦自焚）。這種行爲是妻子對丈夫忠貞的表現，有一些可能是自願的，但大多是被習俗所迫。劉曉暉、楊燕譯，《印度神話：永恆的輪迴》（北京：中國青年出版社，2003），頁 90、96。

〔註15〕 來歷不詳，陳克終救回公主後，與公主私通。越史載：「遂與之私通，遲回海道，日久始至京都。興讓大王惡之，每見克終，則逆罵曰：「此人於國不祥，其姓名曰陳克終，陳家欲終於此人耶。」克終常畏避之。史臣吳士連曰：「甚矣哉。陳克終之姦邪也，非惟於此爲狗彘之行，後黨文憲，陷國父上宰以叛逆，冤死者百餘人，而以富貴終。」〔越〕吳士連，陳荊和編校，《大越史記全書》，卷 6，〈本紀〉，頁 389。

〔註16〕 不正直也，又叛黨曰反策。

〔註17〕 梁錦文，《越南簡史》，（南投：國立暨南大學東南亞研究中心，2003），頁 43～44。

〔註18〕 〔越〕陳重金，《越南史略》，戴可來譯作《越南通史》（北京：商務印書館，1992），頁 122。

〔註19〕 〔越〕潘清簡，《欽定越史通鑑綱目》，卷 10，頁 14 下。漢喃古籍文獻典藏數位化計畫 http://lib.nomfoundation.org/collection/1/volume/257/page/63，擷取日期 2014/5/3。

〔註20〕 〔越〕潘清簡，《欽定越史通鑑綱目》，卷 3，頁 29 上。漢喃古籍文獻典藏數位化計畫 http://lib.nomfoundation.org/collection/1/volume/254/page/29，擷取日期 2014/5/3。

　　占城在軍事上尚未取得優勢，制蓬莪決定採取外交途徑收回失土。1368年，制蓬莪遣牧婆摩出使安南，「乞復化州邊界」。《大越史記全書》中並未直接說明此次談判結果，但制蓬莪顯然是被拒絕了，導致日後越占兩國大規模的軍事衝突。同年四月，制蓬莪察覺到安南遠征軍的軍事意圖，於占洞（越南廣南省昇平縣）〔註21〕以伏擊戰術擊退之，並生擒安南主將陳世興。〔註22〕

　　此時，北方傳來大明立國的消息，這對制蓬莪來說是相當好的契機，他為擺脫困境，決定採取遠交近攻的策略，試圖拉攏明朝對付安南。占城為了要與明朝交好，主動派遣使者來中國。「洪武二年二月己巳（1369/3/12），占城國王阿荅阿者〔註23〕遣其臣虎都蠻，貢虎、象方物。」〔註24〕明太祖訝異的說：「朕主中國天下方安，恐四夷未知，故遣使以報諸國，不期王之使者先至，誠意至篤，朕甚嘉焉！」〔註25〕制蓬莪主動遣使來朝這看似平常的舉動，其實發揮了相當大的作用，使明太祖對於這位不熟悉的占城國王留下了深刻的第一印象。

　　占城主動臣服於明朝，其目的即是透過外交的手段，以增強軍事力量的不足。西方學者 John K. Whitmore 認為：「占城本來就一直密切接觸中國的科舉制度，因此占城朝廷已經非常熟悉操作方法與標準，而且非常迅速地採取行動，以便獲得明太祖朱元璋的青睞。」〔註26〕

　　當年年底，制蓬莪派遣使者前往明朝求援：「洪武二年（1369）十二月，占城舊糜役安南，歲有貢，頗苦督迫，而勢漸以益強，遂與安南抗。日煃〔註27〕數遣兵擊侵敗之，於是占城王遣平章蒲且蘇都等告急，乞援兵。」〔註28〕明太祖有鑑於此，為彌平兩國爭端，於洪武二年十二月壬戌（1369/12/30），

〔註21〕〔越〕潘清簡，《欽定越史通鑑綱目》，卷10，頁20下、頁21上。漢喃古籍文獻典藏數位化計畫 http://lib.nomfoundation.org/collection/1/volume/257/page/70，擷取日期 2014/5/3。

〔註22〕〔越〕吳士連，陳荊和編校，《大越史記全書》，卷7，〈本紀〉，頁433～436。

〔註23〕阿荅阿者為明代人對制蓬莪的稱呼。

〔註24〕〔明〕董倫等，《太祖高皇帝實錄》，卷39，頁785。

〔註25〕〔明〕董倫等，《太祖高皇帝實錄》，卷39，頁785～786。

〔註26〕Trần Kỳ Phương & Bruce M. Lockhart, *The Cham of Vietnam: history, society, and art*, (Singapore: NUS Press, 2011), p. 188.

〔註27〕即陳裕宗。陳明宗十子，名陳暤，因膝下無子，傳位於外人楊日禮（見下文），導致日後陳朝宗室反撲，在位年1341～1369。

〔註28〕〔明〕王世貞，《安南傳》，卷1，頁7。

命翰林院編修羅復仁（1308～1381）〔註 29〕、兵部主事張福齎詔諭安南、占城國王，詔曰：

> 朕本布衣，因天下亂，起兵以保鄉裏，不期豪傑雲從。朕將之數年，闢土日廣，甲兵強盛，遂爲臣庶推戴，君臨天下，以承正統。於今三年，海外諸國入貢者，安南最先，高麗次之，占城又次之，皆能奉表稱臣，合於古制，朕甚嘉焉。近占城遣平章蒲旦麻都來貢，言安南以兵侵擾，朕觀之，心有不安……況爾等所居之地，相去中國，越山隔海，所言侵擾之事，是非一時難知……今遣使往觀其事，諭以畏天守分之道，如果互執兵端，連年不解，荼毒生民，上帝好生，必非所悅，恐天變於上，人怨於下，其禍有不能逃者。二國之君宜聽朕言，各遵其道，以安其分，庶幾爾及子孫皆享福於永久，豈不美歟？〔註30〕

明太祖先說他是受到軍民的擁戴，才能統治天下，並嘉勉安南與占城兩國能奉表稱臣。至於兩國衝突之事，明太祖希望兩國能握手言和，因而遣使詔諭。此次的調停相當成功，「詔至兩國，皆聽命罷兵。」安南國王甚至給予明朝使者羅復仁許多賞賜。〔註31〕但是兩國的言和只是暫時的，是給明朝一個面子。

　　同年十二月甲戌（1370/1/11）明朝遣官員正式冊封制蓬莪爲占城國王。〔註32〕此時的制蓬莪已達成他第一個目的——「正名分」，現在的占城已是大明帝國的藩屬國，可以名正言順地要求明朝干涉越占之間的紛爭。

　　「冊封」看似順理成章的一個外交過程，實際上是制蓬莪精心策劃中所下的第一步棋。

　　洪武三年（1370），安南國內發生政變，因陳裕宗死後無子，傳位於楊日禮（？～1370）〔註33〕（《明實錄》作陳日熞），造成宗室及大臣的不滿，因

〔註29〕 羅復仁（1308～1381）吉水人。少嗜學，通天文，爲陳友諒編修，後歸太祖，授中書諮議。從圍武昌，說降陳理，遷國子助教，擢編修。奉使安南，卻其王所贈，帝賢之，置弘文館以爲學士。在帝前每率意陳得失，帝喜其質直，呼爲老實羅而不名。以壽終，年七十四。國立中央圖書館編，《明人傳記資料索引》（臺北：編者印行，1966），頁938。

〔註30〕 〔明〕董倫等，《太祖高皇帝實錄》，卷47，洪武二年十二月壬戌條，頁934～935。

〔註31〕 安南饋黃金、吉貝等物，已卻之不受。上曰：「不受其饋是也！命中書加賜。」〔明〕董倫等，《太祖高皇帝實錄》，卷53，洪武六年三月丁丑條，頁1048。

〔註32〕 〔明〕董倫等，《太祖高皇帝實錄》，卷47，洪武二年十二月甲戌條，頁936。

〔註33〕 史稱昏德公，在位年1369～1370，與陳朝宗室無血緣關係，《大越史記全書》

此群臣擁立陳暊〔註34〕（《明實錄》作陳叔明）叛變，並將楊日禮殺害，陳暊因而繼位，是爲陳藝宗，恢復陳氏正統。〔註35〕

　　這場政變對於安南而言是正統之戰，但對於明朝而言卻是奪權篡弒。楊日禮是明朝正式冊封的安南國王，從傳統的宗藩關係來說，他的地位是受明朝所認可的，是不容任意篡奪的。〔註36〕當初明廷在冊封時，「日煃率群臣北面跪，受稽顙拜如藩臣禮，遂封日煃爲安南國王。」〔註37〕如今楊日禮死於政變，陳藝宗若不向明廷解釋清楚，勢必會引起宗主國的不滿。只是陳藝宗似乎是害怕明廷的責罵，對於明朝仍是以陳日煃的名義朝貢。〔註38〕

　　楊日禮被殺後，其母楊姜逃奔占城，她爲了替死去的兒子報仇，將安南邊境並無防備的消息偷偷地告訴了制蓬莪。〔註39〕

　　制蓬莪聞訊後，在調集兵馬發動攻擊的同時，也採取了外交手段。洪武四年七月乙亥（1371/9/4）占城派遣荅班瓜葛農來朝，奉表言安南侵其境土，其內容大意：

> 大明皇帝登大寶位，撫有四海，如天地覆載，日月照臨。阿荅阿者譬一草木耳！欽蒙遣使以金印封爲國王，感戴欣悅，倍萬恒情。惟是安南用兵侵擾疆域，殺掠吏民，伏願皇帝垂慈，賜以兵器、樂器、樂人，俾安南知我占城乃聲教所被，輸貢之地，則安南不敢欺凌。

〔註40〕

在奏章中，制蓬莪先將明太祖恭維一番，並極度貶低自我，以突顯明朝的強大。然後再向明朝訴苦，要求出兵攻打安南。這是小國請求大國幫助的一種手段，即使是像制蓬莪般的雄主也不例外。不過國書中隱瞞了一些事實，按

載：「日禮優人楊姜子，昱（恭肅王陳元昱，陳裕宗長兄）悅其艷色，納之，及生，以爲己子至是。太后謂群臣曰：『昱嫡長不得位，且早棄世，日禮非其子耶？』遂迎立之，追封昱爲皇太伯。」〔越〕吳士連，陳荊和編校，《大越史記全書》，卷7，〈本紀〉，頁442～443。

〔註34〕陳明宗三子，名陳暊，執政期間飽受占城侵擾，又寵信外戚黎季犛，導致國政衰敗，在位年1370～1372。（1372～1395期間任太上皇）。

〔註35〕〔越〕吳士連，陳荊和編校，《大越史記全書・本紀》，卷7，頁438～441。

〔註36〕鄭永常，《征戰與棄守：明代中越關係研究》，頁11。

〔註37〕〔明〕高岱，《鴻猷錄》，（上海：上海古籍出版社，1992），卷6，頁126。

〔註38〕例：洪武四年正月丙午，安南國王陳日煃遣其臣陶宗會等奉表、貢馴象。〔明〕官修，《太祖高皇帝實錄》，卷60，洪武四年正月丙午條，頁1181。

〔註39〕〔法〕馬司培羅，馮承鈞譯，《占婆史》，頁95。

〔註40〕〔明〕董倫等，《太祖高皇帝實錄》，卷67，洪武四年七月乙亥條，頁1260。

《大越史記全書》記載：

> 辛亥二年，閏三月，占城入寇，由大安海門直犯京師……二十七日，
> 賊亂入城，焚毀宮殿，擄掠女子玉帛以歸。占城之寇掠也……國家
> 至此多事矣！〔註41〕

內文僅記載占城攻陷安南首都昇龍之事，而安南毫無招架之力，宮殿慘遭焚毀，又怎能侵略占城。且馬司培羅所著《占婆史》：「按越史文，1372 年無兵侵占城之事，制蓬峨所言讆（偽）也。」〔註42〕因此占城言安南侵其土境，僅是一種外交策略，目的是要明朝「賜以兵器」〔註43〕，借刀殺人，這也是占城之所以朝貢明朝的最大原因。

從時間點來看，安南京城於三月被攻下，可是占城卻在七月要求明朝出兵，顯然是要給安南致命一擊。但明朝本身並不相信占城的片面之詞，且身為占城和安南共同的宗主國，應當「一視同仁」，豈能「獨與占城」。因此明太祖命中書省移咨其國王云：

> ……且占城、安南既以臣事朝廷，同奉正朔，而乃擅自搆兵，毒害
> 生靈，既失事上之體，又失交鄰之道，已咨安南國王即日罷兵，本
> 國亦宜各保疆土。所請兵器，於王何惜，但以占城、安南互相爭奪，
> 而朝廷獨與占城，則是助爾相攻，甚非撫安之義。又所請樂器、樂
> 人，在聲律雖無中外之殊，而語音則有華夷之異，難以發遣。若爾
> 國有能習中國華言，可教以音律者，選擇數人赴京習之。
>
> 並諭福建行省，占城海舶貨物皆免其征，以示懷柔之意。〔註44〕

明太祖仍是以安撫的方式，勸兩國和解。制蓬莪雖然沒得到明朝軍隊的支援，但其本國貨物卻得到免關稅的優惠，仍是外交上的一大收穫。西方學者 John K. Whitmore 認為這其實是制蓬莪的精密計畫，筆者將原文翻譯如下：

> 首先他設計誘導大明朝廷對他將做的事採取他計畫中的反應，以一
> 份金葉表文控訴安南攻擊他——意味著安南蓄意違抗太祖的指令。

〔註41〕 〔越〕吳士連，陳荊和編校，《大越史記全書》，卷7，〈本紀〉，頁442。

〔註42〕 〔法〕馬司培羅，馮承鈞譯，《占婆史》頁96。1372 年是《明史》的記載，有誤，今根據《大越史記全書》、《明實錄》應為1371 年。

〔註43〕 文中提到「兵器、樂器」，其實是是朝貢體系下的一環，子曰：「天下有道，則禮樂征伐自天子出；天下無道，則禮樂征伐自諸侯出。」制蓬莪對明朝的請求，完全是按照此規則在走。

〔註44〕 〔明〕董倫等，《太祖高皇帝實錄》，卷67，洪武四年七月乙亥條，頁1260～1261。

制蓬莪向國際秩序維護者〔中國〕申請援助與保護，藉此無力化中
方〔原先〕處理事件的做法——亦即同時牽制雙方、防止衝突持續
擴散。在外交陣線上，太祖提倡誠實而大力的鄙棄「狡猾」的安南。
仗恃著太祖在本事件中對他展現的好感，他削弱安南在本事件的後
續處理中的立場，又策畫了一場假裝成自衛的先制性攻擊。作為占
婆的守護者，制蓬莪充分的利用了所有可用的資源與時機。〔註45〕

反觀此時的安南，與明朝的關係日趨緊張。洪武五年二月丙戌（1372/3/13），
安南遣使朝貢：

> 陳叔明遣其臣阮汝霖來朝，奉表，貢馴象。禮部以受其表，將入見，
> 主事曾耼其副視之曰：「前王乃陳日煃，今表曰叔明，必有以也！盍
> 白尚書詰之。」蓋叔明逼死日煃，而奪其位，懼朝廷致伐，故托脩
> 貢以覘意，汝霖不敢隱，具言之。〔註46〕

明廷發現安南的表章有問題，因國王名字突然從陳日煃改為陳叔明，說明了
安南使者隱瞞了政變的實情。明太祖對於陳叔明擅殺明朝欽命的安南國王（陳
日煃）感到憤怒曰：「島夷何狡獪如是！」並命學士宋濂（1310～1381）擬詔
責之〔註47〕：

> 諭安南國詔：「春秋大義，亂臣賊子在王法之所必誅，不以夷夏而有
> 間也！向者安南王日煃薨，我國家賜以璽書而立日煃為王。今觀所
> 上表章乃名叔明，詢諸使者，日煃為盜所逼，悉自剪屠其羽翼，身
> 亦就斃，此皆爾叔明造計傾之，而成篡奪之禍也！揆於大義，必討
> 無赦，如或更弦改轍，擇日煃親賢命而立之庶，可贖前罪，不然十
> 萬大軍水陸俱進，正名致討，以昭示四夷，爾其毋悔。」〔註48〕

明代的外交關係建立在朝貢體系的基礎上，其基本精神為春秋大義，重名分，
強調君君臣臣。以明人角度來看，陳叔明的繼位是以下犯上，自然不能為明
人所接受。明太祖對此相當憤慨，甚至揚言出兵，其警告意味濃厚，然後將

〔註45〕 Trần Kỳ Phương & Bruce M. Lockhart, *The Cham of Vietnam: history, society, and art*, p. 190.

〔註46〕 〔明〕董倫等，《太祖高皇帝實錄》，卷72，洪武五年二月丙戌條，頁1327。

〔註47〕 〔明〕陳建，《皇明通紀法傳全錄》，《四庫禁燬書叢刊補編·第10冊》（北京：北京書局，2005），卷6，頁110。

〔註48〕 李文鳳，《越嶠書》，《四庫全書存目叢書史部【162～163】載記類》（臺南：莊嚴文化事業有限公司，1996），卷2，頁640～691。

安南的貢品全部退回。

　　陳藝宗得到消息後，為避免事情鬧大，又趕緊派使者前往明朝：「是月安南陳叔明遣其臣譚應昂等奉表謝罪，貢方物，且請封爵。應昂懇陳，前王日煃因病而歿，叔明遜避於外，為國人所立。」明太祖接受其說詞：「日煃既病卒，國人當為之服（喪），叔明且以前王印視事俟！能保安疆境，撫輯人民，然後定議。命中書下廣西行省備述斯意以諭之，賜應昂等紗羅夏布遣還。」〔註49〕

　　陳藝宗是靠著政變取得帝位，這並不是什麼光彩之事，因此不願跟明廷稟告。就連此次的表章也將楊日禮之死，說成是病死。明人不瞭解整件事情的來龍去脈，加上安南使節隱晦真相，使明人認為其弒君篡位，導致兩國關係緊張。後來陳藝宗將帝位禪讓於其弟陳曔〔註50〕，是為陳睿宗（1373～1377在位），自己則當太上皇。鄭永常先生認為，他這樣做的目的是要逃避明朝的責難。他雖然讓位自稱是太上皇，但仍握有安南國政的實權。〔註51〕

　　安南自從京師昇龍被占城洗劫後，一直想找機會復仇。陳睿宗於壬子三年（1372）十一月九日即帝位，隔年（1373）八月，「並補軍伍，修造舟船，以備征占之役。」〔註52〕此時的占城為強化與明朝之間的關係，在同一時間，於洪武六年（1373）八月遣使明朝：

　　　　占城國王阿荅阿者，遣其臣陽寶摩訶八的悅文旦，進表貢方物。且
　　　　言海寇張汝厚、林福等自稱元帥，劫掠海上，國王攻敗之，汝厚等
　　　　溺水死，獲其海舟二十艘，蘇木七萬斤，及從賊吳第四來獻。〔註53〕

海寇張汝厚、林福、吳第四等人現已難以考證，極有可能是張士誠（1321～1367）和方國珍（1319～1374）的餘黨〔註54〕，暫不論這些海寇的來歷，此時的占城將多達二十艘的海船和七萬斤的蘇木獻於明朝，在時間點上過於巧合，其動機也值得探討。筆者推論制蓬峩可能已察覺到安南將要大舉入侵，因此趕緊交好明朝，以冀求明朝的援助。

〔註49〕〔明〕董倫等，《太祖高皇帝實錄》，卷78，洪武六年正月辛未條，頁1433～1434。

〔註50〕陳藝宗之弟，名陳曔（1337～1377），是為陳睿宗，其事蹟請見本文。

〔註51〕鄭永常，《征戰與棄守：明代中越關係研究》，頁13。

〔註52〕〔越〕吳士連，陳荊和編校，《大越史記全書》，卷7，〈本紀〉，頁443～445。

〔註53〕〔明〕董倫等，《太祖高皇帝實錄》，卷84，洪武六年八月戊戌條，頁1493。

〔註54〕晁中辰，《明代海禁與海外貿易》（北京：人民出版社，2005），頁35。

　　接著制蓬莪又採取另一外交行動。洪武六年十一月己酉（1373/11/26）派遣使者說：「安南以兵侵本國，仗天朝威靈，敗之境上，謹遣使告捷。」〔註55〕這事情有點難以理解，應為子虛烏有之事。因此時的安南正在招兵買馬，修建戰船，尚在準備階段，要如何侵略占城？且占城之前受到安南侵略，派遣使臣向明朝求援兵，尚屬有理；為何這次是遣使告捷？先不論真假，對於這種行為，可以有三種解釋。其一，恭維明朝，表示占城為明朝忠貞的藩屬國，因而事事通報明朝，以利日後的交涉活動；其二，強化占城是為了保衛家園而戰的形象，以博取明朝的同情；其三，誤導安南，使其認為明朝是站在占城這一邊的，讓安南不敢擅自採取軍事行動。對於此次的表章，明廷仍是採取一貫作風，明太祖告訴臣子說：

> ……前年安南表言占城犯境，今年占城復稱安南擾邊，二國皆事朝
> 廷，未審彼此曲直，其遣人往諭二國，各宜罷兵息民，毋相侵優。

　　仍賜占城國王文綺及其使者遣還。〔註56〕

其實，我們可把這看成是占城試探明朝的一種過程。一開始是以受害者的形像，要求明朝出兵。但明朝保持立場中立，勸兩國和解，因此目的並未達成。而這次是以勝利者的角度，想試探明朝的反應，假如明朝贊同此事，那麼占城聯合明朝對付安南就有望了。結果明朝仍是勸兩國罷兵息民，占城想孤立安南的想法再度落空。從這可看出，制蓬莪在外交手段上相當活絡，為的就是在日後軍事行動上取得主導權。

　　按《大越史記全書》記載，隆慶元年十二月（1373），陳睿宗為了要報仇，不斷招兵買馬，甚至下詔要親征占城。甲寅二年八月（1374），「選民丁充軍伍。」乙卯三年八月（1375），「定軍籍，汰出老劣，以壯者充補之。」丙辰四年（1376）五月，「占城寇化州。」六月，「詔諸軍脩戰器戰艦，以侯親征占城之役。」〔註57〕當時御史中贊〔註58〕黎錫反對陳睿宗鑾駕親征，上書曰：「夫兵者，兇器也，不可躬自起戎。矧今始平內，賊勢如積瘡未痊，主不可以私怒而興師，將不可以要功而妄戰……臣愚以為不可。」但陳睿宗不採納。

〔註55〕〔明〕董倫等，《太祖高皇帝實錄》，卷86，洪武六年十一月己酉條，頁1523～1524。

〔註56〕〔明〕董倫等，《太祖高皇帝實錄》，卷86，洪武六年十一月己酉條，頁1523～1524。

〔註57〕〔越〕吳士連，陳荊和編校，《大越史記全書》卷7，〈本紀〉，頁445～447。

〔註58〕即御史中丞。

制蓬莪聽聞陳睿宗欲親征占城後，先派人帶十盤黃金請化州守將杜子平將黃金獻於陳睿宗，以求緩兵。但杜子平卻將黃金私吞，並慫恿陳睿宗：「蓬莪傲慢無禮，宜加兵討之。」陳睿宗因而大怒決意親征。十二月，「帝親征占城，領軍十二萬發京師」。〔註59〕一場腥風血雨的大戰，即將展開。

丁巳五年（1377）春正月二十三日，安南大軍已抵達占城首都闍槃城近郊，聲勢浩大，旌旗遮天，於是制蓬莪先在城外設立柵欄以阻擋安南軍。面對安南大軍圍攻的制蓬莪仍是胸有成竹，他決定誘敵深入，先派遣牧婆摩前去詐降，跟陳睿宗講：「蓬莪已遁，但留空城，宜速進兵，無失機會。」陳睿宗中計，隔天早上他穿上皂服〔註60〕，騎著泥驄馬〔註61〕；御溝王陳晛則穿白衣騎白馬，下令即刻進軍。當時大將杜禮上諫：「彼既受降，欲以全國為上，官軍深入攻賊城，在不得已。姑令一辨士持尺書問罪，以察虜情虛實，如韓信破燕之策〔註62〕，不勞而有功。古人有言：『虜情難測。』臣願陛下審之。」陳睿宗不悅地說：「我被堅執銳，冒風沐雨，跋涉山川，深入賊境，無一人敢嬰其鋒者，是天之所資況。今賊主聞風逃竄，無有鬥心，古言曰：『兵貴神速』，今逗遛不進，是天與而不取，彼有異圖，悔之安及。爾乃婦人，以婦人衣衣之。」〔註63〕這時的陳睿宗已被仇恨所蒙蔽，聽不進任何建議。

陳睿宗中了制蓬莪所設的空城計，貿然進兵，安南軍隊遂魚貫而行，前後隔絕。制蓬莪見機不可失，火速下令出擊。占軍乘勢殺出，將安南軍隊從中央截斷，安南軍隊首尾不能相連，難以面對占軍凌厲攻勢。巳時，安南軍隊潰敗，占軍殺入安南陣中，陳睿宗走避不及，戰死。安南大將杜禮、阮納和、范玄齡等亦血染沙場，無一生還。安南人用天候的異像，敘述著戰敗的悲傷：「是日昇龍城晝暗，街坊市肆燃燭」，顯得格外淒涼。御溝王陳晛被占軍生擒，制蓬莪招其為駙馬，以女妻之。至於慫恿陳睿宗出兵的杜子平，自領後軍，見前軍潰敗後，因「不救得脫」。回國後，「人以瓦礫投船而罵之」，

〔註59〕〔越〕吳士連，陳荊和編校，《大越史記全書》，卷7，〈本紀〉，頁447。〔越〕陶維英著，鐘民岩譯，《越南歷代疆域：越南歷史地理研究》（北京：商務印書館，1973），頁296。

〔註60〕黑衣服。

〔註61〕毛淺黑而白兼雜毛者，今名泥驄。

〔註62〕韓信聽從廣武君李左車建議，發使使燕，燕從風而靡，不戰而勝。〔漢〕司馬遷，《史記》（北京：中華書局，2007），卷92，〈淮陰侯列傳〉，頁2618。

〔註63〕〔越〕吳士連，陳荊和編校，《大越史記全書》，卷7，〈本紀〉，頁447～448。

因罪被貶爲士卒。〔註64〕

　　陳睿宗戰死後，帝位由其弟陳晛〔註65〕（《明實錄》作陳煒）繼任，是爲陳廢帝。占城趁勢再度入寇安南：「初，上皇聞寇至，命鎮國將軍恭正王師賢守大安海口。賊知有備，從天符海入，直犯京師。十二日，賊又引軍還，出大海口遭風，溺死甚眾。」此爲占城第二度攻陷安南首都。〔註66〕

　　安南派遣使者將陳睿宗去世的消息告知明朝，但因弔祭之事，雙方鬧得不愉快，按《大越史記全書》記載：

　　　　遣陳廷琛〔註67〕訃於明，稱睿宗巡邊溺死〔註68〕，且告以帝爲嗣。明人辭，以畏、壓、溺有三不弔之禮。〔註69〕廷琛爭辨，以爲占人犯順擾邊，而睿宗有禦患救民之功，何爲不弔？明復遣使弔。時明帝方圖我越，欲以爲釁，太師李善長諫曰：「弟死國患，而兄立其子，人事如此，天命可知事。」遂寢。〔註70〕

但比照中國史料，如《明實錄》僅記載：

　　　　是月，安南陳煓弟煒遣其臣陳建琛、阮士諤來告煓卒。先是朝廷嘗遣使賜陳煓上尊文綺，既至，而煓已死，其弟煒署國事，遣使奉表謝恩，貢馴象方物，且告煓之喪。詔賜建琛、士諤等衣物，仍以文綺紗羅往賜煒，遣中使陳能，至其國弔祭。〔註71〕

兩國史書相互比較後，發現《明實錄》少了前面三不弔之事，但爲何明朝一開始不願前往弔祭，而用三不弔的藉口加以拒絕呢？從日後的祭文內容，可

〔註64〕〔越〕吳士連，陳荊和編校，《大越史記全書》，卷7，〈本紀〉，頁448。〔越〕陶維英著，鐘民岩譯，《越南歷代疆域：越南歷史地理研究》，頁296。

〔註65〕陳睿宗次子，對於權臣黎季犛把持國政深感不滿，欲謀害黎季犛時，事洩，被迫自殺，在位年1377～1388。

〔註66〕〔越〕吳士連，陳荊和編校，《大越史記全書》，卷7，〈本紀〉，頁449。

〔註67〕《明實錄》載陳建琛。〔明〕官修，《太祖高皇帝實錄》，卷117，洪武十一年正月乙未條，頁1908。

〔註68〕陳睿宗明明是戰死，爲何文中稱溺死？筆者以爲原因有二：其一，明太祖一直希望越占兩國罷兵息民，因此安南不想讓明朝知道出兵的事實。其二，文中提到「時明帝方圖我越」，明越兩國一直有邊境糾紛，再加上明太祖對於陳叔明政變感到不滿，因而互不信任所致。

〔註69〕死而不弔者三，謂輕身忘孝也！畏：人或時以非罪攻己，不能有以說之死之者。厭：行止危險之下。溺：不乘橋船。〔漢〕鄭玄，《禮記》（臺北：新興書局，1977），卷2，頁21。

〔註70〕〔越〕吳士連，陳荊和編校，《大越史記全書》，卷7，〈本紀〉，頁449。

〔註71〕〔明〕董倫等，《太祖高皇帝實錄》，卷117，洪武十一年正月乙未條，頁1908。

窺知一二，其文曰：

> ……爾熴為民上於安南，失固封疆，未審曾侮於鯨寡，而乃至占城，有是果逼迫而若此歟？彼占城無禮致徂征而若是歟？使者來告，爾歿海濱，朕不覺痛心。嗚呼！一言可以興邦，一言可以喪邦。其部臣之佐，奚用其道有此耶？嗚呼！顛而不扶，危而不持，焉用彼相。
>
> 然雖云爾亡，邦家無虞，特遣使奠祭，爾其有知。尚饗。〔註72〕

占城已成功將安南塑造成侵略者的形象，且安南在對明朝的外交手段上，明顯不如占城，以致後來安南與明朝兩國出現不通慶弔的情形。〔註73〕隔年（1378）五月，占城再度入侵安南，安南首都第三次淪陷。〔註74〕

分析當時的東南亞局勢，占城是與明朝關係最密切的國家。安南如上文所述，與明朝互不信任。真臘則朝貢不定。〔註75〕爪哇為了確保在南海的宗主地位，不惜殺害明朝出使三佛齊的使者。〔註76〕而三佛齊在太祖十年（1377）後，就未再朝貢中國。〔註77〕另外，暹羅雖常常朝貢，但兩國往來，並非相當順利。〔註78〕至於其他東南亞的國家，在洪武年間，也僅朝貢一次，如下表：

〔註72〕〔明〕李文鳳，《越嶠書》，卷2，頁693。

〔註73〕從陳藝宗即位開始，明太祖對安南並無好感。即使陳藝宗本人去世時，明太祖也不願前往弔祭。「王陳叔明卒，遣其臣來告哀。上以叔明篡弒得國，諭禮部臣曰：『安南自陳叔明逼逐其王陳日煓，使不得其死，因篡其位，廢置相，未嘗來告。叔明懷姦挾詐，殘滅其王，自圖富貴，不義如此，庸可與乎？今叔明之死，若遣使弔慰，是撫亂臣，而與賊子也！異日四夷聞之，豈不效尤，狂謀踵發，亦非中國懷撫外夷之道也！爾禮部咨其國知之。』」〔明〕官修，《太祖高皇帝實錄》，卷244，洪武二十九年壬寅條，頁3547。

〔註74〕〔越〕吳士連，陳荊和編校，《大越史記全書》，卷8，〈本紀〉，頁453。

〔註75〕洪武四年，其國巴山王忽兒那遣使貢方物賀正旦，六年復來貢，貢道由廣東，後朝貢不常。〔明〕李東陽、申時行，《大明會典》，卷105，頁1589。

〔註76〕「前者三佛齊國王遣使奉表來請印綬，朕嘉其慕義，遣使賜之，所以懷柔遠人。爾奈何設為姦計，誘使者而殺害之。」〔明〕官修，《太祖高皇帝實錄》，卷134，洪武十三年十月丁丑條，頁2125。鄭永常，〈明太祖朝貢貿易體制的建構與挫折〉，《新亞學報》22（2003），頁457～498。

〔註77〕三佛齊本爪哇藩屬國，因三佛齊請求明朝「冊封」，導致爪哇不滿，因而發生上述明使被爪哇殺害情形。《明史》記載：「時爪哇強，已威服三佛齊而役屬之，聞天朝封為國王與己埒，則大怒，遣人誘朝使邀殺之。」〔清〕張廷玉，《明史》（北京：中華書局，2007），卷324，〈三佛齊列傳〉，頁8406～8407。之後三佛齊在就未再朝貢，洪武三十年（1397）為爪哇滿者伯夷所滅。

〔註78〕「去年（洪武六年）八月，舟次烏諸洋，遭風壞舟，漂至海南，達本處官司收獲漂餘蘇木、降香、兜羅綿等物來獻。省臣以奏，上惟其無表狀，詭言舟覆，而方物乃有存者，疑必番商也！命卻之。」〔明〕官修，《太祖高皇帝實

表 1-1：洪武年間其餘東南亞諸國朝貢次數

東南亞諸國	洪武年間朝貢次數	資料出處
彭亨國	1 次（洪武十一年）	《大明會典》，卷 105，頁 1592。
百花國	1 次（洪武十一年）	《明太祖實錄》，卷 121，頁 1964。
浡泥國	1 次（洪武四年）	《明太祖實錄》，卷 67，頁 1264。
西洋瑣里國	1 次（洪武三年）	《大明會典》，卷 105，頁 1594。
瑣里國	1 次（洪武五年）	《明太祖實錄》，卷 71，頁 1313。
覽邦國	1 次（洪武九年）	《明太祖實錄》，卷 108，頁 1799。
淡巴國	1 次（洪武十年）	《明太祖實錄》，卷 113，頁 1871。
拂菻國	1 次（洪武八年）	《明太祖實錄》，卷 101，頁 1708。
呂宋國	1 次（洪武五年）	《大明會典》，卷 106，頁 1600。

　　因此，此時明朝的朝貢體系是相當鬆散的，這更能突顯出占城在朝貢地位上的重要性。洪武十二年（1379）發生的事件，也透露出占城與明朝非比尋常的關係。

　　　洪武十二年九月戊午（1379/11/4），占城國王阿答阿者遣其臣陽須文旦，進表及象、馬方物。中書省臣不以時奏，內臣因出外，見其使者以聞，上亟召使者見之。歎曰：「壅蔽之害，乃至此哉！」〔註79〕

占城使者朝貢並上表，但中書省官員卻置之不理，明太祖為此勃然大怒，憤而發佈〈問中書禮部慢占城入貢敕〉：

　　　九月二十五日午時，直門內使報占城國王所進象馬，至於承天門合無發付何該？朕聞知，甚難容輔弼者，且朕居中國，撫四夷，若夷有誠，從者必以禮待之，若肆侮者，必異處之。前者，爪哇非禮，所以貢物不以禮受，但拘收而已，使者囚之。其占城來貢甚誠，王非侮我行人，方物既至，則當陳設晨朝，以禮而進。今不令使者進

　　　錄》，卷 88，洪武七年三月癸巳條，頁 1564。洪武六年十月辛巳（1373/10/29），「暹羅斛國王女兄參烈思寧遣使進金葉表貢方物，于中宮卻之。」〔明〕官修，《太祖高皇帝實錄》，卷 85，洪武六年十月辛巳條，頁 1518。同年十一月癸丑（1373/11/30），「暹羅斛國王女兄參烈思寧復遣使奈文隸囉進貢方物，于中宮，禮部尚書牛諒以聞詔，仍卻之。」〔明〕官修，《太祖高皇帝實錄》，卷 86，洪武六年十一月癸丑條，頁 1526。
〔註79〕　〔明〕董倫等，《太祖高皇帝實錄》，卷 126，洪武十二年九月戊午條，頁 2016～2017。

獻，爲何？宰相之職，出納朕命，禮接百僚。今以重事，視爲泛常，豈不法所難容？特勒爾等自思果何理道哉？〔註80〕

關於「爪哇非禮」，根據鄭永常先生的研究：

> 至遲在洪武十二年（1379）九月前，官僚也許已知道這不幸的事件，當時爪哇東王及西王分別有使團前來朝貢，這顯得不太尋常；朝廷「以其禮義不誠，留其使者。」把爪哇的使者拘留下來，反映出南海海域的國際形勢起了根本的變化。
>
> 「禮義不誠」可能是宰相虛報當時的實況，筆者認爲冊封使團遇害的消息，宰相胡惟庸並未據實報告。他可能正爲此事而傷透腦筋之際，卻在洪武十二年（1379）九月被明太祖指責不及時報告占城朝貢一事；竟演變成明太祖廢相的導火線。明太祖乘機直接插手外交事務。〔註81〕

之前因發生爪哇殺害明使團的事件，在加上東南亞諸國並非眞心來朝貢，導致中書省官員對這些貢使並不信任。不過明太祖認定占城不同於上述這些國家，「來貢甚誠」，必須要好好款待。此一外交事件也引發了明代內政制度的改革，左右丞相皆被下獄，右丞相汪廣洋於十二月被貶海南，隨即被賜死；左丞相胡惟庸則於明年正月以罪誅殺。

從這可得知，明代的廢相是由外交事件引起，進而影響內政。「爪哇非禮」是起因，「慢占城入貢」是導火線，占使在當中扮演的角色，是制蓬莪一開始未料想到的事，可謂意外中的插曲。

明太祖看完占城的表章後，於洪武十二年十月甲子（1379/11/10）遣使占城，國書曰：

> 帝王之道，一視同仁，故雖在海外，皆欲其相安於無事。爾占城介居西南，限山隔海，而能臣事中國，數貢方物，頃者遣使貢象，誠意可嘉。表言尚與安南搆兵，至今未息，然占城與安南疆界已定，

〔註80〕關於〈問中書禮部慢占城入貢敕〉共有兩道詔令，文中爲第一則，第二則內容爲：「敕問中書禮部必欲罪有所歸，古有犯法者，犯者當之此私罪也！今中書禮部皆理道出納要所，九月二十五日有慢占城入貢事，問及省部互相推調。朕不聰明，罪無歸著，所以囚省部，鞫窮緣由。若罪果有所歸，則罪其罪者，仍前推調，未得釋免。」〔明〕朱元璋，《明太祖文集》，卷7，頁62～63。

〔註81〕鄭永常，〈明太祖朝貢貿易體制的建構與挫折〉，《新亞學報》22（2003），頁477～478。

　　自昔而然，各宜保境安民，勿事紛爭，天道好惡，不可不戒，今賜

　　卿金龍衣服及良馬等物，至可領也！〔註82〕

文中有提到「表言尚與安南搆兵」，只可惜這表並未記錄在《明實錄》裡，難
以得知其詳細內容及確切時間。但仍可知道明太祖保持一貫態度，不願介入
越占糾紛。對制蓬莪而言，聯明制越的目的是落空的，但是占城在明太祖心
中的地位，已有別於其他國家，這不能不說是制蓬莪對明朝外交的用心。

　　洪武十二年十二月（1379），安南遣使來貢。明太祖「以安南怙強，欲侵
奪占城境土，故至敗亡。」為由，寫詔書給前安南王，即太上皇陳叔明曰：

　　朕聞春秋諸侯之國相繼而滅亡者，何也？蓋由逆君命而禍黔黎，故

　　天鑒若是，有不能逃於禍也。使當時諸侯惟天王之命是從，豈不同

　　周之固耶？何期捨久長之富貴，而貪高位，致富貴若草秒之朝露。

　　賢不云乎：「毋為禍首，毋為福先。」爾叔明自臨事以來，國中多故，

　　民數流離，此果爾兄弟慕富貴而若是耶？抑民有怨而致是耶？……

　　安南與占城忿爭，搆兵將十年矣。是非彼此，朕所不知，其怨未消，

　　其釁未解，將如之何？爾如聽朕命，息兵養民，天鑒在上，後必有

　　無窮之福；若否朕命，而必為之，又恐如春秋之國自取滅亡也……

　　爾如鑒春秋之失，而毋蹈往轍，豈不美乎？宜悉朕意，毋有所忽。

　　〔註83〕

明太祖認為安南之所以兵敗，是因為安南欲侵犯占城，並指責陳叔明兄弟在
位期間，「國中多故，民數流離，此果爾兄弟慕富貴而若是耶？抑民有怨而致
是耶？」因而賜詔希望安南可以放棄仇恨，與占城和好。實際上，安南之所
以發兵，主要是為了報仇。但因先前占城不斷向明廷示好，並片面宣稱是安
南侵略占城，占城只是迫於情勢才反擊，這已使明朝對兩國的觀點造成一定
的影響。

　　既然安南戰敗，明朝未明事理，制蓬莪遂乘勢追擊，安南也因此被迫出
兵迎戰。1380年二月，制蓬莪先煽動新平（越南廣平省廣寧縣）、順化的居民
製造動亂，並以演州人胡衛為內應，搶掠乂安（越南乂安省），演州（越南乂

〔註82〕 〔明〕董倫等，《太祖高皇帝實錄》，卷126，洪武十二年十月甲子條，頁2017。

〔註83〕 〔明〕董倫等，《太祖高皇帝實錄》，卷128，洪武十二年十二月壬辰條，頁
　　　　2039～2040。

安省縣）等地。三月，占軍又進犯清化（越南清化省）。〔註84〕安南因此被迫出兵迎戰，「夏五月，季犛（1336～1407）〔註85〕領神武軍將阮金鰲，侍衛軍杜也哥出戰。金鰲旋舟以避賊鋒，季犛斬之以徇，諸軍皷噪而前，占主制蓬莪戰敗遁歸。」〔註86〕占軍最終以失敗收場，雖然制蓬莪在對安南軍事上失利，但仍不忘透過外交討好明朝。

洪武十三年九月乙巳（1380/10/16），是明太祖53歲壽誕，皇宮城內喜氣洋洋，官員紛紛入朝慶賀。占城國王制蓬莪也派遣大臣大併崙等，上表貢象及侍童一百二十五人爲明太祖祝壽，並向明朝訴苦，說其兵敗之事。明太祖給予賞賜及國書，璽書諭其王曰：

> 今年九月十八日，占城使至，爲朕上壽，萬裏遠道，非王意誠，豈能應期。若此然覽表閱辭，乃知復與安南交兵，水戰弗利。朕嘗戒爾兩國，毋深搆仇讎，以安生民。今一勝一負，終無休息，果何爲哉？今再勅王，王其審之……今爾兩國之爭，是非吾所不知，但知曩者安南兵出，敗於占城之下，占城乘勝入安南之國，安南之辱已甚。若此之後，王能保守封疆，奉天勤民，則福祿綿長矣！如其不然，必欲驅兵，連年苦戰，彼此勝負固不可知。鷸蚌相持，漁人獲利，他日悔之，不亦晚乎？朕觀《宋書》，占城在宋時曾被真臘入境，此亦辱之甚也！朕書至，王當脩睦四鄰之道，以是服非則可，是此非彼則不可，因王至意，故戒之再三，王其脩仁惟吉。〔註87〕

明太祖認爲現今安南與占城互有勝負，理應休兵。若將這國書與之前給安南陳叔明的國書作一比較，不論是安南或占城，只要當中有一國戰敗，明太祖都會寫國書，勸兩國休兵，但口氣卻截然不同。給安南的國書多帶有責備的

〔註84〕〔越〕吳士連，陳荊和編校，《大越史記全書》，卷8，頁455。

〔註85〕季犛字理元，自推其先祖胡興逸本浙江人，五季後漢時來守演州。其後家居本州之泡突鄉，因爲寨主。至李時娶月的公主，生月端公主。至十二代，孫胡廉徙居清化大吏鄉，爲宣尉黎訓養子，自此以黎爲姓。季犛其四世孫也。陳藝宗時，自祗侯四局正掌陞樞密大使遷小司空，進封司平章事，累加輔政太師、攝政欽德興烈大王、國祖章皇，遂移陳祚，國號大虞，復姓胡。未踰年，以位與其子漢蒼。漢蒼舊名火，僭位六年餘。後父子皆爲明人所擄。〔越〕吳士連，陳荊和編校，《大越史記全書》，卷8，〈本紀〉，頁475。

〔註86〕〔越〕吳士連，陳荊和編校，《大越史記全書》，卷8，〈本紀〉，頁455。

〔註87〕〔明〕董倫等，《太祖高皇帝實錄》，卷133，洪武十三年九月癸丑條，頁2114～2118。

語氣，如「欲侵奪占城境土」，但給占城的國書卻是「占城乘勝入安南之國，安南之辱已甚。若此之後，王能保守封疆，奉天勤民，則福祿綿長矣！」只是要其見好就收。並叮嚀占城「鷸蚌相爭、漁夫得利」的道理。同樣是勸兩國休兵，但在態度上卻相差甚遠。

　　安南與占城之衝突，兩國本身是最清楚的。但占城懂得利用明朝在訊息上的缺乏，只告訴明朝安南侵略占城，而淡化占城攻擊安南的事實。因此在這件事的結果上，明太祖立場已略微偏向占城這邊。但基於「一視同仁」的立場，仍希望兩國可以和解。

> 洪武十四年（1381）六月，安南陳煒遣大中大夫羅伯長奉表貢方物。時思明府來言，安南脫、峒二縣攻其永平等寨。安南亦言思明府攻其脫、峒、陸、峙諸處。上以其詐，命還其貢，以書詰責陳煒，言其作奸肆侮，生隙構患，欺誑中國之罪。復勅廣西布政使司，自今安南入貢並勿納。〔註88〕

安南與明朝衝突日益擴大，相反地，明朝與占城關係愈趨密切〔註89〕。學者 John K. Whitmore 也持同樣看法，筆者將之翻譯如下：

> 明太祖其實有意會到占城的攻擊，但他仍然接受制蓬莪的朝貢（1382、1383、1384），反而因為「詭詐」而拒絕越南朝貢。因此，占城頻繁的出使和朝貢（1384年200隻象牙；1388年54頭大象；1389年51頭大象），持續深植與明朝的關係，並獲得大明的接受。在《明史》記載裡，明朝皇帝為其至誠而感到高興。占城知道如何玩這遊戲，並做到極致。〔註90〕

洪武十五年（1382）二月，占城再度入寇清化。安南王命季犛為主帥，領軍禦之。季犛屯兵龍岱山（越南清化省東山縣）；神魁軍將阮多方則在神投（越南寧平省安謨縣）海口處設椿佈防。〔註91〕占軍水路並進，搶下海口處的制

〔註88〕〔明〕董倫等，《太祖高皇帝實錄》，卷137，洪武十四年六月丙辰條，頁2169。

〔註89〕洪武二十年十一月戊戌（1388/1/1）上以占城貢象使者辛加咄及蕃軍缺禦寒之服，命賜綿被及寒衣一襲。辛加咄等回至廣東，復遣中使錫（賜）宴，仍賜鈔二十錠為道里費，軍士半之。〔明〕董倫等，《太祖高皇帝實錄》，卷187，洪武二十年十一月戊戌條，頁2800。

〔註90〕Trần Kỳ Phương & Bruce M. Lockhart, *The Cham of Vietnam: history, society, and art*, pp. 192-193.

〔註91〕〔越〕潘清簡，《欽定越史通鑑綱目》，卷10，頁50上下。漢喃古籍文獻典藏數位化計畫 http://lib.nomfoundation.org/collection/1/volume/257/page/99，擷取

高點，在山上投以石塊，擊毀安南軍艦。阮多方不待季犛軍令，自行開樁出戰，短兵相接後，占軍不敵，散入山林。阮多方圍山三日，占軍多餓死，餘眾奔逃。〔註92〕

洪武十六年（1383）六月，占主制蓬莪與首將羅鎧沿著山腳行軍，由廣威鎮（今越南河東省西部）〔註93〕探尋道路，在昇龍城不遠處紮營屯兵，此舉震駭了昇龍城的人們。太上皇陳藝宗命華額軍將黎密溫將兵禦之，但密溫卻中了制蓬莪設下的埋伏，安南軍隊慘遭兵象衝殺，軍隊潰散，主帥密溫為占軍所擒。〔註94〕

陳藝宗被迫前往東岸江（今越南北寧省東岸縣）避敵，命阮多方留守京師昇龍，制蓬莪一直到年底十二月才率軍返國。〔註95〕越南史家吳士連評：「占城自黎、李以來，兵眾脆怯，我師至則挈家奔遁，或聚哭歸降，至蓬莪，羅鎧，生聚教訓，漸革舊俗，勇悍耐苦，故常入寇，為我國患。」〔註96〕

占城在軍事行動上取得主動權，又與明朝關係親密，恃寵而驕，逐漸顯露其本性，開始肆無忌憚，胡作非為。按《謨區查抄本》：

「占城是一個【自主的】王國，並與交趾（Caupchi）國相鄰，人很驍勇，【占城人】性喜劫掠其他鄰國的人，所以說【占城人】都是盜匪（cosario）。」〔註97〕

關於性喜劫掠的民族性，從占城建國以來即是如此。占城古名林邑，林邑是占族國家最早的中心，其歷史始於二世紀末。〔註98〕中國史書很早就有記載其劫掠行為，如：「天竺道人那伽仙，附載欲歸國，遭風至林邑，掠其財物皆盡。」〔註99〕、「南夷林邑國……頻遣貢獻，而寇盜不已，所貢亦陋薄。」〔註100〕明

日期 2014/5/3。

〔註92〕 〔越〕吳士連，陳荊和編校，《大越史記全書》，卷8，〈本紀〉，頁456。

〔註93〕 〔越〕陶維英著，鍾民岩譯，《越南歷代疆域：越南歷史地理研究》，頁185。

〔註94〕 〔越〕吳士連，陳荊和編校，《大越史記全書》，卷8，〈本紀〉，頁457。

〔註95〕 〔越〕吳士連，陳荊和編校，《大越史記全書》，卷8，〈本紀〉，頁457。

〔註96〕 〔越〕吳士連，陳荊和編校，《大越史記全書》，卷8，〈本紀〉，頁457。

〔註97〕 李毓中譯，Boxer Codex, fol. 175r.轉引自李毓中，〈東南亞古王國的最後身影：十六世紀末西班牙文獻中的占城〉。本篇於2012年6月3～4日，發表於國立清華大學人社中心主辦「季風亞洲與多元文化國際學術研討會：多元文化視角下的東西文明交流」工作坊之學術會議論文（未正式出版）。

〔註98〕 〔法〕G.賽代斯，蔡華、楊保筠譯，《東南亞的印度化國家》，頁80。

〔註99〕 〔南梁〕蕭子顯，《南齊書》（北京：中華書局，1972），卷58，〈扶南國〉，頁1014。

英宗正統年間，暹羅國王也向明廷訴說：「遣使臣奈三鐸等赴京，朝貢人船為風漂至占城港口，被其拘收。」〔註101〕西方學者認為這種掠奪行為是鞏固王權的象徵：「成功地進行遠征掠奪也是一種途徑。透過這一途徑，占人君王所需要具有的作為其臣民福祉源泉的形象才會被承認。」〔註102〕

　　占城劫掠他國的行為，明廷本是被蒙在鼓裡，只是這次占城竟大膽到搶奪鄰國獻於明朝的貢品，因而把自己的狐狸尾巴露了出來，使其他國家有了向明朝告狀的藉口。明太祖知道後相當生氣，洪武二十一年（1388）四月，遣行人董紹往諭占城國王曰：

> 爾居海島中，號令群夷，以主其國，苟無恩信敷布於下，以撫馭極
> 育之，安能君長一方，傳及子孫，保無虞邪？爾近遣子來朝，即令
> 中使送還本國。迨還，言爾所為，鮮率厥典，朕初不之信，及以麻
> 林機所陳爾國之事較之，乃有可信不誣者。今年四月復得安南奏云：
> 「行人劉敏道出占城，眞臘所貢象五十二隻，占城令人詐為，強寇
> 攘奪其四之一，並奴十五人。」益知，爾居南夷，不知尊敬中國，
> 但以劫虜為生。且強寇雖日行不義，尚識長幼尊卑之序，均分後出
> 之理，豈可為一國之長，而可肆侮天下之大君哉？且如往歲，所進
> 象奴二人，自送爾子還，竟藏匿不遣，爾之所為若此，一則無以小
> 事大之心，一則失交鄰國之好，信義俱亡，何以保國，爾其滌慮改
> 圖，毋貽後悔。〔註103〕

以上史料雖記載在一起，但從內容來判斷，包含著三件事：第一件事，明朝的官員護送占城王子〔註104〕歸國，將其所見所聞告知太祖，雖然史料本身所透漏訊息甚少，不過臺北故宮所藏《明太祖御筆》尚保留當時部份的內容：

〔註100〕〔南齊〕沈約，《宋書》（北京：中華書局，1974），卷97，〈林邑國〉，頁2377～2378。

〔註101〕〔明〕陳文等，《英宗睿皇帝實錄》，卷47，正統三年十月壬戌條，頁912。

〔註102〕〔紐西蘭〕尼古拉斯·塔林主編，《劍橋東南亞史》（雲南：人民出版社，2003），頁214。Nicholas Tarling, *The Cambridge history of Southeast Asia*, (Cambridge：Cambridge University Press, 1999), p. 260.

〔註103〕〔明〕董倫等，《太祖高皇帝實錄》，卷190，洪武二十一年四月壬子條，頁2863～2865。

〔註104〕制蓬莪有子制麻奴乜難、制山挈，二人在制蓬莪死後因擔心軍事強人羅鎧於己不利，皆投奔安南，占城軍政大權也因而落入羅鎧之手。〔越〕吳士連，陳荊和編校，《大越史記全書》，卷8，〈本紀〉，頁465。

諭占巴國王：「使臣自占巴回，備言王之情狀，一切作爲，甚非子孫之福，實造子孫之禍。何以見子孫之禍？蓋爲王年已高大，從然有壽，能延幾年？如今與諸國王結爲讐恨，他日王年十分高大，恐諸王子不如王，爲國之災難，甚非小小。王但知克勝安南以爲已能，不知安南加兵占巴，致上天之鑒。占巴復恨安南受辱，國破人流，且兼失地，皆天之所以。今王必倚兵象之強，將有不強之日，何以見敗拜於後。北有安南之敵，南有眞蠟、爪哇之隙，更且肆侮於我。何肆侮於我？前所進之象，以不才之稱爲至寶，群象雖進不堪用；所進舞女者，以樂器論，皆非全部；況諸婦人，人皆濫臭，是其侮之甚歟！王地海濱，諸國使者，航海必由之所。王擅敢拘人之使，收留諸國罪者，爲諸國之患。如或不悛，諸國合兵，未審王戰爭，果何爲之力也！且如進人口頭足之説。以小事大，古至于今，禮之常者也！小邦安索取於上。若以小事大之誠，有所感於上，賜則爲之嘉，豈冒瀆於上者。前者王子至京，朕待以殊禮，及其歸也，視使者如讐人，此以小事大之誠乎？今命某送王使者歸，索象若干，人若干，以信往來之好。」〔註105〕

這則史料相當珍貴，是明太祖親筆所寫。《明實錄》中所載「言爾所爲，鮮率厥典」，無非就是此詔書提到的「王擅敢拘人之使，收留諸國罪者，爲諸國之患。」不過重點是明太祖相不相信使者所說的話，從文中可知明使與占城王子有所衝突，明太祖可能基於這衝突對此事半信半疑。從太祖的口吻來看，勸勉多於責罵，只希望制蓬莪能放棄仇恨與鄰國結好，因此明太祖並未將此事放在心上，他所關注的只是占城「肆侮於我」的那些因素，諸如大象不堪用，舞女不懂樂器、人皆濫臭等，但在太祖的心目中，占城是東南亞最恭順的藩屬國，還是「今命某送王使者歸，索象若干，人若干，以信往來之好。」

　　第二件事，是明太祖透過麻林機了解到占城的近況，目前只知麻林機〔註106〕

〔註105〕〔明〕朱元璋，《朱元璋御筆》〈諭占巴國王〉故宮書畫典藏資料檢索 http://painting.npm.gov.tw/npm_public/System/View.jsp?ObjectID=55190&type= 1，擷取日期 2012/5/30。

〔註106〕據北京故宮所藏〔明〕佚名，《少數民族像冊》中，有「通事麻林機」一畫，其畫冊尚有「頭目寶圭由德勝」、「副使寶甘聘」、「大並印」、「大庫佳籠婆浪」等人。故宮博物院藏宮廷繪畫 www.dpm.org.cn/big5/E/E23/wenwu/49.htm，擷取日期 2012/6/2。

應為通事，來歷難以考察。學界對其所知甚少，所幸《少數民族像冊》尚有其畫像可供參考。鄭永常先生認為麻林機應非占城通事或使節，可能是指與占城接近之國家之使者，且題名為《少數民族像冊》，亦可能是指中國的海南島少數民族（如占族在宋元之際已移居海南島）。筆者對此說法亦表示認同。

麻林機向明太祖報告內容為何？因史料缺乏難以得知，不過《明實錄》中提到「所陳爾國之事較之」，可見明太祖是將兩件事情作一比較，發現當中有類似之處，才會「乃有可信不誣者」。

副使寶甘聘	頭目寶圭由德勝	通事麻林機
大庫佳籠婆浪	大並印	

圖 1-1：《少數民族像冊》

至於第三件事，則是安南去向明朝打占城的小報告，這動機就值得討論。嚴格來講，此事與安南毫不相干，而安南卻在此時幫真臘說話，多是趁機報

復。身為苦主的眞臘，自然地也常常向明廷控訴占城侵掠之事，如「國初，眞臘遣人貢方物，且言數被占城侵掠。」〔註107〕周圍國家互相控訴占城不當的行為，讓太祖對占城的印象有了顯著的改變，明太祖察覺其被占城欺騙已久，占城並非像表面來的恭順。

所謂事不過三，明太祖對於占城的胡作非為，從「初不之信」到「爾其滌慮改圖，毋貽後悔。」態度是180度大轉變。《明史‧占城傳》亦記載：「眞臘貢象，占城王奪其四之一，其他失德事甚多。帝聞之，怒。二十一年夏，命行人董紹敕責之。紹未至，而其貢使抵京。尋復遣使謝罪，乃命宴賜如制。」〔註108〕可見占城不欲得罪明朝，急欲修復兩國關係，不願因小失大。只是占城在遣使謝罪之後，仍繼續侵略安南，顯然為兩面手法。

1389年冬十月，制蓬莪親率大軍進犯清化、古無（今越南馬江）等地。陳藝宗命權臣黎季犛率軍前去抵抗。黎季犛深知制蓬莪大軍遠來，急於決戰，為了避其鋒芒，先於水軍陣前設立木椿，再把戰船連結起來，形成防守之勢，打算以拖待變。制蓬莪見難以攻破，於是心生一計，命底下士卒在馬江上游修築堤防，並將戰象埋伏於隱密之處，之後慢慢等待適當時機的來臨。越占兩軍在對峙二十餘日後，制蓬莪佯裝撤軍，而此情形勢必被安南哨兵所瞧見。黎季犛得知消息後，或許以為占軍糧草已盡，也或許以為占城後方突發事故，在不明占軍撤軍緣由的情況下，黎季犛不願放棄追擊占軍的大好機會。因此黎季犛即刻選取精勇，稱之為「敢死隊」，同時命水軍開椿出戰，水陸追擊。〔註109〕

黎季犛冒然出兵後，制蓬莪命占城士卒挖開上游堤防，霎時間，滾滾洪水傾瀉而下，安南舟師被洪水沖散。占城埋伏的戰象則在此時衝殺位於後方的安南軍隊。當時黎季犛所率領的精銳部隊已被誘開，來不及回去救援，安南軍因而潰敗，右聖翊軍將阮至（一云陳廷貴）為占軍所擒，其餘軍將七十人皆戰死，黎季犛命裨將范可永殿後，自己則先跑回昇龍。〔註110〕

當夜，安南的權聖翊軍將阮多方與裨將范可永商量：「賊勢如此，我等孤軍，難於持久。若欲班師，賊必乘機躡後。」於是阮多方命令諸軍盛張其幟，故作疑兵，繫大船於椿，令人守更，兩人則以輕舟夜遁。黎季犛返回京城後，

〔註107〕〔明〕楊士奇等，《太宗文皇帝實錄》，卷149，洪武十二年三月甲申條，頁1738。
〔註108〕〔清〕張廷玉，《明史》，卷324，〈占城〉，頁8385。
〔註109〕〔越〕吳士連，陳荊和編校，《大越史記全書》，卷8，〈本紀〉，頁462。
〔註110〕〔越〕吳士連，陳荊和編校，《大越史記全書》，卷8，〈本紀〉，頁462。

陳藝宗解除其兵權，不再讓他出兵。〔註111〕

同年11月，占軍進至黃江（越南河南省南商縣一段紅河），攻打昇龍城。陳藝宗命陳渴眞出師討賊，陳渴眞責無旁貸，泣別上皇。整個宮廷裡氣氛凝重，「上皇亦泣，下目送之。」〔註112〕陳渴眞抵達黃江後，占軍已佔盡地利，占城大將羅鎧正於黃江一帶駐守，陳渴眞見已無可戰之地，遂退守海潮江（今興安省陸江上游）〔註113〕。此時陳廢帝已被權臣黎季犛逼死，陳元耀〔註114〕爲報兄仇，竟率眾投降制蓬莪。〔註115〕

庚午三年（1390）春正月二十三日，制蓬莪與安南將領陳渴眞戰于海潮江。海潮江岸羅列著安南的戰船，而制蓬莪正與元耀率領著百餘艘戰船前來，想觀察安南水軍的佈陣方式。占城戰船緩緩靠近，戰船之中，有一艘綠漆船，是占城旗艦，霸主制蓬莪正威風凜凜的在船上眺望對岸的安南陣營。當時，占城臣子波漏稽與占城國王發生嫌隙，害怕被制蓬莪所殺，遂逃奔至安南軍營。波漏稽對陳渴眞指著綠色戰船說：「此國王船也。」陳渴眞聽聞後，命火槍隊就位，頓時「火銃〔註116〕齊發，著蓬莪貫於船板而死。」一代雄主制蓬莪當場被擊殺，船中人們喧鬧號泣，陳元耀見占城必敗無疑，遂斬下制蓬莪首級奔回安南。〔註117〕

陳元耀此舉被安南大隊副范汝勒，頭伍楊昂所見，兩人或許是貪功，也或許是不滿陳元耀先前背叛安南，遂聯手殺害陳元耀搶取首級，並將首級獻於陳渴眞。陳渴眞取過首級後，命監軍火速將首級送往陳藝宗御營。〔註118〕

占軍大敗，戰鼓響徹了天際，戰火染紅半邊天，當時正值半夜三更，陳藝宗被外面騷動聲所驚醒，誤以爲占軍夜襲。慌亂之際，當他聽到已獲得制蓬莪首級的捷報後，興奮的說：「我與蓬莪相持久矣！今日始得相見，何異於漢高祖見項羽首，天下定矣！」占城國的項羽就此殞命，制蓬峨戰死等同於

〔註111〕〔越〕吳士連，陳荊和編校，《大越史記全書》，卷8，〈本紀〉，頁462～463。

〔註112〕〔越〕吳士連，陳荊和編校，《大越史記全書》，卷8，頁463。

〔註113〕〔越〕陳重金，《越南史略》，頁128。

〔註114〕只知爲陳廢帝弟弟，事蹟不詳。

〔註115〕〔越〕吳士連，陳荊和編校，《大越史記全書》，卷8，〈本紀〉，頁463。

〔註116〕越人火器先進，《明史》載：「明成祖平交阯，得神機鎗礮法，特置神機營肄習。」〔清〕張廷玉，《明史》，卷92，〈火器〉，頁2264。亦可參閱張秀民，〈明代交阯人在中國之貢獻〉收錄於《中越關係史論文集》（臺北：文史哲出版社，1992），頁54～60。

〔註117〕〔越〕吳士連，陳荊和編校，《大越史記全書·本紀》，卷8，頁464。

〔註118〕〔越〕吳士連，陳荊和編校，《大越史記全書·本紀》，卷8，頁464。

宣告占城的盛世結束。〔註 119〕

占城大將羅皚聽聞國王戰死後，率領殘部從瀘江上岸（越南紅河左岸的主要支流），以占城習俗將制蓬莪屍體火葬。制蓬莪屍體雖隨著火焰被吞噬，但他一生的事蹟將將永載於史冊上，成為民間家喻戶曉的傳說。羅皚接著沿著山路修築棧道，日以繼夜往南奔行。占軍又餓又累，羅皚命士兵在棧道上造飯，邊吃邊走。此時安南軍對正在後方窮追不捨，羅皚將物資及戰象留於後方拖延安南行軍速度，最終得以「全眾以歸」。〔註 120〕

安南除去心腹大患後，與明朝關係更加緊張：「洪武三十年二月甲辰，行人陳誠、呂讓至安南，諭其王陳日焜令以所侵地還思明府，議論往復，久而不決……上召群臣議之，或以其抗逆朝命，當討。」兩國的邊界糾紛愈演愈烈，此時明朝內部已出現爭討安南的聲音，但是明太祖認為：「蠻夷相爭，自古有之，彼恃頑不服，終必取禍，姑待之而已！」〔註 121〕「其後上製祖訓有曰東南諸夷，限隔山海，後世不必征伐。」〔註 122〕

> 四方諸夷，皆限山隔海，僻在一隅；得其地不足以供給，得其民不足以使令。若其自不揣量，來擾我邊，則彼為不祥。彼既不為中國患，而我興兵輕伐，亦不祥也。吾恐後世子孫倚中國富強，貪一時戰功，無故興兵，致傷人命，切記不可。但胡戎與西北邊境，互相密邇，累世戰爭，必選將練兵，時謹備之。〔註 123〕

明太祖的國防重心是以北方為主，因而對南方的邊界糾紛，暫不處置。制蓬莪戰死，並不表示著明占外交關係的結束。明成祖即位後，明越關係再度惡化，加上占城後繼者承襲著制蓬峨的外交精神，「言安南黎賊數侵略其境土人民，請兵討之。」〔註 124〕等因素，明成祖最終與占城聯手出兵安南。

〔註 119〕〔越〕吳士連，陳荊和編校，《大越史記全書‧本紀》，卷 8，頁 464。

〔註 120〕〔越〕吳士連，陳荊和編校，《大越史記全書‧本紀》，卷 8，頁 464。〔越〕陶維英著，鐘民岩譯，《越南歷代疆域：越南歷史地理研究》，頁 298～299。

〔註 121〕〔明〕董倫等，《太祖高皇帝實錄》，卷 250，洪武三十年二月甲辰條，頁 3620～3627。

〔註 122〕〔明〕高岱，《鴻猷錄》，《續修四庫全書【389】史部‧紀事本末類》（上海：上海古籍出版社，1995），卷 6，頁 289。

〔註 123〕〔明〕朱元璋，《皇明組訓》，收錄於《明朝開國文獻》（臺北：臺灣學生書局，1966），頁 1588。

〔註 124〕〔明〕楊士奇等撰，《明太宗實錄》，卷 58，永樂四年八月庚子條，頁 848～849。

表 1-2：制蓬莪朝貢明朝之經過

時間洪武以下西元	事　由	太祖反應	備　註
二年二月己巳（1369/3/12）	占城貢虎象方物。《太祖高皇帝實錄》，頁785。	朕甚嘉焉！《太祖高皇帝實錄》，頁786。	主動朝貢。
二年九月丙午（1369/10/15）	占城遣平章蒲旦蔴都貢方物。告急，乞援兵。《安南傳》，頁7。	賜其國王及使者綺帛有差。十二月壬戌（1369/12/30）命翰林院編修羅復仁、兵部主事張福齎詔諭安南、占城國王。《太祖高皇帝實錄》，頁883、934。	詔至兩國，皆聽命罷兵。《太祖高皇帝實錄》，頁935。
三年八月辛酉（1370/8/26）	占城國王遣其臣打班舍利等來貢方物。《太祖高皇帝實錄》，頁1077。		
四年七月乙亥（1371/9/4）	占城派遣荅班瓜葡農來朝，言安南侵其土境……願皇帝垂慈，賜以兵器。《太祖高皇帝實錄》，頁1260。	不借兵，但占城海舶貨物皆免稅。《太祖高皇帝實錄》，頁1261。	同年閏三月，安南京師遭占城攻陷。《大越史記全書》，頁442。
五年九月甲子（1372/10/17）	占城國王遣其臣陽寶摩訶八的佛祿等來貢方物。《太祖高皇帝實錄》，頁1398。	賜阿答阿者織金、文綺、紗羅四十匹，使者紗羅、文綺、錢帛有差。《太祖高皇帝實錄》，頁1398。	
六年八月戊戌（1373/9/16）	占城遣其臣陽寶摩訶八的悅文旦，進表貢方物。言海寇劫掠海上，獲其海舟二十艘，蘇木七萬斤，及從賊吳第四來獻。《太祖高皇帝實錄》，頁1505。	上嘉之。賜其王織金、文綺、紗羅四十疋，使者紗羅二疋、文綺四疋、衣一襲、錢一萬二千，從人各賜有差。《太祖高皇帝實錄》，頁1505。	同年八月，安南陳睿宗並補軍伍，修造舟船，以備征占之役。《大越史記全書》，頁445。
六年十一月己酉（1373/11/26）	占城敗安南於境上，遣使告捷。《太祖高皇帝實錄》，頁1525。	遣人往諭二國，各宜罷兵息民，毋相侵優。《太祖高皇帝實錄》，頁1525。	《大越史記全書》僅記載陳睿宗招兵買馬之事。《大越史記全書》，頁445～447。

八年正月丁亥（1375/2/27）	高麗、占城、暹羅、日本、爪哇、三佛齊等國皆遣使入貢。《太祖高皇帝實錄》，頁 1656。	上命禮部宴之，仍命各賜文綺有差。《太祖高皇帝實錄》，頁 1656。	
八年十月丁酉（1375/11/4）	占城國王遣其臣寶圭賽西那八的奉金表、貢方物。《太祖高皇帝實錄》，頁 1709～1710。	賜其王及使者織金、文綺紗羅服物有差。《太祖高皇帝實錄》，頁 1710。	
十年九月丙戌（1377/10/13）	占城國王遣其臣保圭尸那八的奉金表、貢方物。《太祖高皇帝實錄》，頁 1883。	賜保圭尸那八的等文綺有差。《太祖高皇帝實錄》，頁 1884。	同年正月二十四日，陳睿宗親征占城，戰死。六月十一日，占城犯京師。安南京師遭占城二度攻陷。《大越史記全書》，頁 447～449。
十一年十月辛酉（1378/11/12）	占城國王遣使上表貢方物及良馬謝璽書及上尊文綺之賜也。《太祖高皇帝實錄》，頁 1956。	上復詔賜其王金織、文綺、紗羅衣各一襲。《太祖高皇帝實錄》，頁 1956。	同年六月，占城犯京師，擄掠而還。安南京師遭占城三度攻陷。《大越史記全書》，頁 453。
十一年十一月甲戌（1378/11/25）	占城國王遣使寶祿圭照婆郎等貢象、馬及茄南木香。《太祖高皇帝實錄》，頁 1960。	詔賜國王織金文綺使者文綺衣服鈔有差。《太祖高皇帝實錄》，頁 1960。	
十二年九月戊午（1379/11/4）	占城國王遣其臣陽須文旦進表及象、馬方物。中書省臣不以時奏。《太祖高皇帝實錄》，頁 2016。	敕責省臣，賜占城國使臣陽須文旦等衣鈔各有差。《太祖高皇帝實錄》，頁 2017。	
十三年九月乙巳（1380/10/16）	占城使至，爲太祖上壽，並訴說兵敗之事。《太祖高皇帝實錄》，頁 2114～2118。	上喻當脩睦四鄰之道。《太祖高皇帝實錄》，頁 2114～2118。	同年五月，制蓬莪戰敗遁歸。《大越史記全書》，頁 455。
十五年九月庚午（1382/10/31）	占城國王遣其臣楊麻加益等奉金表、貢方物。《太祖高皇帝實錄》，頁 2342～2343。	賜使者文綺、襲衣、鈔有差。《太祖高皇帝實錄》，頁 2343。	

十六年（1383）二月	占城國王遣其臣楊麻加益等上表貢象牙二百枝、檀香八百斤、沒藥四百斤、番布六百匹。《太祖高皇帝實錄》，頁2388～2389。	賜其王織金、文綺；使者鈔有差。《太祖高皇帝實錄》，頁2389。	同年六月，占主制蓬莪與首將羅鎧設伏敗安南軍，俘將軍黎蜜溫。《大越史記全書》，頁457。
十七年九月癸亥（1384/10/13）	占城國王遣其臣昭聞部奉金表、貢方物。《太祖高皇帝實錄》，頁2546。	賜使者文綺、鈔、錠。《太祖高皇帝實錄》，頁2546。	
十九年九月甲寅朔（1386/9/24）	占城國王遣其子寶部領詩那日勿等來朝賀天壽聖節。獻象五十四隻及象牙、犀角、胡椒、烏木、降香、花絲布，并貢皇太子象牙等物。《太祖高皇帝實錄》，頁2708～2709。	賜其國王冠帶織金文綺襲衣。王子寶部領詩那日勿金二百兩、銀一千兩、織金青羅衣二襲、紅羅衣二襲、繡金文青綺衣二襲、紅綺衣二襲。王孫寶圭詩離班織金青羅衣二襲、紅羅衣二襲、紅綠文綺衣各二襲、綺段六匹、銀一百五十兩。副使、頭目、通事等賜鈔及羅綺衣段有差。并賜養象軍士百五十人衣服。《太祖高皇帝實錄》，頁2709。	
二十年八月丁卯（1387/10/2）	占城國王遣其臣辛加咄等進象五十一隻、及伽南木、犀角等物。《太祖高皇帝實錄》，頁2768。	賜其王織金、文綺二十匹、錦四匹。《太祖高皇帝實錄》，頁2768。	
二十年十月辛亥（1387/11/15）	占城國王遣其臣寶絡圭阿那來郁等一百五十八人入貢方物。《太祖高皇帝實錄》，頁2787。	賜衣、鈔有差。《太祖高皇帝實錄》，頁2787。	
二十一年正月丁酉（1388/2/29）	占城國入貢。《太祖高皇帝實錄》，頁2815。	賜其使者及從人一百五十二人鈔有差。《太祖高皇帝實錄》，頁2815。	
二十一年（1388）四月	占城奪真臘貢象五十二隻並奴十五人。《太	爾其滌慮改圖，毋貽後悔。《太祖高皇帝實	

	祖高皇帝實錄》，頁 2864。	錄》，頁 2864～2865。	
二十一年（1388）七月	占城國王遣其臣不刺機伯刺拍弟等貢伽南、木香。《太祖高皇帝實錄》，頁 2891。		
二十二年正月己卯（1389/2/5）	占城遣使奉表、貢方物《太祖高皇帝實錄》，頁 2924。	賜綺、帛、鈔、錠。《太祖高皇帝實錄》，頁 2924。	同年十月，占人寇清化、犯古無，設伏敗安南軍，俘將軍陳廷貴。《大越史記全書》，頁 298～299。
二十三年九月壬寅（1390/10/21）	占城遣使進表、貢方物。《太祖高皇帝實錄》，頁 3055。		庚午三年（1390）春正月二十三日，制蓬莪陣亡，此時的占主為羅皚。《大越史記全書》，頁 464～465。

第三節　朝貢關係下各自的盤算

　　明朝、安南與占城好比是叢林中的老虎、豺狼與狐狸。當時明朝在亞洲是政治強權，建立了以明朝為中心的天下秩序，周遭的國家對明朝戰戰兢兢，「尊皇上如天，畏中國如虎。」〔註125〕而位於東南亞的安南一直有狼子野心，如豺狼般注視著鄰近的占城。明朝出兵安南後，林希元說「成祖皇帝既取交趾，狼子野心之民悉郡縣。」〔註126〕至於占城，為了避免被安南吞併，一直「狐假虎威」，甚至被安南譏為「作狐媚于燕京」。〔註127〕

　　制蓬莪死後（1390），王位由其大將羅皚繼任（明人稱之為閣勝）。羅皚為了與明朝保持良好關係，仍繼續朝貢。洪武二十四年十一月己丑（1391/12/2）占城國遣太師陶寶加直，奉金表、犀牛、番奴及布。只是，明朝並不信任羅皚，按照

〔註125〕〔明〕陳子龍，《明經世文編》，卷450，〈夷酋求貢疏北虜封貢〉，頁4951。
〔註126〕〔明〕林希元，《同安林次崖先生文集》，卷10，〈宣德交趾復叛始末記〉，頁644。
〔註127〕〔越〕吳士連，陳荊和編校，《大越史記全書》，卷12，〈本紀〉，頁681。

《大越史記全書》載:「羅皚歸至占城,據國自立。蓬莪子制麻奴爸難與弟制山擎恐見殺,遂來奔。封麻奴爸難爲校正侯,山擎爲亞侯。」〔註128〕明朝或多或少得到相關消息,且占城王位傳位於外人,已違反春秋大義,因此朱元璋認定羅皚弒主自立,告訴禮部官員說:「此皆篡逆之臣,其勿受。」《明實錄》記載:「占城臣閣勝者,殺其王自立,故命絕之。」〔註129〕此時占城與明朝是毫無往來的,因此占城是獨立對抗安南。羅皚爲了收復失土,仍不斷進犯安南,從1392以來,占城兵常侵越境〔註130〕,羅皚也繼制蓬莪之後成爲安南的心腹大患。

安南除了外患外,內憂也不斷加劇。陳睿宗皇后黎氏,是黎季犛之從妹,生陳晛(即陳廢帝)。黎季犛靠此關係及一些軍功逐漸掌控權勢。陳睿宗戰死後,陳晛對黎季犛的專權感到不滿,戊辰十二年(1388)秋八月。帝與太尉頵曰:「上皇寵愛外戚季犛,肆意任用,若不先爲之慮,後必難制矣。」〔註131〕陳晛欲剷除季犛,結果事洩〔註132〕,黎季犛反而搶先在陳晛之前向太上皇陳藝宗說其壞話:「臣聞裏諺曰:『未有賣子而養姪,惟見賣姪而養子。』」〔註133〕結果太上皇深信不疑,決定要廢掉他姪子:

> 十二月六日早,上皇假幸安生,令殿後扈衛,尋令祗候内人召帝謀國事。帝未膳而行,侍候惟二人而以。既至,上皇曰:「大王來。」即令人引出資福寺囚之。宣内詔曰:「昨者睿宗南巡不返,用嫡爲嗣,古之道也。然官家踐位以來,童心益甚,乘德不常,親暱群小,聽黎亞夫、黎與議譖誣功臣,扇搖社稷,可降爲靈德大王。然國家不可以無主,神器不可以久虛,可奉迎昭定入繼大統。布告中外,鹹使聞知。」〔註134〕

〔註128〕〔越〕吳士連,陳荊和編校,《大越史記全書》,卷8,〈本紀〉,頁465。

〔註129〕〔明〕董倫等,《太祖高皇帝實錄》,卷214,洪武二十四年十一月己丑條,頁3157。

〔註130〕〔法〕馬司培羅,馮承鈞譯,《占婆史》,頁101。

〔註131〕〔越〕吳士連,陳荊和編校,《大越史記全書》,卷8,〈本紀〉,頁460。

〔註132〕史臣吳士連曰:「當時胡氏氣燄,人人皆知其將篡。莊定王頵爲太尉,且藝皇之子,見社稷將傾,苟能納約自牖,結信於君父,予號有屬,致眾於朋來,使藝宗之荒耄復回,簡皇之柔懦而立,政柄有歸,令由上出,則胡氏姦情自戢矣。莊定計不出,此亞夫不度其君非剛斷之才,遂勸誅季犛,而爲謀不密,使之先知。」〔越〕吳士連,《大越史記全書》,卷8,〈本紀〉,頁461。

〔註133〕陳藝宗弟乃陳睿宗,陳睿宗子即陳廢帝。〔越〕吳士連,陳荊和編校,《大越史記全書》,卷8,〈本紀〉,頁460。

〔註134〕〔越〕吳士連,陳荊和編校,《大越史記全書》,卷8,〈本紀〉,頁460。

昭定王陳顒於戊辰十二年（1388）十二月十七日即位，是爲陳順宗，此時的權勢已完全掌控在黎季犛手上。史家評陳藝宗：「政在權臣，禍及身，而不覺。哀哉！」。〔註135〕

　　庚午三年（1390）十一月十四日，司徒章肅國上侯元旦〔註136〕病重，將不久於人世，陳藝宗詢問是否有遺言要交待，元旦只說：「願陛下敬明國如父，愛占城如子，則國家無事，臣雖死且不朽。」自從陳藝宗繼位以來，安南與明朝的關係相當不順遂，又常與占城發生軍事衝突，元旦擔心日後安南會遭到明占聯手圍堵，因此基於當時的國際局勢，在臨終前提出肺腑之言，只可惜陳藝宗只知寵用權臣，爲時晚矣！

　　陳廢帝被廢後，消息傳回明朝，明太祖對此大爲不滿，按《明實錄》記載：「洪武二十六年四月丙申，詔絕安南國朝貢，時安南弒主廢立，故絕之。仍命廣西都指揮使司、布政使司，自今勿納其來使。」〔註137〕此時的黎季犛正一步一步地掌控安南政權。戊寅十一年（1398）三月十五日，黎季犛先逼順宗禪位於皇太子陳烒，是爲陳少帝。〔註138〕接著1400年，黎季犛篡國稱帝，建元聖元，國號大虞，立其子漢蒼爲太子，並改姓胡。〔註139〕同年占城國王羅皚去世，由其子巴的吏繼位（明人稱占巴的賴）。〔註140〕黎季犛乘此時機發兵十五萬攻打占城，安南大軍進攻相當順利，終迫使占城割地求和：

　　　　漢蒼紹成二年（1402）秋七月，漢蒼大舉擊占城……占主巴的吏懼，
　　　　遣舅布田進白、黑象二，及諸方物，仍獻占洞之地，請退師。布田

〔註135〕〔越〕吳士連，陳荊和編校，《大越史記全書》，卷8，〈本紀〉，頁462。

〔註136〕陳元旦，陳英宗的曾孫。季犛掌權後，元旦謀結婚姻，圖免後患，以其子夢與托于季犛，季犛以故宗室仁榮女黃中公主妻之。後季犛當國，元旦子孫皆免患。〔越〕吳士連，《大越史記全書》，卷8，〈本紀〉，頁458。越南史臣吳士連評其爲人：「正其誼不謀其利，明其道不計其功，君子心也。元旦同姓大臣，知胡氏之將篡陳，業之將終，不思艱貞與國同休戚，乃托子胡氏爲身後計，圖利而不顧義，舍道而惟計功，烏足爲賢。且當時占人之患爲急，而告以愛占城如子，事明國如父，乃事大字小，榘常談之說，奚補當務哉。惜其學問見識知及之，而仁不能守之也。」〔越〕吳士連，《大越史記全書》，卷8，〈本紀〉，頁465～466。

〔註137〕〔明〕董倫等，《太祖高皇帝實錄》，227卷，洪武二十六年四月丙申條，頁3314。

〔註138〕〔越〕吳士連，陳荊和編校，《大越史記全書》，卷8，〈本紀〉，頁474。

〔註139〕季犛易姓名爲胡一元，子黎蒼爲胡查。〔明〕楊士奇等，《太宗文皇帝實錄》，卷60，永樂四年十月乙未條，頁867。

〔註140〕〔越〕吳士連，陳荊和編校，《大越史記全書》，卷8，〈本紀〉，頁479。

至，季犛脅使改表，併以古壘洞納之。因分其地，爲升，華，思，
義四州。〔註141〕

季犛對外取得軍事勝利，對內則讓位於次子漢蒼。讓位的作法是爲了要取信明
朝的一項安排。漢蒼是陳明宗女兒徽寧公主所生，如此一來，便可向明廷聲稱
陳氏已絕，暫權國事，以陳氏甥求封。安南史臣吳時仕認爲季犛傳位於漢蒼的
做法就是爲了「便其告明之詞」。〔註142〕碰巧同期的明朝發生靖難之變，明成
祖以清君側爲名，入繼大統。季犛趕緊派使者恭賀明成祖繼位，永樂元年夏四
月丁未朔（1403/4/21），安南權理國事胡夸遣使奉表及方物賀即位，且奏曰：

> 昔天朝太祖高皇帝，受天明命，統一寰宇。前安南王陳日煃率先諸
> 夷，輸誠奉貢，蒙恩錫爵，蒙恩錫爵，俾王其地，不幸日煃喪已，
> 宗嗣繼絕，支庶淪滅，無可紹承。臣陳氏之甥，爲眾所推，權理國
> 事，主其祠祭，於今四年，徽蒙聖德，境內粗安，然名分未正，難
> 以率下，拜表陳詞，無所稱謂，伏望天恩，錫臣封爵，使廢國更興，
> 荒夷有統。臣奉命效貢，有死無貳。〔註143〕

季犛是靠著外戚的身分篡奪陳氏政權，害怕明朝「正名致討」，因此趕緊先派
人去向明廷解釋，說陳朝宗室已無後人，漢蒼是陳朝宗室的外甥，而他自己
是受到眾人擁戴才掌控國事，並同時向明廷表達忠誠。季犛的動機其實很明
顯，正如奏章中所言「名分未正，難以率下」，季犛是想透過天朝冊封，向效
忠陳朝的大臣施壓，以鞏固自身的地位。當時明朝禮部官員認爲「遠夷荒忽
難信，宜遣使廉察」〔註144〕，因此明成組採納禮部奏章，以「安南邈遠，未
可遽信」爲由，於永樂元年四月辛酉（1403/5/5）派遣行人楊渤去安南一探究
竟，要楊渤調查「陳氏繼嗣之有無，胡夸推立之誠僞。」〔註145〕

　　季犛父子一方面安撫明朝，一方面猛攻占城。同年「漢蒼造小釘船以擊
占城……諸軍入占境，大修戰具，圍闍槃城，欲陷之」〔註146〕占城面對安南
大軍壓境，只能依照往例，在朝貢明朝的同時請求援助：「永樂元年七月丁酉

〔註141〕〔越〕吳士連，陳荊和編校，《大越史記全書》，卷8，〈本紀〉，頁480～481。
〔註142〕鄭永常，《征戰與棄守：明代中越關係研究》，頁28。
〔註143〕〔明〕楊士奇等，《太宗文皇帝實錄》，卷19，永樂元年四月丁未條，頁337。
〔註144〕〔明〕楊士奇等，《太宗文皇帝實錄》，卷19，永樂元年四月丁未條，頁337。
〔註145〕〔明〕楊士奇等，《太宗文皇帝實錄》，卷19，永樂元年四月辛酉條，頁342
　　　　～343。
〔註146〕〔越〕吳士連，陳荊和編校，《大越史記全書》，卷8，〈本紀〉，頁483。

（1403/8/9）……占城國王占巴的賴遣使婆甫郎等奉金葉表文，來朝貢方物，且言其國與安南接壤，數苦其侵略，請降勑戒諭。」〔註147〕因安南、占城兩國紛爭不斷，明成祖仍繼續扮演調停的腳色。最終，明成祖答應了占城的請求，在此事的處理上承襲著明太祖的作風。永樂元年八月癸丑（1403/8/25）敕安南王胡奎曰：

> 朕君臨萬方，體天爲治，一物失所，時予之辜。今占城言與爾隣壤，爾屢興兵侵其土地，殺其人民，剽掠財物，占城之人因爾荼毒。夫兩國土地傳自先世，而主于天子，何得恃強踰越，爲惡受禍，古有明戒。然事已在，赦前茲不深究。自今宜保境安民，息兵修好，則兩國並受其福，爾其欽哉。〔註148〕

從國書可看出明成祖一開始的立場已經偏向占城了，不斷強調「爾屢興兵」、「因爾荼毒」等字眼，和明太祖當初「是非一時難知」、「未審彼此曲直」、「是非吾所不知」有所差別。雖然此時安南侵略占城是事實，但明成祖才剛繼位，對南方之事也不可能會有太祖熟悉，卻已有先入爲主的觀念，想必是受到制蓬莪時期占城對明朝的恭順，以及近期季犛突掌安南國政，對其不信任的影響。

此時在占城的安南大軍，「以師行閱九月，絕糧，不克而還」，卻在返國其間碰上明朝的艦隊：「占城求救於明，明人駕海船九艘來救，諸軍還，遇諸海外，明人謂元瑰曰：『可速班師，不可久留。』元瑰自占城回，季犛責以不能盡斃明人之故。」〔註149〕關於這則史料，明代的史書並未有所紀錄。不過在馬司培羅先生所著的《占婆史》卻是這樣寫：

> 占城王遣使奏安南不尊詔旨，以舟師來侵，朝貢人回，賜物悉遭奪掠。又畀臣冠服、印章，俾爲臣屬。且已據臣沙離牙諸地，更侵略未已，臣恐不能自存。乞隸版圖，遣官往治。成祖怒，令戰船九往助占城；道遇越舟師，鳴鑼命之返掉，越舟師遂歸，主將因以獲譴。〔註150〕

馬司培羅先生在編寫這部份史料時，是將《明史》和《大越史記全書》混合寫成的，並不一定是實際發生的情形。

〔註147〕〔明〕楊士奇等，《太宗文皇帝實錄》，卷21，永樂元年七月丁酉條，頁400。
〔註148〕〔明〕楊士奇等，《太宗文皇帝實錄》，卷22，永樂元年八月癸丑條，頁408。
〔註149〕〔越〕吳士連，陳荊和編校，《大越史記全書》，卷8，〈本紀〉，頁483。
〔註150〕〔法〕馬司培羅，馮承鈞譯，《占婆史》，頁103。

鄭永常先生則認為這九艘船並非是專程援助占城，而是永樂元年八月癸丑（1403/8/25），由行人蔣賓興、王樞出使外藩而航經占城的使者艦隊。〔註151〕

筆者也認為此艦隊非軍隊，因為此時的占城只要明成祖「降勑戒諭安南」，而非「請兵討之」〔註152〕，因此明成祖不太可能主動派軍支援占城。且以時間點來看，《明實錄》記載此時明朝較大規模的對外活動，僅永樂元年八月癸丑（1403/8/25），「遣官往賜朝鮮、安南、占城、暹羅、琉球、眞臘、爪哇、西洋、蘇門荅剌諸番國王」〔註153〕一事而已，並未有其他相關紀錄。那為何安南的史書會誤寫成「明人駕海船九艘來救」？其實將《明實錄》仔細對照一看，出使外藩艦隊的詔令和斥責安南王的詔書是同一天頒布的，因此合理的推論是，調停的詔書先抵達安南，接著在外的元瑰將軍碰到往南航行的明朝艦隊，才導致這樣的誤解。

永樂元年閏十一月戊午（1403/12/28），安南遣使隨行人楊渤等入朝貢，進其陪臣、耆老奏章曰：

> 前安南國王陳日煃……不幸寡祐，日煃即世，嗣王短命，之庶諸孫，日就喪亡，三十餘年，遂至絕祀，國內之人，誠有傷心。胡𡗉實其外孫，少依王所，亦能恭順，小心勤於事上，是以眾人誠心，推𡗉權理國事，以主陳氏宗廟，今已四年，小大咸安。天使下臨，詢及微賤臣等，愚昧敢以實奏，伏望天恩，俯從眾志，賜之爵命，俾守此邦，庶海隅蒼生，鹹得其所，敢昧死以聞。〔註154〕

楊渤調查的結果，與當初季犛所呈的國書一樣，這陪臣、耆老顯然是季犛父子安排的「樁腳」。明成祖相信其奏章，「永樂元年閏十一月丁卯（1404/1/6），遣禮部郎中夏止善等，賣詔往安南，封胡𡗉為安南國王。」〔註155〕明成祖之所以會答應對季犛冊封，最主要原因是明成祖本身也是靠政變奪權。《明通鑑》引《三

〔註151〕〔明〕楊士奇等，《太宗文皇帝實錄》，卷22，永樂元年八月癸丑條，頁408。鄭永常，《征戰與棄守：明代中越關係研究》，頁30～31。

〔註152〕此事要到永樂四年八月庚子（1406/9/25），占城國王占巴的賴遣其孫部坡亮微郊蘭得勝那抹等來朝貢白象方物，且言安南黎賊數侵略其境土人民，請兵討之。〔明〕楊士奇等，《太宗文皇帝實錄》，卷58，頁848～849。

〔註153〕〔明〕楊士奇等，《太宗文皇帝實錄》，卷22，永樂元年八月癸丑條，頁408。

〔註154〕〔明〕楊士奇等，《太宗文皇帝實錄》，卷25，永樂元年閏十一月戊午條，頁464。

〔註155〕〔明〕楊士奇等，《太宗文皇帝實錄》，卷25，永樂元年閏十一月丁卯條，頁470。

編》御批說：「安南既列藩封，其篡弑相尋，故王法所必討。然成祖自燕邸稱兵，身冒不韙，其得國所自，與胡奎父子亦何甚徑庭？成祖既欲明正其罪，然自反慚德，何以為辭！」〔註156〕鄭永常先生認為成祖即位時，對於安南季犛父子篡權，應該是知道的，只是成祖「身冒不韙」，因此無法「明正其罪」。〔註157〕

永樂元年十二月辛丑（1404/2/9），季犛父子有鑑於永樂帝調停的詔書，遣使謝罪曰：「伏蒙敕書諭臣占城搆兵事，臣罪深重荷。天地大德，赦而不誅，不勝悚懼。自今以往，謹當息兵安民，以仰副聖訓。」明成祖以其能改過，賜敕慰勉之。〔註158〕其實這時侯的占城常常在明朝皇帝面前「打小報告」，讓安南深受其擾。越南的史官甚至把占城人這種行為記載於史冊上：「漢蒼遣潘和甫遺白黑二象於明。先是，占城既貢白黑象，及獻地以求緩師，既而又詭辭告明，謂胡氏侵地，及邀取貢象至是。明遣使責問，故遣之。」〔註159〕《大越史記全書》亦載：「是時，明使往來絡繹道路，有徵（徵）求者，有責問者，漢蒼命隨方救解，疲於奔命。」〔註160〕

明成祖對於處理越占糾紛相當積極，因其剛繼位不久，為了穩固政權，調停藩屬國的紛爭是大好時機。明成祖若以宗主的身份成功調停兩國之間的衝突，那麼其在國內外的聲望勢必上升。因此明成祖除了寫詔斥責安南外，還另外派遣使者前往占城：

永樂二年正月丁巳（1404/2/25），遣使齎敕諭占城國王占巴的賴曰：
「爾奏數為安南國所侵，朕已遣人諭之，令息兵安民。今安南王胡奎
陳詞服罪，不敢復肆侵，越人能改過，斯無過矣爾！」〔註161〕

從這舉動看，明成祖認定這件事已到此結束，他建立了身為宗主的威望，只是事情並非如此簡單。先是廣西思明府向明成祖訴說安南侵犯邊境之事〔註162〕，接著占城又派遣使者：

〔註156〕〔清〕夏燮，沈志華編，《明通鑑》（北京，改革出版社，1994），卷14，頁526。

〔註157〕鄭永常，《征戰與棄守：明代中越關係研究》，頁29。

〔註158〕〔明〕楊士奇等，《太宗文皇帝實錄》，卷26，永樂元年十二月辛丑條，頁488。

〔註159〕〔越〕吳士連，陳荊和編校，《大越史記全書》，卷8，〈本紀〉，頁484。

〔註160〕〔越〕吳士連，陳荊和編校，《大越史記全書》，卷8，〈本紀〉，頁483。

〔註161〕〔明〕楊士奇等，《太宗文皇帝實錄》，卷27，永樂二年正月丁巳條，頁494。

〔註162〕永樂二年四月癸酉（1404/5/11），廣西思明府知府黃廣成奏，本府與安南接壤祿州、西平州、永平寨皆先臣故地，邇歲安南屢興兵侵奪，遂遽有之。〔明〕楊士奇等，《太宗文皇帝實錄》，卷30，永樂二年四月癸酉條，頁538。

永樂二年八月庚午朔（1404/9/5），占城國王占巴的賴遣使部該序
罷尼來朝，貢犀牛及方物且奏曰：「前奏安南攻擾地方，殺掠人畜，
仰蒙降敕諭使息兵，而其國王胡螯不遵聖訓。今年四月，又以舟
師侵入臣境，民受其害，近朝貢人回，所賚賜物皆被拘奪，又逼
與臣冠服、印章使爲臣屬，且已占據臣沙離牙等處之地。今復攻
劫未已，臣恐不能自存，願納國土請吏治之。」上怒，命禮部遣
使賚敕諭螯。〔註163〕

占城面對安南的大舉入侵，所幸「納國土請吏治之」，這種外交關係在明朝的
歷史上並不多見。筆者推斷，占城深知朝貢體系的規則，同時也想迎合明成
祖欲成爲天下共主的心態。因此用「不遵聖訓」、「又逼與臣冠服、印章使爲
臣屬」等字眼，去強調安南藐視明成祖的行爲，明成祖也因此發怒。

　　只是這則進攻占城的史料卻不見於《大越史記全書》，從漢倉開大二年
至明成組討安南（1404～1406），這兩年多的時間並未記載漢倉出兵占城之
事。記載較多爲防「北寇」之事，如「漢蒼造鐵釘船，以防北寇。」、「明遣
行人李錡（明史作李琦）〔註164〕來……遍觀形勢。錡回，季犛恐泄事情，
遺範六材追殺之，至諒山，而錡已出關矣。錡劾奏胡氏稱帝，並作詩有凌慢
語。」同時，漢蒼下令「各鎮源頭納椿木，武寧州許取古法陵烏米木，送各
軍植諸海口，及大江要處，以防北寇。」、「議移修東都宮殿於古列洞，時北
寇將興，而民久憚遠役，故設此以收人心。」、「季犛，漢蒼巡省京路山川及
諸海口，欲知險易也！」；又制定「南北班軍，分爲十二衛，殿後東西軍分
爲八衛，每衛十八隊，每隊十八人，大軍三十隊，中軍二十隊，營十五隊，
團十隊，禁衛都五隊，大將軍統之。」；又召集「諸路安撫使赴闕，與京官
會議，或戰或和。」等等〔註165〕。從史料來看，漢蒼修建戰船、巡視邊境、
重整軍制，動作頻頻，可見安南此時已將注意力轉到北方，未必有餘力攻擊
占城。但明成祖相信占城的說法，在兩天後（1404/9/7）就派遣使者前往安
南，詔書曰：

〔註163〕〔明〕楊士奇等，《太宗文皇帝實錄》，卷33，永樂二年八月庚午條，頁582。
〔註164〕李琦，眞定府元氏縣人。使安南、占城、榜葛剌諸國，陞禮部左侍郎。復使
　　　　交阯，還陞布政使。琦簡易有識量而善談論，故數奉使遠夷及爲湖廣政譽靡
　　　　聞至是。朝覲至京，吏部言其老不任事，故命致仕。〔明〕楊士奇等，《宣宗
　　　　章皇帝實錄》，宣德八年正月癸酉條，卷98，頁2210。
〔註165〕〔越〕吳士連，陳荊和編校，《大越史記全書》，卷8，〈本紀〉，頁484～487。

前以爾屢侵占城，故諭爾講信修睦。及得爾奏云：「自今以往敢不息兵。」朕嘉爾能改過，復降敕慰勉。近占城復奏，爾今年又以水軍攻掠其境，拘虜人民，其朝貢人回所賚賜物皆被邀奪，及逼與冠服、印章使爲臣屬，越禮肆虐有加無已。而廣西思明府亦奏爾奪其祿州、西平州、永平寨之地，此乃中國土疆，爾奪而有之，肆無忌憚，所爲如此，蓋速亡者也！朕未忍遽行討罪，故復垂諭，鬼神禍淫，厥有顯道，爾亦速改前過，不然非安南之利也！〔註166〕

明成祖對於安南已相當反感，但尚未到出兵討伐的地步。緊接著明成祖於永樂二年八月丁丑（1404/9/12）又派使者前往占城，詔書曰：「王復奏安南侵擾等事已再敕責胡𡗨，王亦宜修德務善以保國人，如𡗨冥頑不悛，曲在於彼，朝廷自有處置。」從時間點來看，明成祖在六天內處理三份國書，動作相當積極，這也反映出明成祖相當關注安南與占城的糾紛。

第四節　明占軍事同盟和安南的滅亡

陳天平事件（《大越史記全書》作陳添平）的發生，導致明越兩國戰事因而爆發。陳天平本名阮康，是仁靖王陳元挺〔註167〕的家臣。1390年2月，季犛權傾朝野，廢殺陳帝晛及親帝黨人，〔註168〕「詔捕賊黨元挺、阮洞、阮允、黃科、阮康等，脅從罔治，元挺、陳蕘赴水死，康北走明國，詐稱陳氏子孫，改名添平。」〔註169〕陳天平最後是在老撾的幫助下，來到明朝。〔註170〕陳天平向大明天子訴苦：

臣天平，前安南王烜之孫……季犛父子乃大弒陳氏宗族……之後遂改國號……賊臣季犛已老，詭謀逆計多出，黎蒼攻刦占城欲使臣屬，又侵略思明府奪其土地，究其本心實欲抗衡上國，暴征橫斂，酷法淫行，百姓愁怨如蹈水火，臣之祖宗世尚寬厚，今國人嗷嗷頗見思憶。陛下德配天地，仁育四海，一物失所，心有未安，伐罪弔民，

〔註166〕〔明〕楊士奇等，《太宗文皇帝實錄》，卷33，永樂二年八月壬申條，頁583。
〔註167〕其父陳元暉，爲陳明宗次子。
〔註168〕鄭永常，《征戰與棄守：明代中越關係研究》，頁32。
〔註169〕〔越〕吳士連，陳荊和編校，《大越史記全書》，卷8，〈本紀〉，頁465。
〔註170〕永樂二年八月丁酉（1404/10/2），老撾軍民宣慰使刀線歹遣使護送前安南王孫陳天平來朝，奏曰：「臣天平，前安南王烜之孫、喬之子、日焜弟也。」〔明〕楊士奇等，《太宗文皇帝實錄》，卷33，永樂二年八月丁酉條，頁582。

　　　興滅繼絕，此遠夷之望，微臣之大願也！〔註171〕

文中提到季犛父子篡奪政權，攻劫占城，又侵奪明朝邊境。陳天平是想藉此博取明朝的同情，利用明朝的軍隊攻回安南。無論明成祖是否知悉陳天平的僞飾，他的目的是要扶立一個受制於明朝的安南政權是很明顯的〔註172〕，因而答應其訴求。這對於想要鞏固政權的季犛父子而言，唯一反制的辦法就是先斬後奏，只是必須先抓住陳天平。

　　永樂三年六月庚寅（1405/7/22），安南胡季犛遣使臣阮景眞等，隨監察禦史李琦入朝，上奏謝罪，恭迎陳天平歸國。〔註173〕明成祖遂令廣西都督僉事黃中以五千兵護送陳天平，但安南卻在路途中設下伏兵：永樂四年三月丙午（1406/4/4），明軍行至安南丘溫，伏兵盡出，明軍潰敗，陳天平被俘虜，慘遭淩遲處死。〔註174〕永樂四年四月辛末（1406/4/29），消息傳回明廷，明成祖勃然大怒：「蕞爾小醜，罪惡滔天，猶敢潛伏奸謀，肆毒如此。朕推誠容納，乃爲所欺，此而不誅，兵則奚用？」遂決意出兵安南。〔註175〕按《明實錄》記載，明成祖發兵八十萬〔註176〕，列出安南二十大罪狀：

〔註171〕〔明〕楊士奇等，《太宗文皇帝實錄》，卷33，永樂二年八月丁酉條，頁594〜595。

〔註172〕鄭永常，《征戰與棄守：明代中越關係研究》，頁53。

〔註173〕奏章曰：「臣査父子實安南陪臣，且連姻戚，事其先王亦頗盡心，豈敢篡殺以犯大僇。蓋緣陳氏多難，子孫喪亡以致於盡。臣實其甥，謬當眾舉，權理國事，以主其祭。遭遇聖明，賜以封爵，奉承惟謹，常懼有怨，蕞爾島夷，僻在荒服，豈敢借號改元，欺天罔上。天平本陳氏宗族，久棄在外，不謂尚存，悠悠之言，自此而致。聖恩弘貸，遣使下問，臣請迎歸天平以君事之，其祿州等處，猛、慢等寨亦即令退還，已遣人往各處交割地界，伏望皇上天地父母，恕臣狂愚，赦臣死罪，臣不勝悚懼，瞻望之至。」〔明〕官修，《明太宗實錄》，永樂三年月庚寅條，卷43，頁687〜688。

〔註174〕〔明〕楊士奇等，《太宗文皇帝實錄》，卷52，永樂四年三月丙午條，頁781〜782。〔越〕吳士連，陳荊和編校，《大越史記全書》，卷8，〈本紀〉，頁487〜488。

〔註175〕〔明〕楊士奇等，《太宗文皇帝實錄》，卷53，永樂四年四月辛末條，頁791。關於明成祖出兵安南的眞正動機，可參閱鄭永常先生所著《征戰與棄守：明代中越關係研究》，頁50〜60。

〔註176〕關於出兵實際數目，《大越史記全書》亦記載八十萬。〔越〕吳士連，陳荊和編校，《大越史記全書》，〈本紀〉，頁489。但學者大多認爲是誇大之數，可參閱鄭永常，《征戰與棄守：明代中越關係研究》，頁37〜40。王桃，〈明成祖出兵安南人數考述〉，《華南師範大學學報（社會科學版）》5（2004），頁153〜155。

表 1-3：征討安南檄文〔註 177〕

罪　狀	敘　　　述
罪一	賊人黎季犛父子，兩弑前安南國王，以據其國。
罪二	賊殺陳氏子孫宗族殆盡。
罪三	不奉朝廷正朔，僭改國名大虞，妄稱尊號，紀元元聖。
罪四	視國人如仇讎，淫刑峻法，暴殺無辜，重斂煩徵，剝削不已，使民手足無措，窮餓罔依，或死填溝壑，或生逃他境。
罪五	世本姓黎，背其祖宗，擅自改易。
罪六	憑籍陳氏之親，妄稱暫權國事，以上罔朝廷。
罪七	聞國王有孫在京師，誑詞陳請迎歸本國，以臣事之，及朝廷赦其前過，俯從所請，而益肆邪謀，遮拒天兵，阻遏天使。
罪八	其安南國王之孫，始被迫逐，萬死一生，皇上仁聖矜憫存恤，資給護送，俾還本土。黎賊父子，不思感悔，竟誘殺之，逆天滅理。
罪九	寧遠州世奉中國職貢，黎賊恃強，奪其七寨，占管人民，殺虜男女。
罪十	又殺其土官力吉罕之婿力猛慢，虜其女曩亦，以為驅使，強徵差發銀兩，驅役百端。
罪十一	威逼各處土官，趨走執役，發兵搜捕夷民，致一概驚走。
罪十二	侵佔思明府錄州、思明府錄州：廣本抱本錄作祿，是也。西平州、永平寨之地，及朝廷遣使索取，巧詞支吾，所還舊地十無二三。
罪十三	還地之後，又遣賊徒據西平州，劫殺朝廷命官，復謀來寇廣西。
罪十四	占城國王占巴的賴，新遭父喪，即舉兵攻其舊州、格列等地。
罪十五	又攻占城板達、郎白黑等四州，盡掠其人民孳畜。
罪十六	又加兵占城，取其象百餘隻及占沙離牙等地。
罪十七	占城為中國藩臣，既受朝廷印章服物，黎賊乃自造鍍金銀印、九章、冕服、玉帶等物，以逼賜其王。
罪十八	占城國王惟尊中國，不重安南，以此一年凡兩兵加。
罪十九	天使以占城使者同往本國，黎賊以兵劫之於屍毘柰港口。
罪二十	朝貢中國，不遣陪臣，乃取罪人，假以官職，使之為使，如此欺侮不敬。

〔註 177〕〔明〕楊士奇等，《太宗文皇帝實錄》，卷 60，永樂四年十月乙未條，頁 868～871。

以上總共二十條罪狀，王賡武先生已作過分析了，讀者可參考其著作〔註178〕，本文不再多加贅述，僅就占城的部份作探討。提到占城的部份是十四條至十九條，共六條。前三條是安南侵犯占城境土，後三條則是污辱天威。當然，明成祖不太可能爲了占城而大動干戈，只是爲了合理化出兵的過程，避免師出無名。主要的導火線還是因爲安南擅殺陳天平，使身爲「天子」的明成祖感到難堪。因此在文中不斷使用「遮拒天兵」、「阻遏天使」、「逆天滅理」等字眼，就是要讓安南知道抗拒天朝的下場，安南最終滅亡。

明成祖從永樂四年七月己丑（1406/7/16）出兵〔註179〕，到永樂五年六月癸未（1407/7/5）「安南平，詔天下」〔註180〕止，不到一年的時間征服安南。但比較令人好奇的是，占城此時所扮演的角色爲何？明成祖出兵時，有意聯合占城夾擊安南，「永樂四年閏七月庚午（1406/8/26）勅廣東都指揮司，選精銳軍士六百人，以能幹千戶二員、百戶六員領之，具器甲糧糧，由海道往占城會合軍馬，防遏黎寇。」〔註181〕此時在安南的南部已集結了明占聯軍，準備南北合攻。這軍事行動對於占城而言，是收復失土的大好時機，因此占城王趕緊把握機會，甚至派遣王室宗親請求明朝一定要出兵安南：「永樂四年八月庚子（1406/9/25），占城國王占巴的賴遣其孫部坡亮微郊蘭得勝那抹等來朝貢白象方物，且言安南黎賊數侵略其境土人民，請兵討之。」〔註182〕明成祖於永樂四年八月壬子（1406/10/7），遣內官馬彬等賚勅諭占城國王占巴的賴曰：

> 爾遣孫部坡亮微郊蘭得勝那抹等來朝貢方物，且言安南黎賊侵奪地
> 界，驅掠人畜，肆虐不已，請兵討之。朕以黎賊累弑國主，篡奪其
> 位，僭號改元，毒痛下民，舉國憤怨。其前王孫陳天平被其迫逐，
> 歸命朝廷。黎賊請迎歸國，以君事之。朕推誠不疑，遣人資送，乃
> 中途邀而殺之，抗拒朝命，罪惡滔天，不可容逭。已命總兵官征夷

〔註178〕王賡武先生認爲：「前八條罪狀可說是道德和思想意思方面的爭端，接下來的五條涉及安全問題，再下的五條是安南對另一個藩屬的侵略，最後兩條是對皇帝個人的冒犯。因此有四類爭端促使永樂採取強硬行動。」姚楠，《東南亞與華人——王賡武教授論文選集》（北京：中國友誼出版公司，1987），頁50。

〔註179〕〔明〕楊士奇等，《太宗文皇帝實錄》，卷56，永樂四年七月己丑條，頁821。

〔註180〕〔明〕楊士奇等，《太宗文皇帝實錄》，卷68，永樂五年六月癸未條，頁943。

〔註181〕〔明〕楊士奇等，《太宗文皇帝實錄》，卷57，永樂四年閏七月庚午條，頁839。

〔註182〕〔明〕楊士奇等，《太宗文皇帝實錄》，卷58，永樂四年八月庚子條，頁848～849。

將軍成國公朱能等率大軍往討，其罪務在殄滅，以安黎庶。爾宜嚴
兵境上，防遏要衝，其安南人先居占城者不問，自今有逃至者，皆
勿容隱，但得黎賊父子及其黨惡即械送京師，厚加賞賚，爾宜勉之。
〔註 183〕

明成祖有意聯合占城圍剿安南，除了要占城守住南方戰線外，「別勅占城王擾
其境」〔註 184〕，占城也相當配合。安南被明朝征服後，占城將所擄獲的安南
俘虜獻於明成祖：「永樂五年八月己亥（1407/9/19），占城國王占巴的賴奏臣
仰荷天威，以今年五月克取安南所侵地，獲到賊黨胡烈、潘麻那等，專遣頭
目濟媚等獻俘闕下，且上表進方物謝恩。」〔註 185〕明成祖對占城恭順的作為
感到相當滿意，因此於「永樂五年九月庚辰（1407/10/30），遣太監王貴通齎
敕往勞占城國王占巴的賴，賜王白金三百兩、綵絹二十表裏，嘉其嘗出兵助
征安南也！」〔註 186〕

明朝出兵安南時，有占城相助，而占城有困難時，明朝也主動幫忙：

永樂五年十月辛丑（1407/11/20），暹羅國王昭祿羣膺哆羅諦剌遣使
奈婆即直事剌等奉表貢馴象、鸚鵡、孔雀等物。賜鈔幣襲衣，命禮
部賜王織金文綺、紗羅、表裏。先占城因遣使朝貢，既還至海上，
颶風漂其舟至溢亨國。暹羅恃強凌溢亨，且索取占城使者羈留不遣，
事聞於朝。又蘇門答剌及滿剌加國王並遣人訴暹羅強暴發兵奪其所
受朝廷印誥，國人驚駭不能安生至是。賜敕諭昭祿羣膺哆羅諦剌曰：
「占城、蘇門答剌、（滿剌）加與爾均受朝命，比肩而立。爾安得獨
恃強，拘其朝使，奪其誥印，天有顯道，福善禍淫，安南黎賊父子
覆轍在前，可以監矣！其即還占城使者及蘇門答剌、滿剌加所受印
誥，自今安分守禮，（保）睦隣境，庶幾永享太平。」〔註 187〕

史料並未告知「事聞於朝」的詳細經過，但占城對於明成祖的積極介入感到
相當欣慰，因此隔年十月乙亥（1408/11/12），「占城國王占巴的賴遣孫舍楊該

〔註 183〕〔明〕楊士奇等，《太宗文皇帝實錄》，卷 58，永樂四年八月壬子條，頁 852
～853。

〔註 184〕〔明〕茅瑞徵，《皇明象胥錄》，《四庫禁燬書叢刊・史部【10】》（北京：北京
書局，1997），卷 3，頁 591。

〔註 185〕〔明〕楊士奇等，《太宗文皇帝實錄》，卷 70，永樂五年八月己亥條，頁 982。

〔註 186〕〔明〕楊士奇等，《太宗文皇帝實錄》，卷 71，永樂五年九月庚辰條，頁 999。

〔註 187〕〔明〕楊士奇等，《太宗文皇帝實錄》，卷 72，永樂五年十月辛丑條，頁 1008
～1009。

奉表貢象及方物，謝恩。」明成祖對此特地叮囑禮部要好好款待：

> 曩征交阯，占城王嘗出兵協助制賊，今遣其孫來宜優禮之，於是賜
> 舍楊該白金二百兩、鈔百錠、紵絲紗羅及金織襲衣，賜其儕從有差。
> 比還，賜其王占巴的賴金印及黃金百兩、白金五百兩、錦綺紗羅五
> 十匹、綵絹百匹，且賜勅嘉勞之。〔註188〕

占城遣使謝恩後，明成祖給予豐富的賞賜，明人把這種賞賜稱之為「夷王賞
功之優」。〔註189〕而占城在得到這些賞賜後，隔年八月辛丑（1409/9/9），占
城國王占巴的賴再度遣使，奉表、貢象、謝恩。明成祖也「賜敕獎勞」〔註190〕，
兩國相處相當融洽。從史料可知，自從明朝平定安南後，占城不斷討好明朝。
只要占城朝貢，明朝就給予賞賜；明朝一給予賞賜，占城就向明朝謝恩，占
城謝恩後，明朝又給予賞賜，這樣一來一往，彷彿禮尚往來，兩國關係進入
蜜月期。只是歷史是一再重演的，每當明朝與占城關係良好時，占城就會肆
無忌憚，而真臘也會在此時抱怨占城的惡形惡狀：

> 永樂十二年三月甲申（1414/3/31），遣奉禦祝原等使真臘。國初真臘
> 遣人貢方物，且言數被占城侵掠，其使久留京師至是。上遣原等送
> 歸並賜真臘國王參列昭平牙綵幣，別以勅戒占城王占巴的賴，令安
> 分循理，保境睦鄰。〔註191〕

顯然地，占城本性難移，特別是此時的安南已經被消滅了，占城可以毫無顧
忌地大舉侵略真臘。試想，當初制蓬莪搶奪鄰國貢品時，明太祖就為此大動
肝火，而此時占城數侵真臘，比當年的行為更為嚴重，使者甚至「久留京師」
要明成祖主此公道。但明成祖僅僅要占城「安分循理，保境睦鄰」，似乎未將
之放在心上，這就與其父的作法有所不同了。比較合理的解釋是，明成祖認
為占城恭順，不相信真臘使者的一面之詞。只是隔年發生了一件事，明成祖
的態度就有所轉變了：

> 永樂十三年十一月辛酉（1415/12/18），兵部尚書陳洽言：「朝廷初討
> 黎賊、及陳季擴之時，占城國王占把的賴雖聽朝命出兵來助，然實

〔註188〕〔明〕楊士奇等，《太宗文皇帝實錄》，卷84，永樂六年十月乙亥條，頁1117。
〔註189〕〔明〕王世貞，魏連科點校，《弇山堂別集》（北京，中華書局，1985），卷
　　　　14，頁261。
〔註190〕〔明〕楊士奇等，《太宗文皇帝實錄》，永樂七年八月辛丑條，卷95，頁1225。
〔註191〕〔明〕楊士奇等，《太宗文皇帝實錄》，卷149，永樂十二年三月甲申條，頁
　　　　1738。

陰懷二心，圖唇齒相依，徘徊觀望，愆期不進，至化州乃大肆虜掠，

以金帛、戰象資季擴，亦以黎之女遺之，復納季擴之舅陳翁挺及鄧

容之弟鄧鍜等男女三萬餘人，又侵奪升華府所隸四州十一縣之地，

驅掠人民，厥罪下季擴一等耳夫！有罪必討，請發兵征之。」〔註192〕

兵部尚書陳洽〔註193〕，長期駐紮在廣西，參與過安南之役。永樂七年（1409），
安南民族主義者陳簡定、陳季擴起兵抗明時，陳洽就跟隨將軍張輔前往征討，
永樂十二年（1414）俘陳季擴。〔註194〕陳洽歸國後，於適當時機告知明成祖
其在安南的所見所聞。查《大越史記全書》亦有類似記載：「占城復據升華，
因寇化州。悉請官屬於（張）輔〔註195〕以管之，占城引軍還。」〔註196〕

這是相當令人吃驚的一件事，為何占城會出兵化州，且勾結安南的抗明
勢力？筆者認為可分為以下兩點來探討：其一，占城的本意是希望明朝能給
安南造成壓力，好讓占城可以從中取利，所以作壁上觀，隔山觀虎鬥。誰知
明軍進軍太快，竟把安南整塊併吞，而原本屬於占城的升、華、思、義四州，
以及制蓬莪一心想奪回的順、化二州，幾乎要變成明朝的屬地了：永樂十二
年（1414），明朝置升華府「仍以書報占城王，使知建置之故。」〔註197〕

其實，明成祖內心早就想獨吞安南以及安南侵奪占城之地，根據李文鳳
所著《越嶠書》的記載：

永樂四年九月初六日（1406/10/17）記事一件：安南金場、銀場，遙

〔註192〕〔明〕楊士奇等，《太宗文皇帝實錄》，卷170，永樂十三年十一月辛酉條，
頁1900～1901。

〔註193〕陳洽，字叔遠，武進人。成祖即位，擢吏部右侍郎，改大理卿。安南兵起，
命洽赴廣西。安南平，轉吏部左侍郎。七年復參張輔軍討簡定，平之。九年
復與輔往交阯，討陳季擴。居五年，進兵部尚書。宣德元年九月，進至交阯。
伏發，官軍大敗。洽張目叱曰：「吾為國大臣，食祿四十年，報國在今日，義
不苟生。」揮刀殺賊數人，自剄死。帝歎曰：「大臣以身殉國，一代幾人！」
贈少保，諡節湣。〔清〕張廷玉，《明史》，卷154，〈陳洽列傳〉，頁4229～4230。

〔註194〕〔清〕張廷玉，《明史》，卷154，〈陳洽列傳〉，頁4229～4230。

〔註195〕張輔，字文弼，河間王玉長子也。《明史》評：「輔雄毅方嚴，治軍整肅，屹如
山嶽。三定交南，威名聞海外。歷事四朝，連姻帝室，而小心敬慎。王振擅權，
文武大臣望塵頓首，惟輔與抗禮。至土木，死於難，年七十五。追封定興王，
諡忠烈。」〔清〕張廷玉，《明史》，卷154〈張輔列傳〉，頁4219～4224。

〔註196〕〔越〕吳士連，陳荊和編校，《大越史記全書》，卷9，〈本紀〉，頁495。

〔註197〕永樂十二年三月庚子（1414/4/16），設交阯升、華、思、義四州俱隸升華府，
在化州以南統黎江等十一縣。蓋黎賊所取占城之城地。〔明〕楊士奇等，《太
宗文皇帝實錄》，卷149，永樂十二年三月庚子條，頁1742。

聞原是占城之地。兩界相爭已久，亦未可信，平定之後，只以見得

地界爲準，縱然占城有請，亦不可撥還。〔註198〕

史料中提到的金場銀場，據義大利探險家尼科洛·達·康提（Niccolò de' Conti）遊記中的記載，其在 1435 年到達占城，在順化 30 里外發現一座金礦場，是占城人主要產金之所在〔註199〕，因此明成祖所提及之金場應位於順化。

據紐西蘭東南亞史學家 Anthony Reid 的說法：「在大陸東南亞的國家中，只有占婆和阮氏統治下的越南南方才是黃金淨出口國。15 世紀，在越南擴張到前占婆屬下的廣南省之後，阮氏統治者才能開採和出口高檔黃金至馬六甲。」〔註200〕換句話說，此時的占城擁有東南亞主要的金礦，這對於費盡錢糧出兵打仗的明成祖而言，是很好的補償。

占城本來是想在明朝趕走安南之際，與明朝分一杯羹。誰之明朝的野心不下於安南，就連對於原是占城屬地的順化、升華府也虎視眈眈。此時的占城若想與明朝談判，無異於與虎謀皮。因此占城先下手爲強，「侵奪升華府所隸四州十一縣之地」，明朝未及佔領就被占城取走了。〔註201〕緊接著占城伺機而動，侵擾順化。

其二，占城、安南兩國雖是世仇，但也有唇齒相依之關係。如今安南被滅，占城與明朝國境相接，已無任何屏障。明朝的陸軍僅用 1 年的時間就滅掉安南，而明朝的海軍更是空前絕後，永樂三年（1405）鄭和第一次下西洋時，統帥士卒兩萬七千八百餘人，首站即是占城〔註202〕，面對海面上一望無際的戰船，以及甲板上氣宇軒昂的士卒，占城人勢必是震嚇不已。

占城出手幫助陳季擴，是希望藉此扶植一割據勢力與明相抗衡，好轉移明朝對占城的注意力。占城勾結安南的消息傳回明廷後，兵部尚書陳洽主張出兵討伐，但明成祖認爲：「交阯既平，民方安業，不忍窮兵遠夷」，不過也不可因此坐視不管，於是遣使敕諭占巴的賴曰：「爾久罹安南荼毒，屢請發

〔註198〕〔明〕李文鳳，《越嶠書》，卷 2，頁 699。

〔註199〕Nicolo Conti, *The travel of Nicolo Conti in the East in the Early Part of the Fifteenth Century*, (London, 1857), p8-9, as cited in Anthony Reid, *Southeast Asia in the Age of Commerce, 1450-1680*, (New Haven: Yale University Press, 1988), p. 257.

〔註200〕〔澳〕瑞德（Anthony Reid），吳小安、孫來臣、錢江、李塔娜譯，《東南亞的貿易時代 1450～1680》（北京：商務印書館印書館，2010），頁 114。

〔註201〕〔越〕陶維英著，鐘民岩譯，《越南歷代疆域：越南歷史地理研究》，頁 211。

〔註202〕〔清〕張廷玉，《明史》，卷 304，〈鄭和列傳〉，頁 7766～7767。

兵除害。朕既命師平之郡縣其地。爾賴以安當，思感德守分，用保爵土，若陰蓄二心，悖違天道，不撫下人，不歸侵地，安南覆轍在前，爾其鑒之。」〔註203〕

　　明朝國力雖強，但從客觀條件來講，明朝是否還有餘力出兵占城？一則當時安南動亂層出不窮，從永樂十三年至永樂二十二年（1415～1424），新興起的抗明領袖就有 31 位。可見，當時安南人反抗明朝的情緒是十分普遍的。〔註204〕二則北方蒙古對明朝構成威脅，永樂六年（1408）明成祖遣使臣招安韃靼可汗本雅失裏，但本雅失裏不願服從。永樂七年（1409）本雅失裏殺害明朝使臣郭驥，明成祖因而命淇國公丘福〔註205〕為大將軍，率十萬兵征討，結果韃靼詐敗，誘使明軍深入，丘福不察導致全軍覆沒。明年，明成祖親自統帥五十萬大軍親征韃靼。〔註206〕三則從永樂三年（1405）開始，不斷命鄭和出使海外，「三保下西洋，費錢糧數十萬」〔註207〕，這在人力、物力、錢糧的花費上都是相當可觀的。基於這些因素，明成祖的目的僅在於口頭上的警告：「安南覆轍在前，爾其鑒之」，希望可以「不戰而屈人之兵」。

　　美國已故政治外交學者 Alexander L. George（1920～2006）以及歷史學家 Richard Smoke（1944～1995）曾說：「嚇阻就是說服敵人，他若採取行動，將得不償失。」〔註208〕占城不願得罪明朝，永樂十四年十月壬申（1416/11/3），「占城國王占巴的賴遣使謝那該等貢象犀等物，至行在謝罪。」〔註209〕之後謝那該在明朝駐留了一段時間。當年冬至，「上御奉天殿受朝賀，大宴文武群臣及四夷朝使。賜占城國王占巴的賴使臣謝那該等宴，仍命禮部賜鈔及襲衣。」

〔註203〕〔明〕楊士奇等，《太宗文皇帝實錄》，卷 170，永樂十三年十一月辛酉條，頁 1900～1901。

〔註204〕鄭永常，《征戰與棄守：明代中越關係研究》，頁 98。

〔註205〕丘福，鳳陽人，為人樸戇鷙勇，謀畫智計不如玉，敢戰深入與能坪，封淇國公。先是，本雅失裏殺使臣郭驥，帝大怒，發兵討之。命福佩征虜大將軍印，以十萬騎行。輕敵敗死，帝恕，奪福世爵，徙其家海南。〔清〕張廷玉，《明史》，卷 145，〈丘福列傳〉，頁 4089。

〔註206〕〔清〕張廷玉，《明史》，卷 327，〈韃靼列傳〉，頁 8467～8468。

〔註207〕〔明〕嚴從簡，余思黎點校，《殊域周咨錄》（北京：中華書局，2000），卷 8，頁 307。

〔註208〕轉引自廖舜右等著，《國際關係新論》（臺北：五南圖書出版股份有限公司，2013），頁 530。

〔註209〕〔明〕楊士奇等，《太宗文皇帝實錄》，卷 181，永樂十四年十月壬申條，頁 1960。

〔註210〕從史料難以分辨當年參加宴會的「四夷朝使」有幾位，但從文中特別點出占城使者這一點來看，明成祖似已接受了占城的道歉。

隔年二月庚申（1417/2/19），「占城國王占巴的賴使臣謝那該等辭歸。命禮部賜占巴的賴大統曆及文綺二十六疋。」〔註211〕兩國似乎重修舊好，但事實上，占城一直想取回其所失去領土的領土，在邊境上仍有紛爭。同年十一月乙卯（1418/1/4），交阯升華府知府嚴律己上奏：「占城侵據地方，拘制所屬官不容理事。」不過，明成祖對此事反應並不大，只要求地方官隨機應變：「敕總兵官豐城侯李彬斟酌處置。」〔註212〕兩天後，「辛巳（1418/1/6），占城國王占巴的賴遣陪臣保麻翁貢方物。」〔註213〕占城態度變化之大，彷彿什麼事情都沒發生一樣。占城的兩面手法玩得出神入化，可以先侵犯明朝邊境，之後再進行朝貢，只是為何占城會不斷地出爾反爾，而明成祖卻對此不甚關心呢？甚至在當年年底又「賜占城國王使臣保麻翁等宴」。〔註214〕

筆者認為關於此點，可分兩部份討論之。首先，占城對於領土淪落外人之手，勢必心有不甘，但又怕得罪明朝，因此一邊騷擾邊境，一邊朝貢。至於明朝方面，從永樂十二年（1414）開始，明成祖第二次親征蒙古，並擊敗瓦剌；而將軍張輔也於同年平定安南陳季擴之亂，至此並無任何重大事件發生。外交上雖無戰事，但內政上卻有所不同。

永樂十四年（1416），官員請求明成祖封禪，但明成祖認為：「今天下雖無事，四方多水旱疾疫，安敢自謂太平？」〔註215〕原來此期間，明朝國內天災不斷，地方官員皆忙著賑災：如永樂十二年（1414）蠲蘇、松、杭、嘉、湖水災田租、永樂十三年（1415）蠲順天、蘇州、鳳陽、浙江、湖廣、河南、山東州縣水、旱災田租、永樂十四年（1416）遣使捕北京、河南、山東州縣

〔註210〕〔明〕楊士奇等，《太宗文皇帝實錄》，卷182，永樂十四年十一月壬子條，頁1967。

〔註211〕〔明〕楊士奇等，《太宗文皇帝實錄》，卷185，永樂十五年二月庚申條，頁1981。

〔註212〕〔明〕楊士奇等，《太宗文皇帝實錄》，卷194，永樂十五年十一月乙卯條，頁2040。

〔註213〕〔明〕楊士奇等，《太宗文皇帝實錄》，卷194，永樂十五年十一月辛巳條，頁2045。

〔註214〕〔明〕楊士奇等，《太宗文皇帝實錄》，卷194，永樂十五年十二月癸巳條，頁2047。

〔註215〕〔清〕張廷玉，《明史》，卷7，〈成祖本紀〉，頁93～96。

蝗。〔註216〕僅三年內，水、旱、蝗災不斷，想必明成祖現階段只想關心國內民生問題，至於邊務就交給地方官處理就好。

鄭永常先生認為明朝本身並非帝國主義式的擴張國家，所以在這件事上並未有太大動作。筆者亦持同樣看法，之後占城幾乎年年來貢，一直到明成祖去世時，兩國相敬如賓。

第五節　占城與明朝海洋戰略之關係

明占兩國一直保持著相當密切的宗藩關係。占城本身擁有強大的海軍〔註217〕，海軍配有秘密武器——猛火油〔註218〕，占城甚至以此優勢圍剿海寇（張汝厚、林福等，見前文）以取悅明太祖，洪武二十年又配合明朝打擊倭寇：

> 勅福建都指揮使司備海舟百艘，廣東倍之，并具器械、糧餉以九月
> 會浙江候，出占城捕倭夷。〔註219〕

占城更於制蓬莪在位時，三度從海上襲擊安南京師昇龍，這足以證明占城的海軍實力不容小覷。占城憑藉著海洋稱霸，連明太祖也認為「爾居海島中，號令群夷」。〔註220〕張亦善先生認為明太祖本身有意透過占城對東南亞諸國進行控制：

> 以地望而言：占城是東南亞印度化古國中最東的一國；以中國西洋
> 航路而言；則是海航西南洋的第一站。論其地位，在海島中可號令
> 群夷。不但如此，以東南亞印度化的國家，它們的宗教、政治、社
> 會結構、生活習俗大致相似，各國聲息易通。瞭然於此，也就明鑒

〔註216〕〔清〕張廷玉，《明史》，卷7，〈成祖本紀〉，頁93～95。

〔註217〕西元248年，林邑兵寇交趾九眞，殺傷甚多，並破來禦之舟船。407年，范胡達（380～412年之林邑王）乘勢侵寇日南。九眞愈甚，舟師焚掠邊海各地。431年，林邑王陽邁遣樓船百餘寇日南、九眞。979年占波王Paramecvarvaman以舟師攻安南。1043年，占波王Java Sinhavarman II以舟師侵安南南岸。1177年，占波王Java Indravarman IV以舟師襲眞臘王Dharanindravarman之國都，大掠而還。1203年，占波王Suryavarman以二百舟至九羅。1377～1387年間，安南與占城海戰數次，當占城制蓬莪之時代也。轉引自〈尒哇吉蔑占波中國之海軍〉，收錄於〔法〕費琅，馮承鈞譯，《崑崙及南海古代航行考‧蘇門答剌古國考》，《世界漢學論叢》（北京：中華書局，2002），頁41～44。

〔註218〕「是油，得水而愈熾，彼國凡水戰則用之。」〔宋〕樂史，王文楚等點校，《太平寰宇記》（北京：中華書局，2007），卷179，〈占城國〉，頁3435。

〔註219〕〔明〕董倫等，《太祖高皇帝實錄》，卷182，洪武二十年潤六月庚申條，頁2752。

〔註220〕〔明〕董倫等，《太祖高皇帝實錄》，卷190，洪武二十一年四月壬子條，頁2863～2865。

太祖的用心所在。〔註 221〕

明太祖的用心，將由其子明成祖來實踐。明成祖所推動的海洋政策——鄭和下西洋，將強化明朝對於東南亞諸國的控制力。

從 1401 年開始，安南屢攻占城〔註 222〕，其海上的軍事行動也對明成祖的海洋政策造成威脅。安南艦隊常常出沒於東京灣，倘若落安南與占城的軍事衝突不解決，將會危及日後鄭和下西洋的航路。此外，安南也會派遣船隻刺探明朝軍情，這對明成祖來說，猶如芒刺在背：

> 永樂四年九月初三日（1406/10/14），勅總兵官征夷將軍。近得廣東
> 都司奏，欽州守禦官軍於今年六月內獲到黎賊遣來伺探船隻，恐其
> 知海道無人，并力向爾一隅，可加意謹防，不可忽略。〔註 223〕

恰巧陳天平事件的發生，明成祖因而和安南開戰。據明實錄記載：「永樂五年九月乙卯（1407/10/5）命都指揮汪浩改造海運船二百四十九艘備使西洋諸國。交阯總兵官新城侯張輔……救民莫切於除兇，而治內不忘於安遠，安南逆賊黎季犛……」〔註 224〕從文中可看出明成祖是同時在處理下西洋與征討安南兩件事情，因此兩者可能有所關聯。先是，明成祖有意聯合占城夾擊安南，就戰略而言南北出兵，可使安南首尾不能兼顧：

> 季犛不知悔禍，益肆姦狂，於是內而百官，外而占城（國名），合辭
> 請討。皇上乃徇輿情，命大將帥師征之，中軍擣其中，左軍折其翼，
> 右軍掎其角，而占城舟師復扼其奔逸之路。〔註 225〕

再者，如果從鄭和第一次下西洋的出航時間、船隊動向來看，與當時明成祖要著手解決安南問題的意圖，是完全相符的。鄭和第一次下西洋，負有從海陸配合解決安南的使命。〔註 226〕按鄭和船隊出航的行蹤，永樂三年六月己卯（1405/7/11）〔註 227〕，「自蘇州劉家河泛海至福建，復自福建五虎門揚帆，首達占城」。〔註 228〕從蘇州至福建須一個月〔註 229〕，從五虎門至占城須十日。

〔註 221〕張奕善，〈明帝國南海外交使節考〉《臺大歷史學報》3（1976.05），頁 136。

〔註 222〕〔越〕吳士連，陳荊和編校，《大越史記全書》，卷 8，〈本紀〉，頁 480。

〔註 223〕〔明〕李文鳳，《越嶠書》，卷 2，頁 699。

〔註 224〕〔明〕楊士奇等，《太宗文皇帝實錄》，卷 71，永樂五年九月乙卯條，頁 988。

〔註 225〕〔明〕夏原吉，《忠靖集》，《景印文淵閣四庫全書【1240】》（臺北：臺灣商務印書館，1983），卷 1，頁 486。

〔註 226〕鄭一鈞，《論鄭和下西洋》（北京：海洋出版社，2005），頁 238。

〔註 227〕〔明〕楊士奇等，《太宗文皇帝實錄》，卷 43，永樂三年六月己卯條，頁 685。

〔註 228〕〔清〕張廷玉，《明史》，卷 304，〈鄭和列傳〉，頁 7767。

〔註 229〕〔明〕費信，馮承鈞校注，《星槎勝覽校注・前集》（上海：中華書局，1954），

〔註230〕史料並未說明鄭和於福建停留多久，若比照永樂七年例，鄭和是於冬季十二月配合季風航向占城的話，鄭和最晚在永樂四年（1406）初已抵達占城。又鄭和下一站是前往爪哇，從占城到爪哇，「順風二十晝夜可至其國」〔註231〕據爪哇當地相傳，鄭和是在永樂四年六月三十日，在爪哇中部的三寶壟登路。〔註232〕因此鄭和在占城停留的時間可能長達半年之久。

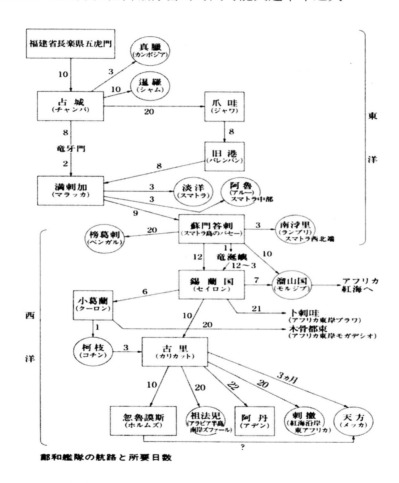

鄭和艦隊の航路と所要日數

圖1-2：鄭和艦隊的航路與所要日數〔註233〕

頁1。

〔註230〕〔明〕費信，馮承鈞校注，《星槎勝覽校注‧前集》，頁1。〔明〕馬歡，馮承鈞校注，《瀛涯勝覽校注》（上海：中華書局，1955），頁1。

〔註231〕〔明〕費信，馮承鈞校注，《星槎勝覽校注‧前集》，頁13。

〔註232〕鄭一鈞，《論鄭和下西洋》，頁239。

〔註233〕宮岐正勝，《鄭和の南海大遠征：永樂帝の世界秩序再編》，頁175。

　　鄭和之所以在占城停留如此長一段時間，筆者推測是明成祖有意派遣鄭和艦隊協防占城。因為早在永樂二年八月庚午（1404/9/5）占城就派遣使者控訴安南：「今年四月，又以舟師侵入臣境」。〔註234〕又筆者考察《大越史記全書》從1404年開始，安南「造鐵釘船，以防北寇（明朝）」〔註235〕，至1406年明成祖討安南為止，這兩年多的時間並未記載漢倉出兵占城之事，透露出鄭和艦隊成功地威嚇安南的事實。日本學者小川博先生也持同樣看法：

　　　我認為鄭和的船隊首先到占城的新州港，這是海上航路的中繼港，
　　　與張輔所指揮陸路的越南進攻相呼應。在占城和越南多年的紛爭
　　　中，以幫助占城戰略等關係，是我所預期的效果。〔註236〕

安南被明朝征服後，占城將所擄獲的安南俘虜獻於明成祖：「永樂五年八月己亥（1407/9/19），占城國王占巴的賴奏臣仰荷天威，以今年五月克取安南所侵地，獲到賊黨胡烈潘麻那等，專遣頭目濟媚等獻俘闕下且上表進方物謝恩。」〔註237〕明成祖對於占城恭順的作為感到滿意，因此在永樂五年九月庚辰（1407/10/30），「遣太監王貴通賚敕往勞占城國王占巴的賴，賜王白金三百兩、綵絹二十表裏，嘉其嘗出兵助征安南也！」〔註238〕這裡值得注意的一點是，王貴通（即王景弘）〔註239〕是鄭和第二次下西洋的隨行人員，根據鄭和《布施錫蘭山佛寺碑》〔註240〕裡有提到「大明皇帝遣太監鄭和、王貴通」等

〔註234〕〔明〕楊士奇等，《太宗文皇帝實錄》，卷33，永樂二年八月庚午條，頁582。
〔註235〕〔越〕吳士連，陳荊和編校，《大越史記全書》，卷8，〈本紀〉，頁484～487。
〔註236〕〔日〕小川博，〈鄭和の遠征〉，收錄在〔日〕石井米雄編，《東南アジア史【3】東南アジア近世の成立》（東京：岩波書店，2001），頁653。
〔註237〕〔明〕楊士奇等，《太宗文皇帝實錄》，卷70，永樂五年八月己亥條，頁982。
〔註238〕〔明〕楊士奇等，《太宗文皇帝實錄》，卷71，永樂五年九月庚辰條，頁999。
〔註239〕陳學霖，《明代人物與傳說》（香港：香港中文大學，1997），頁191～241。
〔註240〕大明皇帝遣太監鄭和、王貴通等昭告于佛世尊曰：「仰惟慈尊，圓明廣大，道臻玄妙，法濟群倫，歷劫河沙，悉歸弘化，能仁慧力，妙應無方。惟錫蘭山介乎海南，信言梵刹，靈應翕彰。比者遣使詔諭諸番，海道之開，深賴慈佑，人舟安利，來往無虞。永惟大德，禮用報施。謹以金銀、織金、紵絲、寶幡、香爐、花瓶、表裏、燈燭等物，布施佛寺，以充供養。惟世尊鑒之。」總計布施錫蘭山立佛等寺供養：金壹阡錢、銀伍阡錢、各色紵絲伍十疋，各色絹伍拾疋，織金紵絲寶幡肆對，納：紅貳對、黃壹對、青壹對。古銅香爐伍個餞金座全，古銅花瓶伍對餞金座全，黃銅燭臺伍對餞金座全，黃銅燈盞伍個餞金座全。硃紅漆餞金香盒伍個、金蓮花陸對、香油貳阡伍佰觔、蠟燭壹拾對、檀香壹拾炷。皆永樂柒歲次、己丑二月、甲戌朔日謹施。轉引自龍村倪，〈鄭和布施錫蘭山佛寺碑漢文通解〉，《中華科技史學會會刊》10（2006.12），頁1～5。

語，因此筆者認爲鄭和第二次下西洋首站即是占城。王貴通表面奉明成祖令
嘉勉占城，但其背後也隱含著明成祖欲拉攏占城以確保航路安危的事實。

占城對鄭和艦隊而言，在區域政治上具有牽制安南的作用，在下西洋的
航運上又成爲船隊的首個補給站。〔註241〕從《明實錄》來看，明朝與占城兩
國互動相當密切，這與占城位於航路的要衝有關，也是鄭和當初在占城附近
停留半年的原因之一，因此明朝要實現其海洋戰略，必需先從占城著手。

關於鄭和與占城實際互動情形，流傳下來的史料甚少，以下是《星槎勝
覽》記載：

> 永樂七年（1409），上命正使太監鄭和、王景弘等統領官兵二萬七千
> 餘人，駕使海舶四十八號，往諸番國開讀賞賜。是歲秋九月，自太
> 倉劉家港開船，十月到福建長樂太平港泊。十二月於福建五虎門開
> 洋，張十二帆，順風十晝夜到占城國……海船到彼，其酋長頭戴三
> 山金花冠，身披錦花手巾，臂腿四腕，俱以金鐲，足穿玳瑁履，腰
> 束八寶方帶，如粧塑金剛狀。乘象，前後擁隨番兵五百餘，或執鋒
> 刃短鎗，或舞皮牌，搥善鼓，吹椰笛殼筒。其部領皆乘馬出郊迎接
> 詔賞，下象，膝行，匍匐，感沐天恩，奉貢方物。〔註242〕

文中只提到占城王騎象，其餘部屬皆乘馬，因此「下象，膝行，匍匐，感沐天
恩」者，必是占城國王。但需存疑的是，費信在記載此事時，是否爲了明
朝的面子而有誇大之嫌。筆者考察了費信在其他國家或部落的記述，暹羅記
載「其酋感慕天朝遠惠」、爪哇載「我朝太宗文皇帝遣正使太監鄭和捧詔敕賞
賜國王、正妃及其部領村主，感受天賜。」、花面國載「其酋長感慕（聖）恩」、
溜山洋國「其酋長感慕聖恩」、柯枝國載「其酋長感慕聖恩」、古里國載「酋
長感慕聖恩」、榜葛剌國載「其王知我中國寶船到彼，遣部領賫衣服等禮，人
馬千數迎……其王拜迎」、葡剌哇國載「其酋長感慕（聖）恩」、竹步國載「酋
長受賜感化奉貢方物」、木骨都束國載「其酋長效禮進貢方物」、阿丹國載「其
酋長感慕恩賜躬以方物貢獻」、剌撒國載「其酋長感慕聖恩」、佐法兒國載「其
酋長感慕恩賜」、忽魯謨斯國載「其酋長感恩賜，躬獻方物」、天方國載「其
國王深感天朝使至加額頂天，以方物、獅子、麒麟貢於廷」〔註243〕僅占城王

〔註241〕陳達生，《鄭和與東南亞伊斯蘭》，頁94。
〔註242〕〔明〕費信，《星槎勝覽》（臺北：廣文書局，1969），頁9～10。
〔註243〕其餘諸國或地方土酋如靈山、崑崙山、賓童龍、真臘國、假馬裏丁、交欄山、

的舉動最特別，應非誇大，因此這也算是狐媚燕京的具體表現。

　　占城國王以臣下之禮去迎接鄭和，可見鄭和及明朝對於占城擁有絕對的影響力。占城與明朝保持良好關係，便可進行朝貢貿易，也可得宗主國的保護，並拿到豐富的賞賜。對於明朝本身而言，既然占城對明朝表示恭順，等於是開通了東南亞的航路，鄭和下西洋將可順利進行。

第六節　結　語

　　孫子曰：「上兵伐謀，其次伐交，其次伐兵，其下攻城。」〔註 244〕制蓬莪除了戰術高人一等外，也擅長使用外交手段，將其活用的淋漓盡致，因而主動臣服明朝。其實，明太祖很早就察覺占城朝貢的動機不單純，《皇明組訓》載「自占城以下諸國來朝時，內帶行商，多行譎詐。」〔註 245〕但當時僅認為占城所貪圖的，無非是朝貢「厚往薄來」下的利潤。實際上，朝貢明朝的同時，是制蓬莪用來對付安南的一種手段，是假「中國之威」以制服安南，按《馭交紀》載：「夷性好爭，爭則自相仇殺不暇，為中國患，而求假中國之威，以制服其仇。是故，夷狄之勢分，則中國之威振而邊圉款矣！」〔註 246〕要假中國之威的前提，必須要與中國打好關係，這說明了占城的朝貢，其背後隱藏了軍事意義。

　　試比較安南、占城兩國與明朝的關係，同樣是朝貢國，兩國作風截然不同。安南除了朝貢獲取利潤外，並未有效利用兩國的宗藩關係，反而與明朝不斷發生衝突。反之，占城除了主動臣服外，尚有「獻俘」、「遣使告捷」、「祝壽」等行為，不斷的討好明朝。雖有一陣子過於「得意忘形」，但還是「遣使謝罪」，就是為了要與明朝保持友好關係，假「中國之威，以制其仇。」只是明太祖本身對於外夷之事就不感興趣，自始自終都希望兩國能和睦相處，不願妄動干戈。制蓬莪雖未能讓明朝出兵安南，但其與明朝外交所奠立的基礎，

舊港、重伽羅、吉裏地悶、滿剌加國、麻逸東、彭坑、東西竺、龍牙門、龍牙加貌、九洲山、阿魯國、淡洋、蘇門答剌國、龍涎嶼、翠藍嶼、龍牙犀角、錫蘭山國、大葛蘭國、小葛蘭國皆無類似記載。〔明〕費信，《星槎勝覽》（臺北：廣文書局，1969）。

〔註244〕〔周〕孫武，駢宇騫等注，《孫子・謀攻篇》（北京：中華，2007），頁 17～18。

〔註245〕〔明〕朱元璋，《皇明組訓》，收錄於《明朝開國文獻》，頁 1590。

〔註246〕〔明〕張鏡心，《馭交紀》，卷 3，頁 113。

功不可沒。

　　占城自從制蓬莪和羅皚去世後，國力大不如前。安南胡氏有意擴大勢力，不斷發兵攻擊占城，占城除了割地求和外，也屢屢派遣使者前往明朝訴苦。此時明成祖的作風與明太祖截然不同。在一開始時，立場已略為偏向占城，且在安南與占城紛爭的處理上較為積極。太祖時期對於占城的請求，大多是寫詔書斥責安南，但明成祖除了寫詔斥責外，還會派遣使者告知占城事情處理的經過。隨著安南國內局勢動盪不安，胡季犛父子與明朝的衝突有增無減，甚至不惜殺害陳天平，導致明成祖興兵南下。占城也把握此機會，「請兵討之」，安南遂在明朝與占城南北夾擊下滅國。

　　安南滅亡後，原本屬於占城的領土，幾乎在明朝的掌控之下。此時的占城似乎領悟到唇亡齒寒的道理，展開一手朝貢，一手擾邊的策略。朝貢的目的在於使明朝失去戒心；而騷擾明朝除了是想奪回失土外，更想扶植安南民族主義者與明朝相抗衡。對於占城如此不敬的行為，明朝的官員認為要聲罪致討，不過明成祖基於北方蒙古及國內天災等問題，否定主戰派的言論，對於占城採取口頭警告的方式。這起到一定的作用，占城隨即遣使道歉。之後占城仍不斷朝貢明朝，明朝也設宴款待，一直到明成祖去世時，兩國基本上相敬如賓。

第貳章　占城與明朝朝貢關係的結束

第一節　前　言

　　隨著時間的流逝，明朝對於安南的控制力逐漸減弱，最終撤出安南，安南的國號再度出現於東南亞的歷史上，這是占城始料未及的事。占城爲了要對付安南，勢必要依靠與明朝的關係，才能繼續「狐假虎威」。只是明朝不願介入兩國衝突，進而促使占城採取單方面的軍事行動，結果兵敗，國力爲之衰弱。

　　安南黎朝興起後，黎聖宗已記取亡國的教訓，也懂得利用外交手段，在明廷面前「反控」占城。占城與安南因爲兩國衝突在明廷上各執一詞，再加上占城外交策略一成不變，使得整個局面逐漸倒向安南，最終占城王子古來被迫離開國家逃往中國。本章將探討黎朝興起後占城的應對之計，以及明朝君王和士大夫對於占城藩屬國衰落後的反應，進而了解占城對明朝貢關係始末。

第二節　安南黎朝之興起與占城的反應

　　明朝併吞越南後，基於當地的民族主義，反明勢力不斷出現。1418 年，黎利「率豪傑舉義旗於藍山，自立爲王。」明朝最終撤兵，安南於 1428 年復國，黎利建立黎朝，是爲黎太祖。〔註1〕其在位六年，1434 年由黎太宗〔註2〕承繼王位。同年占城也開始有所動作：

〔註1〕　關於這部份的歷史，可參閱鄭永常先生所著的《征戰與棄守：明代中越關係研究》第五章〈明宣宗棄守安南〉。
〔註2〕　黎元龍（1423～1442），黎太祖次子，1433～1442 在位，是爲黎太宗。

占城掠化州人。占城主布提〔註3〕聞太祖崩，以帝初嗣位，疑中國
有變，親將兵出屯近境，欲謀入寇，以虛實未審，無所訊問，乃使
潛入越海口、掩捕數人而去，民追格鬥，擒獲二人來獻。〔註4〕

關於這則史料的背景，要先回溯至黎太祖建國前一年來看（即 1427 年），按
照越人的記述，占人在 1427 年 7 月時已「進方物」於安南〔註5〕。筆者認為
這所謂的「進方物」僅是越人的說詞，正確理解應為占人「資助」越人反明
游擊隊才是。打從永樂七年（1409）陳季擴起兵抗明時，占城的「小動作」
就層出不窮，與這些地方領袖多有來往，目的是要以此牽制明朝，預防明朝
率兵南下占城。只是局勢瞬息萬變，並不是占城所能掌控的。占城此次出兵，
是因聽聞黎太祖駕崩，加上明朝軍隊動靜不明，恐安南復興於己不利，因而
占主親自率兵前往查探虛實。

安南為防止占城稱虛而入，增強了邊境的防備，「命入內司馬黎列總督乂
安、新平、順化諸軍，就新平、順化地方巡哨，若遇占城草賊劫掠邊境，將
校軍人臨戰違令及卻退者，聽先斬後奏。」〔註6〕占主調查完後，發現明朝軍
隊早已放棄安南撤軍返國了，而且安南的軍隊也正朝邊境而來，遂也率軍回
國，「八月十八日，南道司馬黎列軍還。布提聞中國無事，先以引退。」〔註7〕

如今明朝勢力已完全撤出安南，整個局勢彷彿回到明成祖征安南之前。
占城只好改變其外交政策，向安南提出和親：

占城遣使賚書及方物來獻，求和親。大司徒察問曰：「爾國私入吾境，
捕化州百姓，何也？」對曰：「國王聞老皇登暇，今皇帝即位，兩國
不通使穎未信，故使將軍往境上問消息，將軍擅違教旨，私補化州
六人歸。國王怒大將下並加刖刑，護送其人交還化州總管，不敢有
犯。」〔註8〕

安南並不相信占城的說詞，「（安南）朝廷知其飾詐，然以彼能自來，故含容
之，不加究問。」〔註9〕筆者認為這是因為安南復國不久，不願輕起戰端。隔
年（1435 年 11 月），占城又派遣使者前往安南。《大越史記全書》雖未記載使

〔註3〕 明人稱之為摩訶賁該。
〔註4〕 〔越〕吳士連，陳荊和編校，《大越史記全書》，卷11，〈本紀〉，頁 573～574。
〔註5〕 〔越〕吳士連，陳荊和編校，《大越史記全書》，卷10，〈本紀〉，頁 539。
〔註6〕 〔越〕吳士連，陳荊和編校，《大越史記全書》，卷11，〈本紀〉，頁 574。
〔註7〕 〔越〕吳士連，陳荊和編校，《大越史記全書》，卷11，〈本紀〉，頁 578。
〔註8〕 〔越〕吳士連，陳荊和編校，《大越史記全書》，卷11，〈本紀〉，頁 579～580。
〔註9〕 〔越〕吳士連，陳荊和編校，《大越史記全書》，卷11，〈本紀〉，頁 580。

者此行的緣由，但有記載安南大臣黎奴覽與占使之間的對話：

　　……使黎奴覽問之曰：「占土壘等田是我地也，爾稱我國多故，奪以
　　自肥，至今猶不言還，歲貢又不供，何也？」對曰：「臣等欲兩國親
　　愛，且叩門求火耳，然國主昏耄，不能聽信，臣願得朝廷使臣，往
　　報國王。不然臣等所言，無憑信也。」奴覽曰：「朝廷豈無一箇使臣，
　　但爾無大小之禮，使臣豈可輕往耶？」遂行尚書印信授之。〔註10〕

一般而言，能充當使節者，大多是君王所信任的人。文中的占使在別國臣子
面前說自己的「國主昏耄，不能聽信」，頗爲奇怪。筆著推斷這爲了要合理化
日後侵略占城的一種說詞。對於占城而言，那些土地位於兩國邊境，本來就
具有爭議性，占城不但不會把土地歸還安南，反而會繼續侵犯安南邊境。1442
年，黎太宗去世，黎邦基即位，年方 2 歲，是爲黎仁宗。〔註11〕這對於占城
而言可謂天賜良機，占城爲了奪回這些爭議性的土地，早已備好大軍，因而
趕緊派遣使者前往中國，只要明朝認可，就可以「師出有名」，趁安南國喪混
亂之際，取得戰事先機。結果正統八年五月壬戌（1443/6/5），明英宗勅諭占
城國王摩訶賁該曰：

　　昔者王以受封並賜祭，遣姪且楊樂催等奉表及方物詣闕謝恩，具見
　　敬謹之心，已命所司宴賞遣還。王自今宜益敦敬天事大之禮，保卹
　　下人，副朕一視同仁之意。所奏欲復安南國原侵地方，然自王之祖
　　父兩世不復此，必有其故。今王新嗣封，以睦鄰保境爲先，彼此相
　　爭，實非國人之福。朕以恩信，安勸庶邦，王其體朕至意，審而處
　　之。仍命且楊樂催齎綵幣及所求良馬歸賜王及妃，至可領也！〔註12〕

從史料來看，明英宗是不贊成占城出兵安南，因此占城決定自行出兵討回失
地。「太和二年（1444）五月，占城主賁該寇化州城，擄掠人民……太和三年
（1445）四月，占城入寇化州安容城。」〔註13〕安南不勝其擾：

　　太和四年（1446）春正月，大軍會期，選壯者征占城，遣民運糧，
　　就河華縣收貯。二十二日，命入內都督平章黎受、黎可，入內少輔

〔註10〕〔越〕吳士連，陳荊和編校，《大越史記全書》，卷11，〈本紀〉，頁 590～591。
〔註11〕黎邦基（1441～1459），黎太宗三子，1443～1459 在位，是爲黎仁宗，明人稱
　　　　之爲黎濬。
〔註12〕〔明〕陳文等，《英宗睿皇帝實錄》，卷 104，正統八年五月壬戌條，頁 2012
　　　　～2013。
〔註13〕〔越〕吳士連，陳荊和編校，《大越史記全書》，卷11，〈本紀〉，頁 610。

參與朝政黎克復等領兵六十餘萬征占城。帝以占城王賁該再三侵國入寇，故命征之。〔註14〕

安南為防止明朝干預，先派遣使者前往中國，跟明朝打聲招呼：「二月八日遣使如明……同知審刑院事程真、清威縣轉運使阮廷美奏占城事。」〔註15〕查《明實錄》正統十一年六月丙午（1446/7/3）條，「安南國王黎濬遣陪臣阮叔惠等來朝奏事貢方物。」〔註16〕《明實錄》中提到的「奏事」，筆者認為極有可能是指「奏占城事」，又正統十一年六月癸亥（1446/7/20）條，明英宗發布詔書：

> 勅諭占城國王摩訶賁該曰：「近者安南國王黎濬遣陪臣程真等朝貢到京，奏王欺其孤幼，囊已侵其升、華、思、義四州，今又屢次率兵攻圍化州，殺掠其人畜財物。王與安南俱受朝命，封建年久，彼此疆域各有定界，豈可興兵構怨，有乖睦鄰保境之意。古人云：『君子不以其養人者害人。』〔註17〕王自今宜深體此意，祗循禮分，嚴飭守邊。頭目慎固封守，毋仍恣肆侵軼鄰境，貽患生靈，自取禍殃。況天道福善禍淫，自有常理，王其欽承之。並諭安南國王黎濬，亦宜嚴加備禦，毋挾私報復，庶彼此相安，副朕一視同仁之意。」〔註18〕

只是這道勅諭不論是對安南或占城而言，皆為時已晚，安南早已「挾私報復」：

> （1446年）四月二十五日，黎受諸軍等攻破闍槃城，大破之，擒其主賁該及妃嬪、部屬、馬象、戰器并降將，乃班師。占城主布提姪麻訶貴來先降，差其臣制答麻叔婆被等來朝，奉表稱臣，乞立為主。六月以占城國主賁該獻於大廟，大赦天下。〔註19〕

安南擊敗占城後，也怕明朝興師問罪，因此「秋九月十九日，遣海西參知簿

〔註14〕〔越〕吳士連，陳荊和編校，《大越史記全書》，卷11，〈本紀〉，頁611。

〔註15〕〔越〕吳士連，陳荊和編校，《大越史記全書》，卷11，〈本紀〉，頁611。

〔註16〕〔明〕陳文等，《英宗睿皇帝實錄》，卷142，正統十一年六月丙午條，頁2813。

〔註17〕《孟子・梁惠王下》：滕文公問曰：「滕，小國也。竭力以事大國，則不得免焉。如之何則可？」孟子對曰：「昔者大王居邠，狄人侵之。事之以皮幣，不得免焉；事之以犬馬，不得免焉；事之以珠玉，不得免焉。乃屬其耆老而告之曰：『狄人之所欲者，吾土地也。吾聞之也：君子不以其所以養人者害人。二三子何患乎無君？我將去之。』

〔註18〕〔明〕陳文等，《英宗睿皇帝實錄》，卷142，正統十一年六月癸亥條，頁2818～2819。

〔註19〕〔越〕吳士連，陳荊和編校，《大越史記全書》，卷11，〈本紀〉，頁611。

籍阮宗人、政事院同參議程弘毅如明，告往年占城入寇事。」〔註 20〕查《明實錄》正統十二年三月壬午（1447/4/5）條，有「安南國王黎浚遣陪臣阮宗（缺人字）……等奉表貢金、銀、器皿、沉香、象牙諸方物。」〔註 21〕一文。從這已可看出，此時的安南在處理占城戰事時比以往來的謹慎，先前的陳朝、胡朝因對明朝的外交關係未加重視，導致不通慶弔、國亡家破。現在的黎朝在任何行動上，都會「知會」明朝一聲。

　　占城國王被俘後，占城先向安南稱臣，「占城故國主布提姪麻訶貴來先降，差其臣制咎麻奴婆被等來朝，奉表稱臣，乞立為主。」〔註 22〕緊接著，再派遣使者向明朝請封：

> 正統十二年七月己亥（1447/8/20），故占城國王占巴的賴姪摩訶貴來遣使臣逋沙怕占持等奏：「臣先王抱疾之初，以臣為世子，欲令嗣位，時臣年尚幼，未能治事，遜位舅氏摩訶貴該。後摩訶貴該屢興兵伐安南國，安南國王遣將統兵抵占城舊州、古壘等處殺虜百姓殆盡，摩訶貴該被擒。國中臣民以臣先王之姓在昔已有遺命，請臣代位以掌國事，臣辭之再四，不得已乃於府前治事其王位，未敢自專伏，乞特降賜明詔以慰遠人之望。」〔註 23〕

占城同時向安南和明朝奉表稱臣，這其中其實有所隱情。依《欽定越史通鑑綱目》記載，安南之所以能夠攻破占城都城，是因為「誘占城故王布提姪麻訶貴來與盟，使內應。」〔註 24〕的緣故。因此貴來王位的繼承，是靠發動政變所獲得的。又安南僅僅「留占城主貴該及妃嬪三人於京城，遣使字取占人原在京城者，送占左右及占降將還國。」〔註 25〕這說明了安南與占城間已有默契甚至是協議，目的在於推翻貴該的政權，所以貴來稱臣於安南。

　　明朝方面，明朝要維護春秋大義，是不容許王位的篡弒。貴該不滿舅舅大權在握，想奪取政權，因而勾結外患，借刀殺人，假安南之手除掉貴該。

〔註 20〕　〔越〕吳士連，陳荊和編校，《大越史記全書》，卷 11，〈本紀〉，頁 611。

〔註 21〕　〔明〕陳文等，《英宗睿皇帝實錄》，卷 151，正統十二年三月壬午條，頁 2967～2968。

〔註 22〕　〔越〕吳士連，陳荊和編校，《大越史記全書》，卷 11，〈本紀〉，頁 611。

〔註 23〕　〔明〕陳文等，《英宗睿皇帝實錄》，卷 156，正統十二年七月己亥條，頁 3039。

〔註 24〕　〔越〕潘清簡，《欽定越史通鑑綱目》，卷 17，頁 30 上。漢喃古籍文獻典藏數位化計畫 http://lib.nomfoundation.org/collection/1/volume/261/page/30，擷取日期 2013/9/26。

〔註 25〕　〔越〕吳士連，陳荊和編校，《大越史記全書》，卷 11，〈本紀〉，頁 611。

他將所有過錯推到其舅舅身上，以便合理化其行為。明英宗給他的答覆是：「謹守臣節，恪修職貢，善撫國人，睦鄰保境，庶幾永享福澤，同樂太平。」〔註26〕完全相信其說詞。貴該這招瞞天過海之計，用的漂亮。之後，明英宗為彌平兩國紛爭，還派遣使者前去安南，希望「推恩釋怨，遣人送摩阿貴該還國，毋搆怨貽患生靈。」〔註27〕只是，安南基於與貴該的協議是不可能放人的。

占城表面稱臣安南，實則陽奉陰違，只要一有機會，仍會在明廷面前控訴安南，因此明朝於景泰元年三月丙寅（1450/5/3）詔勅安南國王黎濬曰：

> 朕承天命，至宰華夷，一視同仁，無間遠邇⋯⋯茲者占城國王訴王屢肆侵害，俘虜其國人口共計男婦三萬三千五百，又教誘以不順天道，惟利是求。占城雖可欺，天道不可拂。王於此事有無，朕亦未嘗盡信，勅至王宜安分守禮，保邦睦鄰。前事有則改之，無則加勉。果有所虜占城前項人民，宜悉依數枚回本國，使之得以安生樂業。庶幾上順天道，下順人心，彼此兩全和好，永享太平之福。〔註28〕

當時明朝因發生土木堡之變（1449），元氣大傷，無心插管東南之事，因此，只要藩屬國仍恭順明朝，對於彼此間的糾紛，僅只於勸戒而已。不過對於占城仍需安撫：

> 復諭占城國王摩訶貴來，茲得王奏安南國王屢遣人來侵，虜人口三萬三千五百，且教誘王不順天道，不敬朝廷，惟利是圖，逆天悖理，罪固莫大。王能堅守臣節，不為所誘，仍來朝貢如舊，具見王忠誠順理之意。夫理即天，古稱順天者昌，逆天者亡，勢所必至，不差毫髮。勅至王宜益順天道，以保其昌，別有勅諭安南國王，令王使臣貴回本國，待安南國有使臣至占城付與並諭王知。〔註29〕

只是這則詔書，貴來是沒有機會看到了。1449 年貴來的弟弟發動政變，俘虜其兄長，貴由成為新的占城國王。〔註30〕貴由首先要做的是穩定國內政局，不宜得罪鄰國。因而派遣使者前往安南，欲與其交好，不過卻被潑了一桶冷水：

> 太和七年（1449）三月，占城人來貢方物，詔卻之。時占城國主弟

〔註26〕 〔明〕陳文等，《英宗睿皇帝實錄》，卷156，正統十二年七月己亥條，頁3039。
〔註27〕 〔明〕陳文等，《英宗睿皇帝實錄》，卷166，正統十三年五月己亥條，頁3214。
〔註28〕 〔明〕陳文等，《英宗睿皇帝實錄》，卷190，景泰元年三月丙寅條，頁3920。
〔註29〕 〔明〕陳文等，《英宗睿皇帝實錄》，卷190，景泰元年三月丙寅條，頁3921。
〔註30〕 〔越〕吳士連，陳荊和編校，《大越史記全書》，卷11，〈本紀〉，頁621。

貴由囚其主貴來而自立，使其臣敎你某槃梭等來進方物，帝省奏表，
卻之曰：「臣弒君、弟弒兄，古今大惡，朕不受獻，悉令還之。」因
遣同知右司事阮有光、殿中侍御史程馭齎書往諭之曰：「爾等實事若
何，則須來敘。」〔註31〕

七月，占城使臣逋沙破貪卒等與阮有光偕來，帝命司寇黎克復，納
言阮夢荀詰占城使以弒君之罪，占城使不能對，但拜謝而已。〔註32〕

遣尚書程昱，翰林直學士鄭堅使占城，奉書諭之，且索我國人口前
在占城者，其書略曰：「凡有國則有君臣，此綱常之道也！爾占城人
何故乖常道而若此？昔王提卒，爾等不能立其子而立貴該，而等頁
不能引君當道，敬事大國，以致敗亡。而等以請立貴來爲王，不旋踵
又廢而立貴由，爾等反覆不忠，視君如棋子然，是何道也！」〔註33〕

對於這幾則史料首要先注意的，安南是以占城的宗主國自居，不認爲彼此之
間是平等關係，而是上下關係。這是因爲越南受中國影響甚深，因此在外交
上仿製了中國的朝貢體系。越南史家在描寫國與國之間的互動時，往往會以
「貢」字〔註34〕來表示上下關係，特別是占城的部份，當然這是有失客觀的。
〔註35〕不過就這則史料而言，還可發現一個現象，當時的黎仁宗僅九歲而已，
因此是沒有能力處理外交事務的，此時國政全在其母后宣慈太后手中。這樣
的對談內容，全出自宣慈太后與眾大臣之手。顯然地，當時安南對於占城相
當反感。占城和談不成，「自是以後，貴由在位時，與越國交遂絕。」〔註36〕

　　如今明朝、安南、占城三國的內政都相當不穩定，一個皇帝被抓走，一
個國王尚未成年，一個國王靠政變奪權。即便如此，朝貢關係仍要繼續下去，
哪一個國家最快穩定，其外交籌碼就會愈多。

〔註31〕〔越〕吳士連，陳荊和編校，《大越史記全書》，卷11，〈本紀〉，頁621。
〔註32〕〔越〕吳士連，陳荊和編校，《大越史記全書》，卷11，〈本紀〉，頁625。
〔註33〕〔越〕吳士連，陳荊和編校，《大越史記全書》，卷11，〈本紀〉，頁625。
〔註34〕例：爪哇商舶入貢方物、哀牢撾忙等來貢、暹羅國商船來貢、暹羅國遣使察
罣剌等入貢。
〔註35〕當初元世祖欲征討占城，要求「交趾助兵糧以討占城」，結果交趾以「占城服
事小國日久」等理由回絕，從這即可看出安南一直將占城當作爲自己的藩屬
國。〔明〕宋濂，《元史》（北京：中華書局，1976），卷209，〈外夷二‧安南〉，
頁4640。
〔註36〕〔法〕馬司培羅，馮承鈞譯，《占婆史》，頁108。

第三節　「天南洞主」黎聖宗的逆襲

　　1460 年，黎仁宗去世，黎思誠〔註37〕繼位為安南國王，是為黎聖宗，這位年僅 18 歲的青年國王，將成為占城人的夢魘。越南史家認為黎聖宗強過漢之武帝，唐之太宗，稱其「聰瑞過人，不露英氣。」〔註38〕這一點可在其日後的外交手腕中見識到。明廷在 1462 年派劉秩遣往祭奠黎仁宗〔註39〕，又於九月份遣正使錢溥、副使王豫冊封黎聖宗為安南國王。〔註40〕黎聖宗亦「遣使如明，黎公路謝致祭，陳盤奏事，裴祐謝冊封。」並納歲貢。〔註41〕不久，明英宗駕崩（1464），明憲宗繼位。明使人來告，安南則遣使如明，並賀繼位。〔註42〕兩國表面看似維持正常的慶弔與朝貢關係，私底下則互不信任，例如：

> 光順八年（1467）二月十六日，安邦鎮守官奏明人載糧船漂至本處。帝謂太師丁列、太保阮耒曰：「往者朕言監執明國載糧之人，以彼或設此策以誤我，欲阻彼之計，權一時之宜，非常行之道也。」耒等曰：「縱彼妄行意外，設為此策，我執之，彼以為辭，不如放回，如其不然，恐生邊釁。」帝曰：「卿等言雖善矣，奈奸人反覆何。」都御史阮居道曰：「人臣所論雖有同異，在人主斷之何如耳。」竟留明人不還。〔註43〕

黎聖宗私扣明人糧船不還，又同年三月亦是：

> 初明人李茂實等二十九人，有船兩隻，載米二百五斛，送廣東布政司，漂到安邦、巡司獲之，送詣行在。都御史阮唐道奏宜放回本國，帝不從。至是以其米給本船人各一斛，充屯田司，其餘米令四城兵馬裝載，分行宣光、歸化、沱江等處，給會期軍人飢困者。〔註44〕

比較上述兩則史料，筆者認為這糧船是明朝的官船，是要送交廣東布政司，卻誤入越境，安南的大臣希望黎聖宗可以將這一干人等遣返，以維持與明朝

〔註37〕黎思誠（1442～1497），又名灝，明人稱黎灝，1460 年～1497 年在位，史稱黎聖宗。
〔註38〕〔越〕吳士連，陳荊和編校，《大越史記全書》，卷 12，〈本紀〉，頁 639。
〔註39〕〔越〕吳士連，陳荊和編校，《大越史記全書》，卷 12，〈本紀〉，頁 645。
〔註40〕〔越〕吳士連，陳荊和編校，《大越史記全書》，卷 12，〈本紀〉，頁 646。
〔註41〕〔越〕吳士連，陳荊和編校，《大越史記全書》，卷 12，〈本紀〉，頁 647。
〔註42〕〔越〕吳士連，陳荊和編校，《大越史記全書》，卷 12，〈本紀〉，頁 650。
〔註43〕〔越〕吳士連，陳荊和編校，《大越史記全書》，卷 12，〈本紀〉，頁 660。
〔註44〕〔越〕吳士連，陳荊和編校，《大越史記全書》，卷 12，〈本紀〉，頁 662。

之良好關係，但黎聖宗認為這無疑是明人的奸計，是明人派來安南的間諜，因而強行扣押。此記載雖未見於明朝的史料中，但合理推測，明朝的地方官應有得到相關消息，只是因私入越境在先，不好張揚。不過黎聖宗這種獨斷的性格，將左右日後安南的外交政策。

　　明憲宗一登上皇位，也面臨到安南與占城糾紛的問題，這已成為宗主國皇帝的義務：

> 天順八年三月庚申（1464/4/13），占城國王槃羅茶全遣使，奏安南國侵擾本國，求索白象等物，乞炤永樂年間遣使安撫，置立界牌碑石以免侵犯，杜絕釁釁。事下兵部議令。通事省諭來使，還語國王，俾謹守禮法，保固境土，以禦外侮，毋輕搆禍。從之。〔註45〕

此史料未見於《大越史記全書》，且依照日後黎聖宗征討安南的檄文，此事有可能是占城杜撰（見後文黎聖宗征討占城文書）。但不管是真是假，「假中國之威，以制服其仇」是占城的一貫作風。只是明憲宗剛登上皇位，對外政事物並不熟悉，僅交由兵部議處，敷衍了之。

　　此時的黎聖宗為了富國強兵，從繼位那年（1460）「選補軍伍」，〔註46〕1461年「勸課軍民各勤生業，以足衣食。」〔註47〕1463年「會試天下舉人」〔註48〕，1465年「出榜敦風化」〔註49〕，比較值得注意的是，1465年開始教練陣法：

> 頒閱習水步陣圖法，其水陣圖法，則有中虛、常山蛇、滿天星、雁行、聯珠、魚隊、三才、橫七門、偃月等圖法。其步陣圖法則有張箕、相擊、奇兵等圖法。又頒水陣軍令三十一條、象陣軍令二十二條（綱目亦作三十二條）、馬陣軍令二十七條、京衛步陣四十二條。〔註50〕

水步陣圖當中又特重水陣圖法，如1466年習水陣于膠水；〔註51〕1467年習中虛陣于魯江，習三才、七門陣于韋江，〔註52〕習魚隊、雁行陣于安叱江，習常山陣于白鶴三岐江。〔註53〕黎聖宗是親自教習，而且演練密集，操練完畢

〔註45〕　〔明〕劉吉等，《憲宗純皇帝實錄》，卷3，天順八年三月庚申條，頁76～77。
〔註46〕　〔越〕吳士連，陳荊和編校，《大越史記全書》，卷12，〈本紀〉，頁643。
〔註47〕　〔越〕吳士連，陳荊和編校，《大越史記全書》，卷12，〈本紀〉，頁643。
〔註48〕　〔越〕吳士連，陳荊和編校，《大越史記全書》，卷12，〈本紀〉，頁647。
〔註49〕　〔越〕吳士連，陳荊和編校，《大越史記全書》，卷12，〈本紀〉，頁652。
〔註50〕　〔越〕吳士連，陳荊和編校，《大越史記全書》，卷12，〈本紀〉，頁654。
〔註51〕　〔越〕吳士連，陳荊和編校，《大越史記全書》，卷12，〈本紀〉，頁655。
〔註52〕　〔越〕吳士連，陳荊和編校，《大越史記全書》，卷12，〈本紀〉，頁660。
〔註53〕　〔越〕吳士連，陳荊和編校，《大越史記全書》，卷12，〈本紀〉，頁660。

才回京。試想，當時有可能與安南進行海戰的國家北則明朝，南則占城，從國力強弱來判斷，安南的假想敵已呼之欲出。

黎聖宗在操練兵馬的同時，也利用外交手段測試占城的意圖。光順八年（1467）二月十五，占主派遣使節前往安南。在《大越史記全書》中是用「進貢」〔註54〕兩字解釋使節來意，後來黎聖宗「變本加厲」要求占城「錫貢」：

> 三月，命禮部尚書黎弘毓宴占城使臣於北使館，命內官以占城使臣
> 以事大之禮。對曰：「占國之於聖朝，如子之侍父母，惟教命是聽。
> 然天子所命朝貢之外，責以錫貢，是乃新例，不敢專對，伏乞遣使
> 問本國王，以光下國。」不從。〔註55〕

占城對於黎朝雖有外交上的互動，但未必是真心臣服。黎聖宗要求占城對其朝貢，並以「事大之禮」服侍安南。文中提到的「錫貢」是指「待天子有令而後進貢，有別於常貢。」占城當然不可能答應，因為所謂的「事大之禮」只能對明朝。《明史》亦載「時安南索占城犀象、寶貨，令以事天朝之禮事之，占城不從。」〔註56〕黎聖宗此舉惹怒了當時的占主槃羅茶全。筆者認為黎聖宗故意這麼做，無非是想開啟戰端。他先挑釁占城，想讓占城先開戰，以便日後師出有名。

1469 年三月，黎聖宗親自征討地方部落盆蠻（今寮國川壙省）。占城人乘機出兵，攻擊化州。〔註57〕隔年（1470）八月占城國王槃羅茶全（Tra-toan）再親率水步象馬十餘萬襲擊化州。化州守將范文顯不敵，驅民入城，飛書告急。〔註58〕黎聖宗一面整備兵馬，一面派遣翰林學士阮廷美（《明實錄》作阮廷英）前往明朝，稟奏占城騷擾邊事。〔註59〕這則史料在《明實錄》有記載下來，成化七年五月庚子（1471/6/16）條：

> 安南國王黎灝遣陪臣郭廷寶、阮廷英等來朝。奏臣國與占城密邇，
> 自前時見侵淩。宣德年間，升、華、思、義四州遂為淪沒，自是屢
> 被攻圍化州，使一方之人疲於奔命。竊惟臣之人民、土地受於朝廷，
> 傳之祖宗，永作藩屏。今條棄禮悖義，方命欺天，蹂藉邊民，殆無
> 寧歲。臣欲飭兵與戰，恐違聖德誨諭之勤，欲隱忍不校，亦負君親

〔註54〕〔越〕吳士連，陳荊和編校，《大越史記全書》，卷12，〈本紀〉，頁659。
〔註55〕〔越〕吳士連，陳荊和編校，《大越史記全書》，卷12，〈本紀〉，頁661。
〔註56〕〔清〕張廷玉，《明史》，卷324，〈占城〉，頁8388。
〔註57〕〔越〕吳士連，陳荊和編校，《大越史記全書》，卷12，〈本紀〉，頁676。
〔註58〕〔越〕吳士連，陳荊和編校，《大越史記全書》，卷12，〈本紀〉，頁679。
〔註59〕〔越〕吳士連，陳荊和編校，《大越史記全書》，卷12，〈本紀〉，頁679。

恩義之重，進退之際，濡尾曳輪，謹遣陪臣詣闕陳奏章。

下兵部議。以灝貪心罔極，陰謀吞併，乃陽爲奏請，宜賜敕戒諭，以杜其姦。

上乃降勅曰：「爾安南與占城俱受朝廷爵土，世修職貢，爲中國藩屏，豈可搆怨興兵，自相攻擊。春秋責備賢者，爾宜安分循理，保守境土，解怨息爭，先盡睦鄰之道，仍禁約守邊。頭目毋啓釁端，生事邀切，假此爲吞併計，恐非爾國之福，爾宜愼之愼之。占城事情侍彼使來詳察，得實別有戒飭。朕代天理物，一視同仁，不忍爾兩國人民橫罹兵禍，特茲戒諭，庸示至懷，爾其欽承毋忽。」〔註60〕

明憲宗對此未有獨自的看法，因而交由兵部議處。兵部的官員打從一開始就不相信安南的片面之詞，認爲這是黎聖宗的陰謀，請求明憲宗賜敕戒諭安南。明憲宗最後要安南謹愼行事，詳細情形等占城使至，再行定奪。

　　向明廷訴說占城襲邊事是黎聖宗的外交謀略，目的在使明廷先採取中立的立場。黎聖宗一方面加強安南北方的防禦，另一方面則常遣使至中國辨明是非曲直，是故其時與明朝之關係較先前良好。〔註61〕黎聖宗見明朝採取中立，決定出兵占城，來個先斬後奏：

（1470年）十一月六日，帝下詔親征占城。先是占城尸耐人槃羅茶悦以乳母子殺其主貴由而奪其國。傳弟茶全，爲人兇暴淫政，慢神虐民。占人民叛，茶全不之恤，方且侮慢自賢，不修職貢，凌辱朝使，侵擾邊泯，誣詐明人，求援入寇。帝乃徵精兵二十六萬，下詔親征。〔註62〕

先污衊敵對君王，是出戰前常有之事。不過從「不修職貢，凌辱朝使」一語，已可看出安南欲凌駕占城的野心，而「誣詐明人，求援入寇」則是黎聖宗最記恨之事，讀者可先看一下詔書之內容：

詔曰：「……豈蠱占城，趑趄鬼窟，蜂蠆養而成毒，禽獸飽而忘恩，蹢躅獨夫，徘徊小智，彰開穢德，好忘無地之軀，包藏禍心，妄盡射天之策……憑古壘之狐丘，恃闍盤之蟻穴，惟狂妄念，稱伯父而

〔註60〕　〔明〕劉吉等，《憲宗純皇帝實錄》，卷91，成化七年五月庚子條，頁1771～1772。

〔註61〕　梁錦文，《越南簡史》，頁56。

〔註62〕　〔越〕吳士連，陳荊和編校，《大越史記全書》，卷12，〈本紀〉，頁679。

任我皇，滅德作威，號天佛而臣我越，惡積不可揜……作狐媚于燕京，笙簧行譖人之計，萌蠡食于象郡，腹背陷受敵之危，求銅柱立於橫山，令漢兵下於㷉道……更誣我以籍萬兵，將併北朝之境宇，繼言如天二日，自尊南國之帝皇，謂我奪金寶貴珍，謂我爭白花母象，視吾民甚輕於草芥，忍生沙蝨之心，指我國易取如奕棊，妄覓蓬莪之骨。觀其口舌，莫非傾人宗祧，若是其幾，無所不致，以致大明之疑慮，賫勅連年……小人在位，大邦爲讐，內竊窺窬，外揚貢獻，借使狐鳴帝里，誠所甘心，豈起蟻聚神州，竟將肆志。我弛則嘯群入寇，我張則掉尾乞怜……朕仰體上天之德，近繼皇考之心，殄春秋九世之仇，定國家萬全之計，救兆姓倒懸之苦，安積年反道之邦……蓋自古夷狄爲患國中，故聖王弧矢以威天下，九黎亂德，黃帝治兵，三苗不恭，大禹誓眾，雖用兵乃聖人不得已……思雪百王之恥，且爲民而除蝧，不以賊而遺子孫，小武帝之黷兵，大文王之闢土……布告天下，咸使聞知。」並頒征占令二十四條。〔註63〕

這宣戰檄文因是公開的官方文書，所以對象有三，即占城、明朝與安南。就占城的部份而言，極盡醜化之能事，罵其是蠹蟲、蜂蠆、禽獸、沙蝨。黎聖宗認爲占城是惡毒卑下的國家，還妄想尋覓「占城項羽」制蓬莪之遺骨，這隱含了黎聖宗對占城的恨意始於制蓬莪。

「稱伯父而任我皇」這句有三種理解方式，首先是從和親的角度來看。在黎朝建立初，占城曾派使者求和親，〔註64〕只是安南是否有將公主送去占城並未見於史料，且占城皇室內本身篡弒不斷，兩家是否還保有一定的聯姻關係，也已難以考證，因此無法從此關係下判斷。

第二種是從和議的角度來看，如宋遼澶淵之盟中，雙方約定爲兄弟之國，契丹遣王繼忠見曹利用，言：「南北通和，實爲美事。國主年少，願兄弟南朝。」遼史亦載：「宋主遣李繼昌請和，以太后爲叔母，願歲輸銀十萬兩，絹二十萬匹。許之。」〔註65〕至於國書上明確的兄弟關係稱呼，則見於宋慶曆二年（1042）的契丹國書：「弟大契丹皇帝謹致書于大宋皇帝。」〔註66〕兩國皇帝間的關係，

〔註63〕 詔書內容過長，筆者截取重點。〔越〕吳士連，陳荊和編校，《大越史記全書》，卷12，〈本紀〉，頁681。

〔註64〕 〔越〕吳士連，陳荊和編校，《大越史記全書》，卷11，〈本紀〉，頁579～580。

〔註65〕 〔元〕脫脫，《遼史》（北京：中華書局，1974），卷14，〈聖宗本紀〉，頁160。

〔註66〕 〔宋〕葉隆禮，《契丹國志》（上海：上海古籍出版社，1985），卷20，〈關南

並非每朝都是宋帝爲兄，遼帝爲弟。親戚關係是從眞宗時的兄弟關係開始推算。其後諸帝，如宋仁宗和遼道宗是伯姪關係，而遼道宗又是宋哲宗的叔祖。〔註67〕若將這概念套諸於此期間越占兩國，並不太相符。

　　第三種亦是從和議的角度來看，但性質與第二種完全相反。例如宋金隆興和議中，因金人采石戰役失敗，宋金關係從君臣變爲叔姪；不過後宋人因韓陀冑北伐失敗，在宋金嘉定和議中宋金關係改爲伯姪，金爲伯，宋爲姪〔註68〕，這就帶有輕蔑之語。從黎聖宗詔書內容的行文和語氣來看，對於黎聖宗而言，顯然較爲接近第三種。

　　對明朝的部份是從「作狐媚于燕京」至「賚勅連年」一段，黎聖宗認爲占城只是躲在古壘之狐丘，狐媚燕京，造謠生事。若非占城從早到晚詔媚大明，安南豈會腹背受敵，一度亡國。文中的「銅柱立於橫山」是出自馬援的典故。《林邑國記》曰：「建武十九年，馬援樹兩銅柱于象林南界，與西屠國分漢之南疆也。」〔註69〕唐朝李賢注《後漢書》引《廣州記》曰：「援到交阯，立銅柱，爲漢之極界也。」〔註70〕鄭永常先生認爲「銅柱」是當初占人與京人（越南的主體民族）的分界處。筆者以爲重申銅柱之立是占城的外交手段之一，以防止安南入侵占城，占城才能繼續「狐假虎威」。黎聖宗還強調占城是「小人在位，狐鳴帝里」，安南弛則嘯群入寇，安南張則掉尾乞憐，對黎聖宗而言，占城不過是隻狡猾的狐狸。

　　「胡亂告狀」亦是占城的外交方式，這是從制蓬莪時期占城慣用的手段，只要讓大明對安南產生疑慮，白的可以講成黑的，假的可以變成眞的。況且先前安南要求占城錫貢，占城只是在這一點上稍微誇張一下，誣其貪得無厭，索要金銀珠寶、白花母象。占城還想挑撥明朝與安南之關係，說安南有南帝之心，欲侵北朝之境，所謂「三人成虎」，占城跟明朝多講幾次，明朝就愈可能會相信。事實證明，明朝「賚剌連年」，安南光應付天朝使者，就已疲於奔命。

　　就最後一段而言，這是寫給安南朝野看的。在詔書末黎聖宗將自己比喻

　　　　誓書‧契丹興宗致書〉，頁191。
〔註67〕陶晉升，《中國近古史》（臺北：東華書局，1979），頁63。
〔註68〕陶晉升，《宋遼金元史新編》（臺北：稻香出版社，2008），頁135～143。
〔註69〕《林邑國記》已佚，轉引自〔北魏〕酈道元，《水經注》（北京：時代文藝出版社，2001），卷36，頁275。
〔註70〕〔南朝宋〕范曄，《後漢書》（北京：中華書局，1965），卷24，〈馬援列傳〉，頁839。

爲中國的周文漢武。文中提到「自古夷狄爲患國中」，但從後面所接之語全是中國的典故，即可推測此句是「自古夷狄爲患中國」轉變而來，這是歷代中國士人常用之語。又「聖王弧矢以威天下」是出自《周易・繫辭下》：「弦木爲弧，剡木爲矢，弧矢之利，以威天下。」〔註71〕而文中引黃帝與大禹是中國傳說中的聖賢君王，文中也不斷出現「射天之策」、「神州」之語，顯然黎聖宗有南帝之心。黎聖宗最後說用兵乃聖人之不得已，而他自己用兵，則暗示他是聖人。黎聖宗想要替先王雪恥復仇，除掉占城這隻討厭的小蟲子。

於此之後，黎聖宗又前往太廟，對著黎氏列祖列宗再把占城辱罵一次：

> 帝奏告太廟：「臣小子無良，入承大統……豈蠢占城，窺覦狂寇，不
> 畏天而苟保，與我國而爲仇，始則攻掠化州，圖爲奪我疆土，終則
> 關聞明國，更謀壞我宗祧，以狗父豬母之污，做賊君盜國之逆……
> 清廟告成，迺收平定之功，皆望神聖之助，臣僅具奏聞。」〔註72〕

三罵占城之後，黎聖宗準備出兵。《大越史記全書》記載「上覽占國地圖，改定山川名號。」〔註73〕這已透露出黎聖宗準備出兵占城，不光只是歷史上的仇怨，還包括了併吞的陰謀，這與明朝兵部官員的推測不謀而合。

洪德元年（1470）十二月十八日，安南水軍進入占城。〔註74〕1471年，安南軍隊勢如破竹，生擒占王槃羅茶全。《大越史記全書》關於此則戰事記載相當詳細〔註75〕，只是因是勝利者寫史，難免誇大不實。在《欽定越史通鑑綱目》裡，

〔註71〕 〔漢〕鄭玄，《周易》（長沙：岳麓書社，2001），〈繫辭下〉，頁351。

〔註72〕 〔越〕吳士連，陳荊和編校，《大越史記全書》，卷12，〈本紀〉，頁681～682。

〔註73〕 〔越〕吳士連，陳荊和編校，《大越史記全書》，卷12，〈本紀〉，頁682。

〔註74〕 〔越〕吳士連，陳荊和編校，《大越史記全書》，卷12，〈本紀〉，頁683。

〔註75〕 洪德二年（1471）二月初五日，茶全令弟尸耐及大臣六人將兵象五人，潛來近帝營。六日帝密令左游擊將軍黎希葛、黃仁添及前鋒將軍黎勢、鄭文洒等將舟五百餘艘，精兵三萬，夜出厭坐海口，急渡海潛入沙奇海門，立壘築城，賊將歸路，占人不之知。七日，帝親帥舟師一千餘艘，精兵七十萬，出新厭、舊坐二海口，樹天子旌旗、鼓噪而前進。密令步兵將軍阮德忠帥步兵潛行山腳，賊將望見御營，遂大潰，率相蹦籍，走入闍盤，行至幕奴山，忽見希葛軍等已截歸路，倉皇失據，橫喻高山腳，人馬軍資，僵尸滿野。黎念、吳洪等縱兵擊之，斬大將一人，餘皆驚散。時帝至米（釆）芹，縱兵進擊，斬首三百餘級，生擒六十餘人。茶全聞弟敗走，乃大驚懼，遣其親信，奉表乞降，帝亦遣使，往來無間。二十七日，帝親率大軍攻破尸耐城，斬首百餘級。二十八日，帝進兵圍闍盤城。二十九日，直抵城下，圍之數重。三月初一日，闍盤城陷，俘獲三萬餘人，斬首四萬餘級，生擒茶全還，班師。先是，諸營飛橋（飛梯）既成，茶全日送降歕，上召黎厥中等謂曰：「賊之鬥志已解，我之攻期既成，茶全今日

阮朝翼宗御批曰：「前敘二十六萬已失眞，此敘五百艘已過，況千餘艘，七十萬，何大言不顧至此」。〔註 76〕越南人自己都覺得過於大言不慚，後代史家在閱讀此段歷史，不可不愼。最後阮翼宗御批曰：「好勝耳！非仁義之師。」〔註77〕

占主槃羅茶全被生擒後，黎聖宗將之軟禁。此時占城國內群龍無首，有的據地稱王，有的成爲安南的傀儡政權：

> 茶全既被擒，其將逋持持走至藩籠（即賓童龍），據其地稱占城主，
>
> 持持得國五分之一，使使稱臣入貢，乃封爲王，帝又封華英、南蟠
>
> （二）王凡三國，以羈縻之。〔註78〕

馬司培羅先生推測逋持持或許即是《明史》所載齋亞麻弗菴（Jaya(var)ma Fougan，《明實錄》作齋亞麻勿庵），〔註 79〕占城至此一蹶不振。「距制蓬峨之時，僅八十年，已失地五分之四，僅保有賓童龍與古笪二地而已……占婆歷史遂至是告終。」〔註 80〕馬司培羅所著《占婆史》僅止於此。但筆者想在此基礎上，將之後占城與明朝的外交互動作一清楚的概述，以便讓後人了解占城朝貢明朝的始末。

乘城，一鼓可拔。予將發砲，恐彼知之，不如密約諸營，同時進討。」乃徧諭將士，可急梯城。有頃，上遙見前驅營軍已登城堞，乃連發砲各三響以應之。又命內臣領斫東門關以入，命同太監阮耽諭諸營將士曰：「府庫財物各宜封守，不得燒燔，占國茶全生致轅門，不得戕殺。」帝命指揮吳鷹引降賊逋產訶摩至，且令陳列求降貨財器用，非我國所有，命尉杜環歷指其名，有銀匣形如劍，上問是何物也。環對曰：占物，自古有國王，必有此器，傳之子孫。訶摩乃茶全之伯父。順化軍生擒茶全，引至上前，俯伏而跪。譯問曰：「爾占主歟？」對曰：「是也。」上曰：「君乎？」對曰：「臣望見風采，已知其爲聖上矣！」上曰：「爾子幾人乎？」對曰：「臣之殘息有十餘人。」杜環曰：「彼乞憐爲臣，願陛下待以不死。」上曰：「鋒鏑之下，恐爾遇害，幸能生致，實慰我心。」乃命茶全出鎭殿司外小茸居之。左右扶去稍急，上曰：「徐引去，彼乃一國主，豈可如是窘迫乎。」初二日，上已聞盤已破，即詔班師。〔越〕吳士連，陳荊和編校，《大越史記全書》，卷12，〈本紀〉，頁 683～684。

〔註 76〕〔越〕吳士連，陳荊和編校，《大越史記全書》，卷122，〈本紀〉，頁 683。〔越〕潘清簡，《欽定越史通鑑綱目》，卷 23，頁 1 下。漢喃古籍文獻典藏數位化計畫 http://lib.nomfoundation.org/collection/1/volume/263/page/42，擷取日期 2013/9/26。

〔註 77〕〔越〕潘清簡，《欽定越史通鑑綱目》，卷 23，頁 2 下。漢喃古籍文獻典藏數位化計畫 http://lib.nomfoundation.org/collection/1/volume/263/page/43，擷取日期 2013/9/30。

〔註 78〕〔越〕吳士連，陳荊和編校，《大越史記全書》，卷122，〈本紀〉，頁 685。

〔註 79〕〔法〕馬司培羅，馮承鈞譯，《占婆史》，頁 111。

〔註 80〕〔法〕馬司培羅，馮承鈞譯，《占婆史》，頁 111～112。

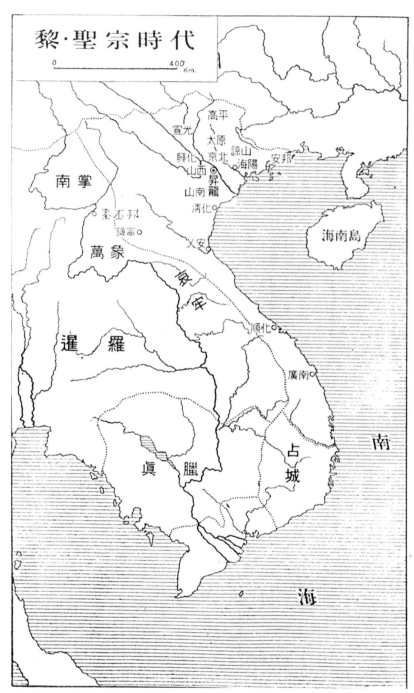

圖 2-1：黎聖宗時代〔註81〕

〔註81〕〔日〕岩村成允，許雲樵譯，《安南通史》（香港：星洲世界書局，1957），頁100。

黎聖宗征服占城後，將其地併爲安南版圖，先以占城降將管理占城故地，再以高壓統治進行治理：

> 洪德二年（1471）三月初七日，以占降人巴太爲太占同知州、多水爲僉知州。上諭之曰：「太占（今越南廣南省）、古壘（今越南廣義省）二州舊爲我境，近代淪於占國，今盡復之，特命奴等鎮守，敢有不從，殺然後奏。」十一日，命杜子歸爲同知州、知太占軍民事，黎倚陀爲古壘州之軍民，占人敢有悖亂，殺然後奏。〔註82〕

黎朝在黎聖宗時，國力蒸蒸日上，與周遭國家的外交也漸爲頻繁。「蓋上既平占城，威振絕域，故西方藩國皆奔走先後，爭來朝貢。」〔註83〕

同年四月，占主槃羅茶全不勝監禁之苦，鬱鬱而終。黎聖宗爲洩心頭之恨，焚其尸投于江，斬其首樹于船，並載著占主首級遊江，又於船頭樹白旗，題曰：「占城元惡茶全之首，使天下知之。」〔註84〕二十二日，黎聖宗回到京城，「獻俘於太廟，以所得占主茶全首，及俘獲賊諴訊醜告藍京。」〔註85〕同年六月，黎聖宗「以占城地置爲廣南承宣及升華衛，置十二承宣按察及置廣南三司。」〔註86〕占城地此時已是黎聖宗的囊中物。緊接者他派遣使節阮德貞前往大明，奏占城襲邊事。〔註87〕黎聖宗心裡其實很清楚，他入侵占城的消息遲早會爲明朝所知，與其讓明朝一天到晚遣使賫勅，倒不如先派遣使者前往明朝辯解，以爭取外交的主動權，從這可看出黎聖宗與之前安南國君的不同之處。

在安南使者抵達中國以前，占城的使者先行進入燕京，傳遞安南攻破占城都城的消息，只是此時距闍盤城被攻破已過一年餘：

> 成化八年五月丁巳（1472/6/27），占城國遣使臣樂沙來告急，言本國與安南壤地相接，累被侵奪，近者遣人來索取犀象寶貨，欲使本國

〔註82〕 〔越〕吳士連，陳荊和編校，《大越史記全書》，卷12，〈本紀〉，頁685。

〔註83〕 〔越〕吳士連，陳荊和編校，《大越史記全書》，卷12，〈本紀〉，頁685。阮翼宗在閱讀這段史料時，御批曰：「舊史原有先後，非因是而來，大抵此紀多張大也！」〔越〕潘清簡，《欽定越史通鑑綱目》，卷23，頁5下～頁6上。漢喃古籍文獻典藏數位化計畫 http://lib.nomfoundation.org/collection/1/volume/263/page/46，擷取日期2013/9/26。

〔註84〕 〔越〕吳士連，陳荊和編校，《大越史記全書》，卷12，〈本紀〉，頁686。

〔註85〕 〔越〕吳士連，陳荊和編校，《大越史記全書》，卷12，〈本紀〉，頁686。

〔註86〕 〔越〕吳士連，陳荊和編校，《大越史記全書》，卷12，〈本紀〉，頁686。

〔註87〕 〔越〕吳士連，陳荊和編校，《大越史記全書》，卷12，〈本紀〉，頁687。

待其來人亦如奉天朝使命之禮。本國思與安南俱奉皇朝正朔，不肯
屈從，以此搆釁。成化七年二月內安南兵至，攻破國城，虜國王槃
羅茶全及家屬五十餘人，攘取寶印，焚毀屋廬，殺掠軍民男婦不可
勝計。今王弟槃羅茶悅暫領國事，伏聽處分。

事下兵部。尚書白圭〔註88〕等言：「成化七年因安南奏言占城越境侵
陵，欲悉赦賦，以過其虐。臣等已度黎灝陰有吞併之謀，陽為奏討
之舉，今果破其國，虜其君矣！若不有以處之，非惟失占城歸附之
心，抑恐啟安南跋扈之意，宜遣官齎勅諭灝，俾以所虜占城國王及
其家屬、印章等悉還其國，毋致兵連禍結。得旨不必差官，待安南
使臣至日，以勅與之。」〔註89〕

槃羅茶遂（明人作槃羅茶悅）是槃羅茶全的弟弟，如今暫領國事，希望大明
能替其主持公道。明憲宗先於成化八年六月丁亥（1472/7/27）冊封其為占城
國王：

命封故占城國王槃羅茶全弟槃羅茶悅襲占城國王。槃羅茶全既為安
南所虜，并朝廷所賜印符皆失之，其弟槃羅茶悅暫攝國事，奏請封
并乞印符。礼部請如正統間，封世子摩訶賁來事例，遣官往封。仍
炤所乞與之，遂遣工科右給事中陳峻、行人司行人李珊以往。〔註90〕

不過諷刺的是，按照《大越史記全書》的記載，安南於去年再度出兵占城，
並生擒槃羅茶遂：「洪德二年（1472）十一月初八日，再征占城，擒其主茶遂
及部黨回京。」〔註91〕所以這占城國王印符永遠到不了槃羅茶遂的手中了。

成化八年九月丙午（1472/10/14）安南使臣使臣阮德貞抵達明廷。阮德貞
向明憲宗上書曰：「往因占城侵化州地，故舉兵為援，由彼國人自相叛亡以取
敗北耳！」這則奏書在《明實錄》裡未完整保留，僅僅紀錄這幾句而已，所
幸在《欽定越史通鑑綱目》尚有記載：

〔註88〕白圭（1419〜1474）字宗玉，南宮人。正統七年進士，除御史，巡按山西，
　　　　辨疑獄百餘。成化元年前襄賊劉通等作亂，命圭提督軍務發兵討平之，加太
　　　　子少保，改兵部尚書，兼督十二團營，十年卒，年五十六，諡恭敏。圭性簡
　　　　重，公退即閉閤臥，請謁皆不得通。國立中央圖書館編，《明人傳記資料索引》，
　　　　頁113。
〔註89〕〔明〕劉吉等，《憲宗純皇帝實錄》，卷104，成化八年五月丁巳條，頁2045
　　　　〜2046。
〔註90〕〔明〕劉吉等，《憲宗純皇帝實錄》，卷105，成化八年六月丁亥條，頁2061。
〔註91〕〔越〕吳士連，陳荊和編校，《大越史記全書》，卷12，〈本紀〉，頁690。

遣阮德貞、范穆等如明，奏辭略曰：「去年八月占城國王率眾襲臣化
州，臣親率國人爲化州援。本年五月占王又徵兵十餘萬圍臣，數重
臣危迫之間潰圍迎戰。占國人素憤其主，無復鬥志，相率叛王。臣
之游兵至其國都，有眾弗協棄甲倒戈。占國王率兵南去。臣即回國
謹守舊境。臣竊爲占城與臣世爲讐敵，今復攻襲擄掠，臣不得已妄
集應兵，倉率之際，惟欲舒邊郡，擾攘之患恐或違聖祖訓戒之，勤
臣不勝恐懼，進退惟命。」〔註92〕

雖然《明實錄》和《欽定越史通鑑綱目》都只記載一部分而已，但仍可發現
黎聖宗極力避重就輕，說占城是自取敗亡，安南出兵是出於自衛。至於「游
兵至其國都」、「占國王率兵南去」、「臣即回國謹守舊境」等詞則與事實有所
出入。

　　明憲宗對於越占糾紛感到相當困惑，覺得占城「卑詞未可深信」，又覺得
安南「所奏情詞各異」：

比者占城國奏，稱爾國於成化七年（1471）二月間攻破其城，執其
國王暨親屬五十餘人，並劫其印，焚燼室廬，殺擄老稚不計其數。
朕以卑詞未可深信。今得王所奏，情詞各異。但王國與占城勢力大
小不待辯說，若彼先啓釁端是不度德量力，固爲不義，若王無故乘
彼小釁，輒興忿兵，凌弱暴寡，亦豈得爲義乎？敕至王宜略其小失，
益惇大義，將所虜人口盡數發還，戒飭邊吏毋生事邀功，興兵構怨
旋致報復，自貽伊戚，庶幾天鑒，孔昭永享，令名欽哉。〔註93〕

明憲宗難以辨別事情的眞僞，姑且相信占城所言，要求安南將所虜人口盡數
發還。黎聖宗有鑑於明廷不信其說詞，乾脆一不做，二不休，於成化十年（1474）
十月，再派遣阮廷美等人奏「占城潰亂擾邊事。」〔註94〕，這明顯與實際情
況不符，此時，原先出使占城的明朝使者陳峻也於成化十年十二月乙未
（1475/1/21）返回國內：

工科右給事中陳峻等使占城不果入而還，以原領詔勅及鍍金銀印、

〔註92〕〔越〕潘清簡，《欽定越史通鑑綱目》，卷23，頁27下。漢喃古籍文獻典藏數
　　　　位化計畫 http://lib.nomfoundation.org/collection/1/volume/263/page/68，擷取日
　　　　期 2013/9/27。
〔註93〕〔明〕劉吉等，《憲宗純皇帝實錄》，卷108，成化八年九月丙午條，頁 2100
　　　　～2101。
〔註94〕〔越〕吳士連，陳荊和編校，《大越史記全書》，卷13，〈本紀〉，頁698。

綵叚等物進繳。初峻等使占城，封國王槃羅茶悦，航海至占城新洲港口，守者拒不容進，譯知其地爲安南所據，而占城王避之靈山，既而之靈山，則知槃羅茶悦舉家爲安南所虜，而占城之地已改爲交南州矣！

事下所司……兵部亦言：「安南恃強併吞封國，所係非小，宜下公卿博議。」於是英國公張懋〔註95〕等以爲安南強暴，固宜聲罪致討，第帝王之於夷狄以不治治之，且今未得占城所以亡之，故不可輕動，而安南明年期當入貢，宜俟陪臣至日，令譯者以其事審之，始可區處。又雲南、廣西及廣東瓊廉與之接境，宜行鎮守總兵等官督屬固守，以防侵軼之患。上俱從之。〔註96〕

陳峻到了占城之後，不但發現占主槃羅茶遂全家大小皆被安南擄獲，還被安南官兵擋在門外，只能如實稟報。不過，對於明朝而言，此時所獲得的情報尚不夠充分，姑且等安南貢使至，再行定奪。成化十一年八月辛丑（1475/9/24），黎弘毓、阮廷美等人抵達中國，於明憲宗面前呈上安南國書：

安南國王黎灝奏：「先年占城國王槃羅茶全因侵犯化州道，爲其弟槃羅茶遂所弒，遂既自立將請封，而槃羅茶悦子茶質苔來又殺之，自是其國禍亂相侵，卒無寧日，非臣國之罪。今欽遵聖諭，息兵睦鄰，所得男婦七百四十餘人俱已遣還彼國矣！」

奏下兵部言：「灝所奏畧不及侵佔占城之事，與右給事中陳峻等所言不同，情僞巨測。」

上因其陪臣黎弘毓等歸，乃賜勅諭灝曰：「先因占城槃羅茶悦奏其王槃羅茶全爲爾國所執，占城無主來乞封。朕體天地好生之德，徇其陳請，遣使往封，及使回奏稱占城土地果被爾國占奪，改爲州邑，朕方疑而未信。今得王奏備言占城稱兵構怨，侵擾鄰境，以致身亡

〔註95〕　張輔子，九歲嗣公。憲宗閱騎射西苑。懋三發連中，賜金帶。歷掌營府，累加至太師。嘗上言防邊事宜，諫止發京營兵作圓通寺。弘治中，御史李興、彭程下獄，懋論救。武宗即位，與群小狎遊，懋率文武大臣諫，其言皆切直。然性豪侈，又頗朘削軍士，屢爲言者所糾。嗣公凡六十六年，握兵柄者四十年，尊寵爲勳臣冠。正德十年卒，年亦七十五。〔清〕張廷玉，《明史》，卷154，〈張輔列傳〉，頁4224。

〔註96〕　〔明〕劉吉等，《憲宗純皇帝實錄》，卷136，成化十年十二月乙未條，頁2553～2554。

國破，皆其自取事，雖未明理，或有之況，王情詞懇，欸必非文過。
但占城爲國其傳已久，前此豈無力眾勢大能吞併之者，然史冊未聞
得失可見。今若一旦殄絕，非惟有違朝旨，抑恐海外諸番各生疑畏，
共起爭端，於王之日得爲利乎？勅至王宜重加循省，歸其族屬，近
其人民，復其土宇，使不至於殞其宗嗣，則王於興滅繼絕之義，敬
天事大之誠兩得之矣！王其勉之、圖之。」〔註97〕

黎聖宗在天朝天子的面前東誆西騙，說槃羅茶全是被其弟槃羅茶遂所殺；並
說槃羅茶遂是被其子茶質苔來所殺。事實上，兄弟兩人是被安南生擒，其兄
還被焚屍斬首，這國書內容明顯與《大越史記全書》記載不符。不過明憲宗
卻對占城使者的說詞，「疑而未信」，還認爲黎聖宗「王情詞懇，欸必非文過。」
覺得這一切一切可能真的如黎聖宗所言，是占城先侵犯化州，才導致滅亡。

　　明憲宗只希望安南不要做得太絕，要懂得「興滅繼絕之義，敬天事大之
誠」。明憲宗的立場無形之中偏向安南，這無疑正中黎聖宗下懷。殊不知，當
初槃羅茶全拒絕安南的錫貢，即是爲了向明朝表達敬天事大之誠，由於受不
了安南的挑釁，才出兵化州。倘落兩兄弟地下有知，不知做何感想。相比之
下，明朝的兵部官員至始至終都比皇帝要聰明多了。

　　黎聖宗收到明朝的詔書後，爲加深明憲宗對安南不得不出兵占城的印
象，於洪德七年（1476）十月十五日，先派遣使節祝賀明憲宗立皇太子，再
派遣阮濟（明實錄作阮達濟）對占城地方事進行辯白。〔註98〕據《明憲宗實
錄》成化十四年三月戊子（1478/4/28）條：

> 安南國王黎灝奏：「……今陪臣黎弘毓回自天朝，恭奉勅諭，責臣占
> 奪占城地方，改爲州邑，此臣不能不瀝血陳辭而保其必無也！夫占
> 城提封全非沃壤，家稀蓄積，野絕桑麻，山無金寶之收，海乏魚鹽
> 之利，止有象牙、犀角、烏木、沉香，而臣國產多用，稀鳥足爲貴。
> 得其地不可以居，得其民不可以使，得其貨不足以富，得其勢不足
> 以強，而臣守之甚艱，利之甚淺，損多益寡，禍實名虛，此臣不占
> 奪占城土地改爲州邑之故也！今朝廷又諭臣復其土宇，使不至殞其
> 宗祀，誠恐天使急遽之際，緝訪難詳。而占城避亂之人與臣國讐，

〔註97〕〔明〕劉吉等，《憲宗純皇帝實錄》，卷144，成化十一年八月辛丑條，頁2660
　　　　～2661。
〔註98〕〔越〕吳士連，陳荊和編校，《大越史記全書》，卷13，〈本紀〉，頁701。

　　言不足信，伏望特遣朝使，申畫郊圻，興滅繼絕，使占城上下輯寧，臣國邊陲休息，以蕃中國，以康遠人，此臣之大願也！謹遣陪臣阮達濟以聞。」〔註99〕

國書中，黎聖宗不斷地為自己喊冤，喊到連「瀝血陳辭」四字都出來了。黎聖宗甚至向明朝強調安南絕無侵佔占城之事，因為占城根本不值得侵佔。可是，黎聖宗以占城地置廣南是「居其地」、以占降人為知州是「使其民」、定廣南納稅令〔註100〕是「富其貨」、平占城威振絕域是「強其勢」，明顯與其言論完全相反。至於文末中提到的「以蕃中國」，僅僅是阿諛之詞，畢竟，黎聖宗最大的心願是成為南國之帝皇。

　　安南認為此次戰爭只是收復故土而已，並非侵佔占城。既然中國希望占城「不至殞其宗祀」，安南願意割捨一塊「郊圻」之地，讓中國「興滅繼絕」理想實現，也使占人有一國可居。可見上述的信是一封「協議書」，而後安南也遵守諾言，還一塊地給占城。〔註101〕

　　成化十四年（1478）八月，明憲宗派使者冊封齋亞麻勿庵為占城國王。〔註102〕隔年二月壬寅（1479/3/8），在廣西突然發生間諜案。地方官擄獲了七名安南的間諜，但安南間諜在被審問前，先行賄賂了獄卒，最終逃獄出境，因此朝野之中無人知曉這些間諜來明朝所為何事。〔註103〕筆者認為黎聖宗對明朝完全不信任，他也深怕明朝會出兵南下，在《大越史記全書》中有「明人奪兵從廣西」一語〔註104〕，況且自成化以來，明朝的鎮安府（今廣西壯族自治區德保縣）與安南一直有邊境糾紛，相互侵奪田產，劫掠人畜之事時常發生。〔註105〕

　　類似的事情也發生在雲南，臨安府（雲南省）地方官奏稱：「安南國時遣

〔註99〕　〔明〕劉吉等，《憲宗純皇帝實錄》，卷176，成化十四年三月戊子條，頁3185～3186。
〔註100〕〔越〕吳士連，陳荊和編校，《大越史記全書》，卷13，〈本紀〉，頁724。
〔註101〕鄭永常，〈新州港之夢：占城都城地理位置考釋〉，頁23。本篇於2013年5月17日，發表於國立成功大學歷史系與人社中心主辦「2013年近世東亞海港城市研究工作坊II」工作坊之學術會議論文（未正式出版）。
〔註102〕成化十四年八月乙未（1478/9/2）遣禮科給事中馮義、行人張瑾齎詔封齋亞麻勿庵為占城國王。齋亞麻勿庵遣人奏稱，安南人還其國南邊地一方，付之掌管，復立為國，而畏懼天威，不敢擅立，特遣使具表請封，故有是命。〔明〕劉吉等，《憲宗純皇帝實錄》，卷187，成化十四年八月乙未條，頁3253～3254。
〔註103〕〔明〕劉吉等，《憲宗純皇帝實錄》，卷187，成化十五年二月壬寅條，頁3348。
〔註104〕〔越〕吳士連，陳荊和編校，《大越史記全書》，卷12，〈本紀〉，頁692。
〔註105〕〔越〕吳士連，陳荊和編校，《大越史記全書》，卷12，〈本紀〉，頁663～664。

人潛入臨安等處窺覘事情。」當然，明朝也不是省油的燈，明朝也有自己的情報網：「有軍丁回自安南，言交人并吞占城時，遂欲乘勝入寇雲南。」〔註106〕從這可看出，自安南獨立以來，表面上彼此承認朝貢關係，但私底下皆派遣間諜互探虛實，形成一種諜報戰。若我們從外交的角度看，大使與間諜是外交中的重要人物，一個在明，一個在暗，有時甚至兼具這兩種身份，雙管齊下才能做出正確的外交決策。

成化十八年（1480）七月，明廷發生了一件小插曲。當時太監汪直〔註107〕有鑑於占城派遣使者希望明朝能再度出兵安南，因而向明憲宗獻取安南之策，想藉機揚名立萬。不過郎中陸容〔註108〕加以反對：「安南臣中國久，未虧事大之禮，若加之兵，恐失夷心，啟邊釁，遺禍匪。」汪直為此爭論不已，明憲宗只好傳旨兵部，索取「永樂中調軍冊籍」。當時供職兵部的劉大夏〔註109〕不希望明朝再動干戈，決定像當初藏匿鄭和下西洋檔案般，將調軍冊籍也藏匿起來。汪直雖然找不到兵冊，但仍不死心，後來內閣李東陽〔註110〕引《春秋傳》勸戒明憲宗說：「王者不治夷狄。」況且「安南雖奉正朔，修職貢，然恃險負固，積歲已久。今若遣官至其國，海島茫茫，徒掉寸舌，小必掩過飾

〔註106〕〔明〕劉吉等，《憲宗純皇帝實錄》，卷166，成化十三年五月庚寅條，頁3016～3017。

〔註107〕汪直，大藤峽猺種，成化時為御馬監太監，領西廠，設官校刺事，仇殺誣陷，又思立邊功以自固。詔直巡邊，為監軍，論功監督十二團營，威勢傾天下。後以御史言，寵日衰，罷西廠，降直奉御，褫逐其黨，直竟良死。國立中央圖書館編，《明人傳記資料索引》，頁164。

〔註108〕陸容（1436～1497）字文量，號式齋，崑山人。成化二年進士，官兵部職方郎中，累遷浙江右參政，所至有績。忤權貴罷歸卒，年五十九。容性至孝，嗜書籍。與張泰、陸釴齊名，稱婁東三鳳。有《式齋集》、《菽園雜記》。國立中央圖書館編，《明人傳記資料索引》，頁567。

〔註109〕劉大夏（1436～1516）字時雍，號東山，華容人，仁宅子。天順八年進士，官職方郎中，明習兵事。廷臣交薦，起歷兵部尚書，忠誠懇篤，事有不便，悉條上釐革之，孝宗尤見親信。武宗立，因裁抑中官，自知不見用，乞休歸。劉瑾復坐以事，戍肅州，後赦歸。瑾誅復官，尋致仕，卒年八十一，諡忠宣。國立中央圖書館編，《明人傳記資料索引》，頁821。

〔註110〕李東陽（1447～1516）字賓之，號西涯，茶陵人。天順八年進士，授編修，弘治八年累進文淵閣大學士，預機務，多所匡正，受顧命，輔翼武宗。立朝五十年，清節不渝，以吏部尚書兼華蓋殿大學士致仕。當劉瑾用事時，東陽潛移默禦，保全善類，而氣節之士多非之。正德十一年卒，年七十，諡文正。東陽為文典雅流麗，工篆隸書，自明興以來，宰臣以文章領袖縉紳者，楊士奇之後，東陽一人而已。國立中央圖書館編，《明人傳記資料索引》，頁201。

非，大或執迷抗命，若置而不問，損威已多，即問罪興師，貽患尤大。」最後明憲宗同意李東陽的說法，整件事才告一段落。〔註111〕

洪德十一年（1480）十一月十八日，黎聖宗再遣陪臣阮文質等人歲貢于明，並奏占城事。不過，關於這則史料，因《明實錄》未有詳細記載，難以進行比較，是可惜之處。〔註112〕黎聖宗不斷地向明朝上奏占城事，以爭取外交上的主動權，值得注意的是，前面幾封國書的「文筆」都相當不錯，原來黎聖宗是一個謹慎的人，非常注意歲貢表文：

> 洪德十一年（1480）十二月丁酉，上出翰林侍書梁世榮所擬歲貢表
> 文，示朝臣說來。黎壽城等曰：「三文並以平順，如申仁終等僉奏，
> 上於交邦辭命，先令翰林院撰，次下東閣省，次朝臣看，如有異論，
> 爲之改定，故明人每嘉之曰，國有人矣。」〔註113〕

要呈上給天朝皇帝所看的文章，必須要小心翼翼，一字一句都要斟酌再三，這不得不說是黎聖宗的細膩之處。

黎聖宗爲了實現其個人野心，不斷地對外征戰，洪德九年（1478）九月二十二日，下詔征老撾。〔註114〕洪德十年（1479）六月初七日，下詔征盆蠻。〔註115〕七月二十二日，下詔親征哀牢。〔註116〕不過這期間最重要的事情，莫過於「命史官修撰吳士連撰大越史記全書十五卷。」〔註117〕這位安南最高的統治者，想追尋自身的歷史定位，欲流芳百世。

安南不斷用兵的消息，也逐漸爲明朝所知。〔註118〕就在安南用兵之際，

〔註111〕〔明〕陳建，《皇明通紀法傳全錄》，《續修四庫全書【357】史部・編年類》（上海：上海古籍出版社，1995），卷二十四，頁402。在《廣名將傳・馬文昇傳》裡，還記載：「會二國各入貢，仍請面折諸廷。安南詞服，因諭以恩威禍福，厚賜之。歸，令還占城侵地，竟不煩兵而解。」〔明〕黃道周，《廣名將傳》，《叢書集成初編》（上海：商務印書館，1937），卷19，〈馬文昇〉，頁346。

〔註112〕《明實錄》僅記載：「安南國王黎灝遣陪臣阮文質等，奉表箋來朝貢金銀器及方物。賜宴并衣服綵段等物有差，仍以文錦綵段付使臣，歸賜其王。」〔明〕劉吉等，《憲宗純皇帝實錄》，卷218，成化十七年八月辛酉條，頁3776。

〔註113〕〔越〕吳士連，陳荊和編校，《大越史記全書》，卷13，〈本紀〉，頁713。

〔註114〕〔越〕吳士連，陳荊和編校，《大越史記全書》，卷13，〈本紀〉，頁705。

〔註115〕〔越〕吳士連，陳荊和編校，《大越史記全書》，卷13，〈本紀〉，頁706。

〔註116〕〔越〕吳士連，陳荊和編校，《大越史記全書》，卷13，〈本紀〉，頁708。

〔註117〕〔越〕吳士連，陳荊和編校，《大越史記全書》，卷13，〈本紀〉，頁706。

〔註118〕有興趣的讀者可參閱〔越〕吳士連，陳荊和編校，《大越史記全書》，卷13，〈本紀〉，頁712～713。〔明〕劉吉等，《憲宗純皇帝實錄》，卷206，成化十

位於中南半島最南邊的滿剌加王國，由於受不了安南惡劣的行徑，決定前往明朝告狀，成化十七年九月壬申朔（1481/9/23）：

> 滿剌加國使臣端亞媽剌的那查等奏，成化五年（1469），本國使臣微者然那入貢，還至當洋，被風漂至安南國，微者然那與其儻從俱為其國所殺，其餘黥為官奴，而幼者皆為所害。又言安南據占城城池，欲併吞滿剌加之地，本國以皆為王臣，未敢興兵與戰，適安南使臣亦來朝，端亞媽剌的那查乞與廷辨。〔註119〕

滿剌加使臣因安南殺其貢使，要求在明廷上公然辯論，請天朝直接進行仲裁。不過當中有一不合理之處——即安南欲併吞滿剌加，此事過於誇大，以當時安南的軍事調度來看，多集中於周遭鄰國，因此，此為外交應對上一種誇張手法，以突顯出安南對於東南亞諸國的威脅性與日俱增。

兵部尚書陳鉞〔註120〕認為此事距今久遠，不必計較。而明憲宗也不太相信滿剌加使臣所言，不過還是按照慣例賫勅安南說：「滿剌加使臣所奏，朝廷雖未輕信，爾亦宜省躬思咎。」至於對滿剌加的答覆是：「安南果復侵陵，爾國宜訓練士馬以禦之。」〔註121〕顯然明憲宗並未將此事放在心上。

滿剌加使節回國後，兵部尚書陳鉞愈想愈覺得不對勁，再加上占城使節帶來最新的情報，於是陳鉞再度上奏：

> 安南國僻在西南萬里之外，與雲南、兩廣接壤。永樂間，王師克伐，郡縣其地。其後守臣失馭，隨復陷沒。今又轉肆憑陵，東吞占城，西併老撾，殘破八百，僭勅車裏宣慰司，殺滿剌加使臣，不可不為之慮。先年有邊人還自安南，稱其國欲犯雲南，以其王母諫而止。都禦史王恕亦稱安南遣人偽為商人來覘虛實……占城使臣亦言安南

六年八月甲寅條，頁3592～3593。〔明〕劉吉等，《憲宗純皇帝實錄》，卷216，成化十七年六月壬子條，頁3750～3753。

〔註119〕〔明〕劉吉等，《憲宗純皇帝實錄》，卷219，成化十七年九月壬申條，頁3785～3786。

〔註120〕陳鉞字廷威，獻縣人。天順元年進士，授兵科給事中，擢光祿少卿，成化中歷右副都御史巡撫遼東，諂事汪直，排陷馬文升，陞兵部尚書。直寵衰，被劾勒致仕。鉞工心計，貪墨險詐，吏民畏而恨之。在鄉欺凌寡嫂，嫂潛赴京告其撫邊不法事，下獄，削籍卒。國立中央圖書館編，《明人傳記資料索引》，頁597。

〔註121〕〔明〕劉吉等，《憲宗純皇帝實錄》，卷219，成化十七年九月壬申條，頁3785～3786。

治戰船三千，欲襲海南不可不爲之備。」

上曰：「朕視安南禮絕外國，每有違拒亦優容之，而彼外示恭謹，中懷桀黠，跡其所爲，蓋有不可揜者。兵法曰：『毋恃其不來，恃吾有以備之。』宜申命雲南、兩廣守臣嚴越境亡命之禁，彼若有犯，當整兵禦之。」〔註122〕

明朝對此賚喻安南，但黎聖宗卻說：「未侵老撾，且不知八百疆宇何在。」黎聖宗這種回答方式，實屬誇大。《明史》也記載：「（黎聖宗）語甚誑誕。帝復慰諭之，迄不奉命。」〔註123〕明憲宗如夢初醒，他發現黎聖宗是表裡不一之人。之前明憲宗對安南的寬容，如今已變成一種縱容。一個月後，成化十七年九月丁酉（1481/10/18），占城的新國王古來派遣使者抵達中國，要求明朝替占城主持公道：

時占城國古來遣使奏云：「天順五年（1461）四月內，交阯興兵侵本國，虜國王、毀城池掠寶印而去。王弟盤羅茶悅逃居佛靈山。成化六年（1470）奏請印乞封，天使到而盤羅茶悅已先爲交（阯）所擒矣！臣與兄齋亞麻勿庵潛竄山林後，交人畏懼天朝，自遣人尋訪本國子孫撥還地土。自邦都郎至占臘地界五處，立齋亞麻勿庵爲王，未幾齋亞麻勿庵死。今臣當嗣位，而不敢專擅，乞遣天使仍賜寶印，封以爲王，特諭交人，退還本國全境之地二十七處、四府一州、二十二縣；東至東海，南至占臘，西至黎人山，北至阿木喇補，凡三千五百餘里，仰祈天恩爲小國作主！」〔註124〕

當時兵部尚書陳鉞、英國公張懋、吏部尚書尹旻〔註125〕等人，皆主張從其所請。明憲宗乃勅黎聖宗曰：

……曩者占城奏爾興兵虜其國王，殺其人民，奪其城池土地，朕甚惻然，兩降勅令爾歸所獲，以敦大義。而爾復奏云，虜獲男婦已發回本

〔註122〕〔明〕劉吉等，《憲宗純皇帝實錄》，卷219，成化十七年九月癸巳條，頁3793～3794。

〔註123〕〔清〕張廷玉，《明史》，卷209，〈外國二・安南〉，頁8329。

〔註124〕〔明〕劉吉等，《憲宗純皇帝實錄》，卷219，成化十七年九月丁酉條，頁3796～3798。

〔註125〕尹旻（1422～1503）字同仁，山東歷城人。正統十三年進士，選庶吉士，授刑科給事中。成化中累官吏部尚書，銓拔無滯，賢愚皆悅。汪直開西廠，旻潛附之，加太子太傅大學士，以尚書致仕。弘治十六年卒，年八十二，諡恭簡。國立中央圖書館編，《明人傳記資料索引》，頁86。

國，又云境土既定，豈可侵爭，朕信之不疑。今占城古來差人請封，
詢其所以，始知其地俱被爾國占據，其退還者不過五之一爾。審若此，
則是爾陰遂吞併之謀，陽竊睦鄰之名，敦大義者果若是耶？朕所以諄
諄勅爾者，非私厚占城也！……爾先世與占城報復，往迹乎明鑒伊
邇。爾國者（耆）老尚悉其詳，當審思之……爾自受封以來，不但侵
奪占城，近又殺滿刺加進貢使臣，黥其從人為奴，鄰封構（搆）怨，
控訴交至。爾自以為福否耶？夫畏天保國，事大恤小，賢哲者所為，
爾何不此之圖也！勅至，宜念輔車之勢，篤鄰好之誼，盡還占城故地。
世守宗祀，不至隕絕，不惟兩國生靈，免罹兵禍，而爾令聞垂諸簡冊，
子孫世享休澤于無窮矣！（爾）其深體之，毋貽後悔。〔註126〕

明憲宗當初這麼相信黎聖宗，甚至到了「信之不疑」地步，想不到被其所騙，
因而此次措辭強硬要求安南「盡還占城故地」。不過，若我們再比對明人李文
鳳所著《越嶠書》，即可明白為何明憲宗會被黎聖宗誤導，而未在第一時間採
取正確作法：

成化年間（1465～1487）

1. 六年十一月思誠遣其陪臣阮廷、僞學士郭廷寶來言：「占城侵其
　國」。

2. 七年十月思誠遣其陪臣裴曰良、阮德貞、阮覽、黎仁、范穆來貢，
　言：「占城襲其國」。

3. 十年十一月思誠遣其僞禮部尚書、黎弘毓、刑部右侍郎汮仁壽、
　阮敦復、吳審來貢言：「占城潰其師」。上以其匿保梁逋逃侵龍州
　地界，拘留貢使，命金吾衛指揮使郭景往諭之。

4. 十一年正月思誠遣其陪臣何瑄、潘琮來謝罪。

5. 十二年十月思誠遣其陪臣裴山王克述、僞監察御史褚豐來賀；黎
　瑄、翁義達來謝；阮達濟來言：「占城侵其地」。

6. 十九年十月思誠遣其陪臣黎德慶、阮中、杜覯、武維善來貢，再
　言：「占城侵其地」。〔註127〕

安南使節團動作頻頻，其目的包含進貢、謝恩、賠罪以及告狀，但仔細一看，

〔註126〕〔明〕劉吉等，《憲宗純皇帝實錄》，卷219，成化十七年九月丁酉條，頁3797
　　　　～3798。

〔註127〕李文鳳，《越嶠書》，卷6，頁32～33。

當中包含不少顛倒是非之事，若我們對照安南自身的史書（《大越史記全書》）即可發現矛盾之處。

在成化年間，占城主動侵犯安南的軍事行動僅發生在 1470 年前後，從當年 11 月以後黎聖宗就下詔親征占城，所以李文鳳第一條記載是正確的。但是從第二條以後的記載就有問題，首先 1471 年安南以迅雷不及掩耳的速度攻陷闍盤城，所以並不是安南使者所言「占城襲其國」，而是「安南襲占城國」。第三條，1471 年底，安南再征占城，又生擒一位占城國王，占城自此一蹶不振，因此並非是「占城潰其師」，而應該是如安南史書所言占城「潰亂」擾邊事。〔註 128〕第五條，安南擊敗占城後，將其地置為廣南省，因此《大越史記全書》在阮達濟（越史作阮濟）的部份記載「占城地方事」〔註 129〕，而《欽定越史通鑑綱目》則記載「占城土地事」〔註 130〕，因此並非是阮達濟所言「占城侵其地」。第六條，1483 年時，安南史書僅有「歲貢於明」一事〔註 131〕，並無「再言占城侵其地」。照常理而言，安南如果是被侵略國，其史書應會記載相關事件，不過書上卻一字未題，可見此事虛構成份居多。筆者認為上述反映的是黎聖宗高明的外交手腕，他善於在明憲宗面前搬弄是非，也難怪明憲宗會被其所蒙蔽。

第四節　占城王子古來與明朝的外交互動

「王子」古來，生卒年不詳，身分可議。他其實並不是前任國王齋亞麻勿菴之子，他對明朝一向自稱是齋亞麻勿菴之親弟，但有一說法，他其實是占城的地方頭目。〔註 132〕限於史料的不足，筆者難以進行考證，但不管王子的真實身份如何，古來是靠篡弒取得王位。〔註 133〕在古來接受明朝冊封成為占城國王以前，《明實錄》多以「占城王子」來稱呼。

自從占城首都闍盤城被攻陷後，占城境內分崩離析。黎聖宗為加強對占

〔註 128〕〔越〕吳士連，陳荊和編校，《大越史記全書》，卷 13，〈本紀〉，頁 689。
〔註 129〕〔越〕吳士連，陳荊和編校，《大越史記全書》，卷 13，〈本紀〉。頁 701。
〔註 130〕〔越〕潘清簡，《欽定越史通鑑綱目》，卷 23，頁 4 上。漢喃古籍文獻典藏數位化計畫 http://lib.nomfoundation.org/collection/1/volume/264/page/4，擷取日期 2013/9/28。
〔註 131〕〔越〕吳士連，陳荊和編校，《大越史記全書》，卷 13，〈本紀〉，頁 718。
〔註 132〕〔明〕費宏等，《武宗毅皇帝實錄》，卷 127，正德十年七月辛丑條，頁 2547。
〔註 133〕占城人言王孫請封之後，即為古來所殺。〔明〕劉吉等，《憲宗純皇帝實錄》，卷 220，成化十七年十月丙辰條，頁 3807～3808。

城地區的控制，遂扶持提婆苔爲僞占城國王。從另一角度來想，這等於是挑戰明朝在占城的宗主權。當時明朝冊封使節張瑾，因收受提婆苔的賄賂，竟將占城國王印授予提婆苔，後來東窗事發，被錦衣衛下獄。〔註134〕

成化二十年七月辛卯（1484/7/28），明憲宗派使節告知提婆苔：「令納原降占城國王印，宥其受安南國僞封之罪，仍令爲頭目，本國居住。」〔註135〕這是明朝爲重振其在朝貢體系威嚴的舉動。

提婆苔充其量不過是一傀儡，他不敢冒犯黎聖宗，也不敢得罪大明，因而派遣使者前往中國交好明朝，而明朝則似乎想拉攏提婆苔，對其使者亦相當友善：

> 成化二十年八月己未（1484/8/25），賜占城國提婆苔所遣孫巴羅質副史（使）蠻底代、通事梅者亮等綵段有差。初提婆苔以頭目冒封國王，遣巴羅質等謝恩，其表文方物已令其齎還。巴羅質等表稱，遠來孤貧，乞賜衣服。禮部言其海外遼遠，宜量加優卹。從之。〔註136〕

成化二十年八月辛未（1484/9/6），明憲宗派遣戶科給事中李孟暘〔註137〕等人持詔欲冊封古來爲占城國王。當時李孟暘認爲：

> 占城久爲提婆苔所據，乞以封古來勅印，先令其使人順齎以往，使彼國中預朝廷封古來之意，以定人心。其提婆苔所遣王孫來謝恩，留質廣東者，亦釋遣之，臣等俟舟完風便，然後至古來所居之地，開讀章。〔註138〕

明朝此舉有兩個含意，表面上是正名分，以實際的行動向天下宣告，占城國王子古來是合法的占城國王，其擁有大明的詔書，藉以收買占城人心。至於私底下則是否定安南的僞占城王，明朝將提婆苔王孫、人質遣返，等於是間

〔註134〕〔明〕劉吉等，《憲宗純皇帝實錄》，卷220，成化十七年十月丙辰條，頁3807～3808。

〔註135〕〔明〕劉吉等，《憲宗純皇帝實錄》，卷224，成化二十年七月辛卯條，頁4289～4290。

〔註136〕〔明〕劉吉等，《憲宗純皇帝實錄》，卷255，成化二十年八月己未條，頁4305～4306。

〔註137〕李孟暘（1432～1509）字時雍，號南岡，河南睢州人。成化八年進士，授戶科給事中，累官南京工部尚書，正德初致仕，卒年七十八。國立中央圖書館編，《明人傳記資料索引》，頁200～201。

〔註138〕〔明〕劉吉等，《憲宗純皇帝實錄》，卷255，成化二十年八月辛未條，頁4308～4309。

接打安南一個耳光。

　　明朝有他的張良計，安南也有其過牆梯，既然天朝不承認提婆苔為占城國王，黎聖宗乾脆慫恿提婆苔去攻擊王子古來。在李孟暘抵達占城以前，戰事已經爆發，提婆苔興兵攻擊古來，卻兵敗慘遭古來部下所殺。〔註139〕於是黎聖宗將計就計，以「欲得生提婆苔」為由，再度出兵占城。俗話說欲加之罪，何患無辭？提婆苔已死，古來要如何交人？根本是強人所難，古來自知不敵，遂逃奔廣東崖州（今海南島三亞市）。

> 　　成化二十二年十一月癸丑（1486/12/7），巡按廣東監察御史徐同愛等
> 　　奏：「占城國王子古來攻殺交阯所置僞王提婆苔，交阯怒，舉兵壓其
> 　　境，必欲得生提婆苔。古來懼，率其王妃、王孫及部落千餘人，載
> 　　方物至廣東崖州，欲赴訴于朝。」

> 　　事下禮部覆議。上曰：「古來以殘敗餘息，間關萬里，提攜眷屬，投
> 　　附中國，情可矜憫，其令總兵、鎮守、巡撫等官加意撫恤，量與廩
> 　　餼，從宜安置，毋致凍餒，仍嚴密關防之。」〔註140〕

鄰國的君主帶領眷屬老幼投奔明朝，這在明朝的歷史上實屬罕見。占城王子古來打算親自前往明廷控訴安南行徑，不過明憲宗不願古來直接入朝，打算先加以安撫並嚴密監視，之後再做打算。只是，古來堅決要前往北京告御狀，申訴安南侵虐之害，並控告安南所還州縣皆是「荒僻凋弊」之地。〔註141〕由於態勢嚴重，明憲宗只好交由兵部官員議處：

> 　　於是英國公張懋、兵部左侍郎何琮〔註142〕等議，以為兩國事難遙
> 　　度，宜遣大臣一人往犒古來，且諭之云：「朝廷憫爾委國遠來，勞於
> 　　跋涉，其勿入朝，恐久暴露於外，占據者漸有固志，客處者各懷異
> 　　心，不如早歸，以安國人。仍移文安南，責以存亡繼絕之義，若果
> 　　非王意，宜遣使迎古來復其國以自解。」詔可，遂命瀞往。〔註143〕

〔註139〕〔明〕劉吉等，《憲宗純皇帝實錄》，卷286，成化二十三年正月辛酉條，頁
　　　　　4836。
〔註140〕〔明〕劉吉等，《憲宗純皇帝實錄》，卷284，成化二十二年十一月癸丑條，
　　　　　頁4806。
〔註141〕〔明〕劉吉等，《憲宗純皇帝實錄》，卷286，成化二十三年正月辛酉條，頁
　　　　　4836。
〔註142〕何琮字文璧，仁和人。景泰五年進士，選庶吉士，授禮科給事中，歷通政司
　　　　　參議，仕終兵部左侍郎。國立中央圖書館編，《明人傳記資料索引》，頁273。
〔註143〕〔明〕劉吉等，《憲宗純皇帝實錄》，卷286，成化二十三年正月辛酉條，頁

明憲宗命南京右都御史屠滽〔註144〕前往廣東，先於當地冊封占城國王子古來為占城王，之後「募健卒二千人，駕海舟二十艘，護古來還國。」〔註145〕值得留意的是，護送古來歸國的船隊其實是由海商船隻組成，是由東莞商人張宣護航至新州港〔註146〕。海商張宣能擔當此如此重任，正說明成化年間東莞海商活躍的事實。〔註147〕

　　這時的明憲宗已無心於朝事，皇帝最寵愛的萬貴妃〔註148〕於成化二十三年（1487）春去世，明憲宗為此悲痛欲絕的說：「萬侍長去了，我亦將去矣。」〔註149〕不久也撒手人寰。國家大事轉由其子朱祐樘處理。明孝宗繼位後（1487），採納屠滽的建議，派遣使者前往安南，斥責黎聖宗：

> 比得廣東守臣會奏，占城國王子古來訴，稱其國原設班者、班城等
> 八州及打亞等二十五縣。成化七年（1471），爾國興兵占奪前項地方。
> 十三年（1477）三月內，退還邦都郎、馬那里等四州五縣，尋將埋
> 打里奔底把底等一州三縣撥與反叛頭目提婆苔掌管，後又潛令提婆
> 苔興兵尋殺古來，致被古來部下人馬殺死。爾等乃差頭目領兵逼取
> 提婆苔生身，以此古來窘迫，挈家涉海遠來申訴。及查爾等先年奏
> 稱，占城地土皆是彼國土酋自相割據，今審古來所訴，則爾國奪占
> 逼逐之迹，似有可驗。不然，古來何為蕩析離居，一至于此？但爾
> 國素稱秉禮，豈肯陰惡陽善，飾非文過，上虧事大之忠，下失睦鄰
> 之義。意者王或不知，而為守邊頭目黨逆搆怨，隱欺蒙蔽之所致歟？
> 廣東布政司已嘗備咨爾國，未有咨報，今因使回，特賜勅諭。王當

4836。

〔註144〕屠滽（1441～1512）字朝宗，號丹山，鄞人，琛從子。成化二年進士，任御
　　　史，巡按四川湖廣，皆有聲績。累遷吏部尚書，黜陟無私，尤愛惜人才，痛
　　　抑僥倖。武宗登極，加太子太傅，兼掌院事，以忤劉瑾致仕。卒年七十二，
　　　諡襄惠。國立中央圖書館編，《明人傳記資料索引》，頁641。

〔註145〕〔清〕張廷玉，《明史》，卷324，〈外國五·占城傳〉，頁8390。

〔註146〕〔明〕嚴從簡，《殊域周咨錄》，卷7，〈南蠻·占城〉，頁263。

〔註147〕鄭永常，《來自海洋的挑戰：明代海貿政策演變研究》，頁107。

〔註148〕本名萬貞兒，諸城人，四歲選入掖庭，及長，侍憲宗於東宮。憲宗年十六即
　　　位，妃已三十有五，機警善迎帝意，讒廢皇后吳氏。六宮希得進御，掖庭御
　　　幸有身，飲藥傷墜者無數。孝宗生母紀淑妃之死，實妃為之。成化末暴疾卒。
　　　國立中央圖書館編，《明人傳記資料索引》，頁726。

〔註149〕〔明〕沈德符，《萬曆野獲編》（北京：中華書局，1997），卷3，〈宮闈·萬
　　　貴妃〉，頁84。

以救菑恤患爲心，副我朝廷興滅繼絕至意，嚴加禁飭守邊之人，毋
以強凌弱，毋稔惡府辜，悉以茅嶺界外八州二十五縣之地歸屬古來，
敦睦鄰好，共享太平……此事蚤爲回奏，庶見爾誠。若徒事矯誣，
福善禍淫，天道有在，王其審圖之。欽哉！故諭。〔註150〕

明孝宗的做法基本上是承襲著明朝歷代君王，不過可惜的是，此事在《大越史記全書》的記載中並不完全，僅僅在洪德十九年（1488）十二月十一日條中有提到「遣使如明……黃柏陽奏占城地方事」等語。〔註151〕筆者認爲這是黎聖宗確實有收到此詔書的證據，只是越南史家隱晦不寫，僅以一筆輕描帶過。

　　根據筆者對兩者史料的比較，就關於占城的外交文書方面而言，《明實錄》對於安南上奏明朝的國書大多有保留，而《大越史記全書》在記載明朝對安南的賚勅時，卻「化繁爲簡」，僅寫「占城地方事」。筆者認爲之所以如此，是因爲《大越史記全書》是黎聖宗這位越占糾紛中的勝利者所下令編寫的史書，像「賚勅連年」這樣的歷史實在太不光榮了，所以省略不提，這也對後代的歷史學者在還原這段史實時，造成諸多不明確的地方。

　　1488年黎聖宗爲加強對占城地方的控制，諭廣南參政范播宗說：「廣南承政司軍民生男十五歲以上，俊秀好學，至鄉試日，其本處承宣二司公同選取，具本充本府生徒，使之教誨，以知禮義。」〔註152〕這一條證明當時在安南治理下的占人已與越人密切同化了。〔註153〕

　　古來返回占城之後，於弘治二年十月丁酉（1489/11/5）派遣其弟卜古良前往明朝說：「安南仍肆侵佔，居處無所，乞如永樂時差官督兵，守護鎮守。」〔註154〕古來的意思相當明顯，即是要明朝出兵征討安南。明朝的兵部官員認爲：

安南、占城俱僻處海濱，世奉朝貢，乃祖訓所載不征之國。比古來
挈家至廣東，朝廷已降勅安南，令其體悉，今回奏尚未至，且永樂
時遣將發兵，乃正黎季弒逆之罪，非爲鄰境交惡之故。茲黎灝修貢
惟謹，而古來膚受之愬，容有過情，若據其單詞，遂爲遣兵冒險涉
海，征所不征，恐非懷柔之道，宜但令鎮守等官回咨古來，謂前此

〔註150〕〔明〕劉健等，《孝宗敬皇帝實錄》，卷4，成化二十三年十月己卯條，頁79
　　　　～82。
〔註151〕〔越〕吳士連，陳荊和編校，《大越史記全書》，卷13，〈本紀〉，頁733。
〔註152〕〔越〕吳士連，陳荊和編校，《大越史記全書》，卷13，〈本紀〉，頁733。
〔註153〕〔越〕陶維英著，鐘民岩譯，《越南歷代疆域：越南歷史地理研究》，頁302。
〔註154〕〔明〕劉健等，《孝宗敬皇帝實錄》，卷31，弘治二年十月丁酉條，頁695～696。

國王赴訴朝廷，已命大臣處置，優恤備至。今送王人回，具悉王國
事情。正交人殺害王子古蘇麻，王即率眾敗之，仇恥已復，安南再
未見侵擾，王之國土已亡而復存，王之部落已散而復聚，是皆天威
所致。今又言安南欲奪占前地。安南素稱秉禮，豈其昏謬自取弗靖，
一至於此。我守臣以王咨上聞朝廷，特以安南未回奏，事未盡明，
恐王猶以舊怨未釋，言或過情，遽難偏聽。待安南奏至，別處咨王
知之。王亦宜自強修政……若是不能自強，專仰朝廷發兵遠戍，代
王守國，古無是理，仍以此意諭卜古良，給賜令回。從之。〔註155〕

從此則史料可知安南與占城紛爭仍然不斷，雙方互有勝負。但從當時客觀的
立場來看，占城在國力、人力、物力皆不如安南，早晚會為安南所併，因此
古來才希望明朝能給予實際的援助。但明朝身為兩者共同的宗主國，主和不
主戰。況且明朝認為光靠國威即可鎮住安南，文中提到的「王之國土已亡而
復存，王之部落已散而復聚，是皆天威所致。」這雖然有點誇張，但卻也是
事實，若非有明朝的天威在，占城早已滅亡。就連屠滽也跟明孝宗說：「今占
城之所以滅而復興者，皆出皇上威德，臣何力之有？」〔註156〕試想當初制蓬
莪朝貢明朝之目的，即是「假中國之威，以制服其仇。」歷代占城國王也因
襲此策，的的確確起到制衡安南的效果。

弘治三年五月壬申（1490/6/8）古來派遣其弟卜古良朝貢方物的同時，再
度要求明朝「乞兵守護」。〔註157〕明孝宗對此已感到相當不耐，恰巧當初奏占
城地方事的使者黃伯陽尚留在燕京，因而決定直接召見安南大使：

時安南陪臣黃伯陽猶在館，命兵部臣召至禮部諭之曰：「歸語爾國王
勿徒為多言，其各守封疆，以享太平，不然朝廷一旦赫然震怒，天
兵壓境，如永樂間故事得無悔乎？」〔註158〕

黃伯陽聽到這番話後，嚇得跑回安南。〔註159〕明孝宗先請兵部官員而非禮部
官員召見安南大使，這本身就含有警告的意味。

〔註155〕〔明〕劉健等，《孝宗敬皇帝實錄》，卷31，弘治二年十月丁酉條，頁695～
696。

〔註156〕〔明〕劉健等，《孝宗敬皇帝實錄》，卷40，弘治三年七月丙子條，頁845。

〔註157〕〔明〕劉健等，《孝宗敬皇帝實錄》，卷38，弘治三年五月壬申條，頁812。

〔註158〕〔明〕劉健等，《孝宗敬皇帝實錄》，卷38，弘治三年五月丙子條，頁813～
814。

〔註159〕〔明〕劉健等，《孝宗敬皇帝實錄》，卷38，弘治三年五月丙子條頁813～814。

　　明孝宗有意要以武力解決安南與占城紛爭的問題，按《明實錄》弘治八年十月丁丑（1495/11/14）條，古來改派其子沙古性前往明朝，「請命大臣往為講解，詞甚哀。」〔註160〕筆者認為所謂的「命大臣往為講解」，實際上是出兵之意，在《皇明通紀集要》裡有提到「安南侵占城，其國王奏請命官征問其罪，上欲從之。」之語〔註161〕，且在其他明人的著作裡，關於弘治八年條，皆有記載「占城請討安南」等語〔註162〕，因此筆者推論這是一種委婉的說法，實際上是希望明朝出兵安南。

　　明朝出兵安南，茲事體大。倘落安南再度被明朝所滅，那古來的願望就達成了。不過當時明朝的官員如等人皆持反對立場，如兵部尚書馬文升〔註163〕認為明朝應「拘朝貢使臣，諭以禍福，俾還侵地。」〔註164〕至於大學士徐溥〔註165〕綜合各部官員意見：

> ……各衙門兩次會議，皆以為不必請勑……若占城者，尤小而疏……
> 而安南上奏疆辯，謂已還其侵地……當此之時，何以為處？若置而
> 不問，則損威愈多；若問罪興師，則後患愈大。臣等又觀祖訓有曰：
> 『……彼既不為中國患，而我興兵輕伐亦不祥也。吾恐後世子孫，

〔註160〕〔明〕劉健等，《孝宗敬皇帝實錄》，卷105，弘治八年十月丁丑，頁1922～1925。

〔註161〕〔明〕陳建，《皇明通紀集要》，《四庫禁燬書叢刊・史部【034】》（北京：北京書局，1995），卷24，〈孝宗敬皇帝〉，頁279。

〔註162〕例如：〔明〕鄧元錫，《皇明書》（臺南：莊嚴文化事業有限公司，1996），卷8，頁109。〔明〕涂山，《明政統宗》（臺北：成文出版社，1969），卷18，頁1785。〔明〕張銓，《國史紀聞》，《四庫全書存目叢書・史部【17】編年類》（臺南：莊嚴文化事業有限公司，1996），卷11，頁440。〔明〕鄭曉，《吾學編》（上海：上海古籍出版社，1995），卷9，〈大政記〉，頁186。〔明〕陳建，《皇明通紀法傳全錄》，《續修四庫全書【357】史部・編年類》，卷25，頁431。

〔註163〕馬文升（1426～1510）字負圖，號三峯居士，河南鈞州人。景泰二年進士，授御史。孝宗時累官吏部尚書，時年已八十，遇事侃侃不少衰，武宗時朝政移於中官，遂乞去。文升有文武才，長於應變，朝端有大議，往往待之決，功在邊鎮，外國皆聞其名。尤重氣節，屢遭讒詬，迄不少貶。年八十五卒，諡端肅。國立中央圖書館編，《明人傳記資料索引》，頁409。

〔註164〕〔明〕過廷訓，《本朝分省人物考》，《續修四庫全書【535】史部・傳記類》（上海：上海古籍出版社，1995），卷85，頁399。

〔註165〕徐溥（1428～1499）字時用，號謙齋，宜興人，鑑孫。景泰五年進士，由編修累官華蓋殿大學士。性凝重有度，居內閣十二年，從容輔導，愛護人才，屢遇大獄，及逮捕繫言官，委曲調劑，安靜守成，天下陰受其福。弘治十二年卒，年七十二，諡文靖。國立中央圖書館編，《明人傳記資料索引》，頁467。

倚中國富強，貪一時戰功，無故興兵，致傷人命，切記不可。』……
況今國計之虛實何如？兵馬之強弱何如？而欲費不貲之財，涉不毛
之地，爲無益之舉，尤不可也。且哈密爲土魯番所奪，二三十年間，
命官遣將，隨復隨奪，至今未寧。及各處土官互相雠殺，亦不能繫
以王法爲斷。蓋夷狄相攻，乃其常性。今占城名號如故，朝貢如故，
境土侵奪有無誠僞，尚未可知。情雖可矜，理難盡許。得令有司行
文諭之足矣！何必上塵聖慮，特爲遣官？……今衆口一辭以爲未
可，但其所言，不過據理，而於利害得失之際，尚恐文移傳播外國，
不敢盡言。臣等居密勿之地，膚腹心之託……所以不避煩瀆者，實
爲皇上計，爲宗社生民計，非敢苟同于衆也。如時勢可爲，事理無
害，臣等自當贊皇上行之，何敢故爲此逆耳之言哉！〔註166〕

各級官員爲明孝宗欲出兵安南一事先行召開兩次會議，並達成共識。徐溥先
以明太祖祖訓勸戒明孝宗，不可無故興兵。當年永樂皇帝問罪興師，卻造成
明朝後患無窮。〔註167〕況且如今國力已非永樂朝，邊疆又有土魯番侵犯，不
應輕率動武。安南與占城的糾紛，好比地方土酋相攻，皆夷狄好鬥之性所造
成。文中提到的「尚恐文移傳播外國，不敢盡言」，似乎是擔心國情走漏。畢
竟先前安南屢派間諜滲透明朝，如今應以保密防諜爲上。若明朝擅自動兵，
恐安南早有所防備，勢必會是一場惡戰。明孝宗最後採納衆人的意見，這也
使得古來的希望破滅了。

　　古來見明朝無出兵的打算，爲長遠之際，打算先替其長子沙古卜洛請封，
弘治十二年六月己酉（1499/7/28），占城國王古來奏：「本國新州港地方，舊
爲安南侵奪，殺擄人民，患猶未息，且臣年老，請及臣未死，命長子沙古卜
洛襲封，庶他日可保守新州港之地。」明孝宗命禮部、兵部官員相互討論之：

僉（衆）謂：「安南爲占城之害，已非一日，朝廷嘗因占城之懇，累
降璽書，曲垂誨諭，兼命守臣責以大義，譬以禍福，而安南前後奏
報，皆謂祗承朝命，土地人民，盡已退還，自聲（升）、華、恩、義
四州之外，任彼土酋自相割據，本國並無干涉。然安南辯釋之語方
陳，而占城控訴之詞又至，恐眞有不得已之情。請仍令守臣移文切

―――――――――――
〔註166〕〔明〕劉健等，《孝宗敬皇帝實錄》，卷105，弘治八年十月丁丑條，頁1922
　　　　～1925。
〔註167〕請參閱鄭永常，《征戰與棄守：明代中越關係研究》（臺南：國立成功大學，
　　　　1998）。

諭安南，俾毋貪人土地，自貽禍患。否則，議遣偏師往問。其占城
王長子，父在，無襲封之理，請令先立爲世子，攝國事，俟他日當
襲封時，如例請封。」從之。〔註168〕

古來請封之事，不合常例，筆者推論其可能性有三：其一，在占城歷史上，爲
爭奪王位發生的篡弑事件層出不窮，從制蓬莪去世之後，諸如臣叛君、叔奪姪、
弟弑兄等事件一再發生，就連古來自身的正統性都有極大的爭議。倘落古來在
他去世之前，能得到來自天朝的冊封令，或許可避免王位淪落在野心家的手中。
其二，透過明朝冊封占城國王的動作，可對安南施加壓力。當然這已淪爲形式
了，安南早已看穿占城狐假虎威的技倆。其三，則跟第一點完全相反，是令人
震撼的陰謀論，沙古卜洛爲早點登上王位，挾持其父古來逼他讓位，但爲必免
落得篡弑的罵名，因此先向明朝請封，以取得王位的正統性，這在日後沙古卜
洛親自派使遣往明朝時，透漏出一絲絲的玄機（見下文）。

　　這段期間關於占城的歷史，在《大越史記全書》裡隻字未題，因此難以
進行比較。黎聖宗在其晚年專注於國內朝政，對於占城之事只能從《明實錄》
窺知一二。西元1497年，有「天南洞主」之稱的黎聖宗賓天了。8年後（1505）
明孝宗駕崩，古來亦於同期薨逝，這段恩恩怨怨也將交由下一代處理。

第五節　安南統治下的占人與明占關係的尾聲

　　安南威穆皇帝〔註169〕登基後，明朝基於朝貢慣例，派遣使者前往安南進
行冊封儀式。當時副使許天錫會看相，許天錫一見黎濬後，題詩曰：「安南四
百運尤長，天意如何降鬼王。」〔註170〕這已預言安南及其統治下的占城人民
即將面臨到恐怖政治。

　　1509年三月，黎濬派遣黎子雲，武耿等人前往廣南（舊占城地）「治理」
地方，按《大越史記全書》記載：

先是洪德元年（1470），聖宗親征占城，得茶遂妻子，歸于本國，置
居寶慶門外，幾三十年。至景統年間（黎憲宗 1498～1504），子茶

〔註168〕〔明〕劉健等，《孝宗敬皇帝實錄》，卷151，弘治十二年六月己酉條，頁2674
　　　　～2675。
〔註169〕黎聖宗之孫，黎憲宗之次子，黎肅宗之二哥，名黎濬，又名黎誼，史書評嗜
　　　　酒好殺、荒色立威、屠戮宗室、百姓怨怒，時稱「鬼王」，在位年1488～1510。
〔註170〕〔越〕吳士連，陳荊和編校，《大越史記全書》，卷14，〈本紀〉，頁783。

福盜其父茶遂骸骨，逃歸其國，留一親姐，於兵燹（先上聲，野火
也）時始亡。至是諸勢家功臣占奴居田庄，亦逃回國。武耿譯奏言
作亂者占人，帝令殺占人殆盡，不知作亂者占人制漫等後得漂海，
占人麻末等監在承制，再供謂前年茶福已回彼國，使男罵羅往明國
求援，又作船糧數多，故命耿等往經理。〔註171〕

槃羅茶福成功的逃回占城，但留在廣南境內的占人卻殘遭屠殺的命運。至於男罵羅是何人已無從考起，明代的史料亦未記載。同年八月，黎濬再下令「召捕占人，拘執者盡殺之。」〔註172〕又「帝斥逐皇室功臣，回清華（化）地方，併殺女吏、內臣、占人。」〔註173〕僅僅一年內，屠殺三次占人，這位鬼王名副其實。

明武宗繼位後（1505），占城國王子沙古卜洛派遣使節沙不登古魯前往明朝，希望明朝遣一大使前往占城，並以新洲港等地冊封其為占城國王。只是沙古卜洛的奏章中「不明言其父古來已薨與否。別有占奪方輿之奏，始署及焉。」〔註174〕沙古卜洛鬼鬼崇崇的態度讓明廷官員起了疑竇，給事中任良弼〔註175〕等言：

請封之事，當酌量審處。祖之訓以占城朝貢，時內帶行商，多譎詐，
嘗力阻之。逮我太宗有事，安南以占城唇齒，始通往來……邇年蓋
因國土削弱，假貢乞封，仰仗天威，以讋服其鄰國。其實國王之立
不立，不係朝廷之封不封也！況前者國王古來嘗請預封沙古葛洛為
世子而不得命。今乃稱古來已沒，虛實難料。萬一我使至彼，古來
尚存，將遂封其子乎？抑以義不可而止乎？脅迫之間，事有至難處
者，如往時給事中林霄之使滿剌加不肯北面屈膝，幽餓而死，而不
能往問其罪。君命國體，不可不惜。〔註176〕

關於上述史料可分兩為部份，第一，沙古卜洛不明言古來的生死與否，卻執意要求明朝冊封，顯然繼位過程有所隱晦。且沙古卜洛要明使前往占城，無非是想在占城人民面前公開宣稱——沙古卜洛是天朝欽命的占城國王。第

〔註171〕〔越〕吳士連，陳荊和編校，《大越史記全書》，卷14，〈本紀〉，頁786。
〔註172〕〔越〕吳士連，陳荊和編校，《大越史記全書》，卷14，〈本紀〉，頁786。
〔註173〕〔越〕吳士連，陳荊和編校，《大越史記全書》，卷14，〈本紀〉，頁787。
〔註174〕〔明〕費宏等，《武宗毅皇帝實錄》，卷2，弘治十八年六月庚午條，頁72。
〔註175〕任良弼字廷贊，山西平遙人。弘治六年進士，累遷吏科都給事中，彈劾不避
　　　　權貴，陞通政司左參議，忤劉瑾，戍遼陽。瑾誅，起右參議，仕終通政使，
　　　　居官以清節聞。國立中央圖書館編，《明人傳記資料索引》，頁153。
〔註176〕〔明〕費宏等，《武宗毅皇帝實錄》，卷2，弘治十八年六月庚午條，頁72～
　　　　73。

二，關於「占奪方輿之奏」明實錄並未記載，但筆者推測仍是指安南強佔占城地之事。沙古卜洛在第一份奏章中特別提到，希望以「新洲港」等地冊封其為占城國王，這即是占城對付安南的另一外交手段。正如上述所提及，自1471 年安南攻破闍盤城後，安南掌控了占城與明朝之間的主要航路，還一度讓明朝使節吃了閉門羹，所以沙古卜洛所提到的「新洲港」應掌控在安南的手中。那麼沙古卜洛的意圖，即是在接受明朝冊封的同時，「仰仗天威」，向安南索取「新洲港」等地。

現在的占城不論是對內或是對外皆需仰仗明朝的天威，但正如史料所提及的林霄之幽死在滿刺加（據〈林霄傳〉應為暹羅）事件，〔註177〕此事已反映明朝威望大不如前的事實，因此任良弼又說：

> 大抵海外之國，無事則廢朝貢而自立，有事則假朝貢而請封。今者
> 占城之來，豈急於求封，不過欲復安南之侵地，還廣東之逃人耳！
> 夫安南侵地，先年曾降璽書諭令歸還，約不還且正其罪，彼揣其勢，
> 必難輕舉，故天語丁寧而侵疆如故。若諭之至再，彼將玩視之，而
> 天威褻矣！今不先為處置國土而但欲往封，設若拘留我使求為處
> 分，不知朝廷何以處之？其逃移廣東人口，兵部曾咨，撫臣查發至
> 今未報，若又因而拘我使，索逃人，則似以天朝之使，質於小夷也！
> 宜如往年古來至廣東就封事例，遣使送至廣東界上，令其領勅歸國。
> 戶部仍咨兩廣撫臣詰責安南，諭以禍福令悉還所侵地，其逃人番伴等
> 再行撫臣撫諭發遣，庶全柔遠之道，無損中國之威。事下禮部集議，
> 言國王之薨例先遣族屬告哀。今既不然，且沙古卜洛請封奏內不明言
> 古來病故年月，宜行廣東布政司移咨本國報議處。從之。〔註178〕

〔註177〕關於此事件，陳學霖先認為：「〔嘉靖〕《太平縣志》內收之〈林霄傳〉，此傳記林氏出使暹羅，「至其國，以議相見禮不合，遂不宣詔命……憤憤德疾死」，而副使姚隆，「竟折節見，獲厚宴寶賂以歸」，透漏其中端倪。不過其言「以議相見禮不合」究指何事未有交代。今以《武宗實錄》載占城王子冒稱父卒請朝廷冊封為國王一事推測，林霄之「議相見禮不合」可能係發現暹羅國王猶在，不能欲封新王，因此不肯宣詔命，而世子脅迫利誘，霄遂被挫辱幽憤罹疾死。至於姚隆，據〈林霄傳〉則為賄賂所屈而折節，宣詔命冊封太子，故此《憲宗實錄》並無記載冊封不果事。」陳學霖，《明代人物與史料》〈成化朝林霄姚隆奉使暹羅之謎〉（香港：香港中文大學，2001），頁 x 和頁 265～281。〔明〕曾才漢，〔嘉靖〕《太平縣志》（臺北：新文豐書局，1985），頁381～382。

〔註178〕〔明〕費宏等，《武宗毅皇帝實錄》，卷 2，弘治十八年六月庚午條，頁 72～

任良弼曰認為占城在請封的表面下，隱含著「復安南之侵地」和「還廣東之逃人」兩個目的。就第一目的而言，明朝從明太祖開國以來就不斷地誠喻安南，但假如明朝未採取如明成祖實際出兵的舉動的話，單單誠喻的效力是有限的，「故天語丁寧而侵疆如故」，時間一久，天語對安南而言不過是耳邊風。所以任良弼認為此次應把層級下降，以兩廣撫臣詰責安南的方式，可避免「天威褻矣」。不過，此事在《大越史記全書》並未有所記載，畢竟一國的地方官員去詰責一國的國王，在層級上並不對等，這對想建立「大越」的安南而言是種羞辱，因而隻字未題。況且，安南對明朝天子的敕喻大多是採取應付的手段，至於兩廣撫臣就更不用多說了。

　　占城的第二目的是廣東逃人，指得是廣東涯州（海南島）一帶的占城難民。涯州今稱涯縣，在海南島之南。地臨北緯十八度附近，與北緯十六度上下之占城相隔僅一衣帶水。〔註179〕《廣東新語》載：「去崖州南六百里即占城。每南風順，聞占城雞聲如洪鐘，自海外悠揚而至，其近若斯。」〔註180〕安南與占城戰亂不斷，因此有許多占城難民乘海前往中國的海南島避難。且照正史的記述，「占城近瓊州，順風舟行一日可抵其國。」〔註181〕因此海南島往往成為占城人民移居、逃難的處所。筆者查正德年間（1506～1521）海南島的地方誌，從宋元以來就有記載「本占城人在瓊山者，元初駙馬唆都右丞征占城，納番人降并其屬發海口浦安置立營籍為南番兵。」、「元末兵亂，今在無幾，其外州者，乃宋元間因亂挈家駕舟而來，散泊海岸。」、「占城國人蒲羅遏率其族百餘眾內附，言為交州所逼」〔註182〕等語，可見海南島很早就有占人居住。據張秀民先生考證，占城人之移入廣東，始於十世紀末，散居南海、清遠等縣。〔註183〕

　　關於明朝本身的部份，並無太多關於占城逃人的記載。僅提到「其國王古來常（嘗）至廣州」〔註184〕或「西南有占城、（真）臘諸國，每歲通貢，真

74。
〔註179〕張秀民，《中越關係史論文集》，頁314～315。
〔註180〕〔清〕屈大均，《廣東新語》（北京：中華書局，1997），頁42。
〔註181〕〔明〕脫脫，《元史》，卷210，〈外夷三・占城傳〉，頁4660。
〔註182〕〔明〕唐胄，〔正德〕《瓊臺志・上冊》，《海南地方志叢刊》，卷7，頁149。〔元〕脫脫，《宋史》（臺北：臺灣商務印書館，2007），卷488，〈外國四・交趾傳〉，頁14060。
〔註183〕張秀民，《中越關係史論文集》，頁311。
〔註184〕〔明〕戴璟、張岳，〔嘉靖〕《廣東通志初稿》，《北京圖書館古籍珍本叢刊【38】史部・地理類》（北京：書目文獻出版社，1988），卷30，頁517。

僞不可辦。郡非譏察之地，又無市舶司，其所至者皆其漕風而駐泊者也。」〔註185〕筆者認爲由於占城逃人在當時是屬於「非法移民」，不論是走私、偷渡、逃難或是漂流，成份相當複雜。這些占人進入海南島後（或是廣東沿海）或許投靠當地占人，而當地占人基於民族情誼可能隱匿不報，造成地方官員稽查不易，因此從 1486 年古來逃到廣州至 1505 年任良弼上奏章爲止，20 年間「撫臣查發至今未報」。任良弼擔心明朝冊封使節一去之後，占城會「擄人勒贖」，到時天朝的面子就眞的掛不住了，因而要求占城國王親自前往廣東就封。如此一來，可避免發生類似林霄之事件，又可提昇明朝之天威，一舉兩得。明武宗採納了任良弼的奏章，但占城國王的冊封之事卻又延宕了數年。

沙古卜洛見明朝在冊封之事有所躊躇，因此在正德五年七月庚辰（1505/8/30）派遣其叔叔沙係把麻爲朝貢使者順便請封。〔註186〕明武宗同意了占城的請求，使節團因而浩浩蕩蕩的出發了。不過，擔任副使的劉宓卻於途中去世，因此整個使節團只能待在廣東，最後要占城「令其國人領封冊而還」。〔註187〕正德七年（1507），有言官建議不可遠封，「請即於廣城懷遠驛開勑宣諭，令王叔沙係把麻領回。」但禮部官員反對，因「領封之例」是古來的特例，非朝貢慣例。兩邊爭持不下，明武宗只好召集大臣商議：

> 以占城沙古卜洛奏請襲封已餘二年，一旦無故中止，非興繼絕之制，萬一沙係把麻不從，或從之而去，封匪其人，以起爭端，何以處之？乞如前議，仍令（李）貫等奉冊之。國庶不失信外夷，而中國之體亦無所損。從之。〔註188〕

給事中李貫〔註189〕對此決議，提出了個人的意見：

> 貫復言奉命已踰五載，疏屢上，而未決於行，執不以爲懼風波之險也。殊不知占城自古來被安南併逐之後，竄居赤坎、邦都郎，國非舊疆，勢不可行。況古來乃占城王齋亞麻勿菴之頭目，實殺王而奪其位。王

〔註185〕〔明〕曾邦泰，〔萬曆〕《儋州志・地集》，《海南地方志叢刊》（海口：海南出版社，2004），頁 205。

〔註186〕〔明〕費宏等，《武宗毅皇帝實錄》，卷 65，正德五年七月庚辰條，頁 1429。

〔註187〕〔明〕費宏等，《武宗毅皇帝實錄》，卷 65，正德五年八月丙戌條，頁 1434。

〔註188〕〔明〕費宏等，《武宗毅皇帝實錄》，卷 95，正德七年十二月癸丑條，頁 2007～2008。

〔註189〕李貫字志道，晉江人。弘治十五年進士，選庶吉士，授禮科給事中，奉使占城，累陞兵科都給事中，卒於官。國立中央圖書館編，《明人傳記資料索引》，頁 210。

有三子，其一尚在，則義又有不安矣！律以春秋之法，雖不興問罪之師，亦必絕朝貢之路。臣所謂領封云者，亦存其禮而不廢斟酌之義也！……會巡按廣東御史丁楷奏，如貫言下府部科道集議，以爲中國之於夷狄來則懷之，不來則止。世子越在草莽既不可行，宜令鎮巡官面召正使力哪吧等，諭以使臣不能遠行之意，以貫等所奉冊命禮物付之，庶遠夷之心不失，而天朝之體以全。詔從之，令貫等還。〔註 190〕

關於占城王齋亞麻勿菴之世系難已考證，李貫所提供的消息姑且信之。此時的占城早已分崩離析，王室血統與否根本不重要，實力就是一切。實力又可分爲自身的軍事力量及天朝的認同度。早年齋亞麻勿菴之孫請封時，旋即被古來所殺，齋亞麻勿菴之子流落何方，也無人知曉。現在的占城是非常時期，明朝只能承認占城的現況，僅遵循明太祖懷柔遠人之義，冊封沙古卜洛爲合法的占城國王。三年後，即正德十年七月辛丑（1510），占城使臣力哪吧等「領勅并封冊還國」。〔註 191〕沙古卜洛費絞盡腦汁，冊封之事卻一波三折，這占城王位等了十幾年，總算讓他等到了。《劍橋東南亞史》對此評論：「雖然占婆被越南人占領，但一直到 16 世紀他們仍保留了自己的統治權力，並繼續得到北京的承認。」〔註 192〕

在沙古卜洛冊封爲占城國王之後，明朝與占城幾乎無所互動，僅有的是一次朝貢〔註 193〕與一次謝恩〔註 194〕。嘉靖繼位以後（1522～1566），占城與明朝只有一次互動：

嘉靖二十二年六月甲午（1543/7/22），占城國公沙日底齋差王叔沙不登古魯等，奉金葉表文，貢獻方物。賜宴，賞綵幣紗絹如例，仍以錦幣等物報賜其王。〔註 195〕

〔註 190〕〔明〕費宏等，《武宗毅皇帝實錄》，卷 127，正德十年七月辛丑條，頁 2546～2547。

〔註 191〕〔明〕費宏等，《武宗毅皇帝實錄》，卷 127，正德十年七月辛丑條，頁 2546。

〔註 192〕〔紐西蘭〕尼古拉斯・塔林主編，《劍橋東南亞史》，頁 361。
Nicholas Tarling, *The Cambridge history of Southeast Asia*, p. 423.

〔註 193〕〔明〕費宏等，《武宗毅皇帝實錄》，卷 190，正德十五年潤八月庚寅條，頁 3597。

〔註 194〕〔明〕費宏等，《武宗毅皇帝實錄》，卷 194，正德十五年十二月辛丑條，頁 3637。

〔註 195〕〔明〕徐階等，《世宗肅皇帝實錄》，卷 275，嘉靖二十二年六月甲午條，頁 5395。

沙不等古魯完成朝貢的使命後，請求明朝天子「以其國數被安南攻掠，道阻難歸，乞遣官護送出境」。〔註196〕嘉靖皇帝同意了沙不等古魯的要求，以宗主國的身份最後一次幫助了占城，至此，《明實錄》再無占城的記載，兩國朝貢關係也宣告結束。西元1692年，廣南阮主因占王婆爭（Ba-Tranh）反叛，擒國王，改其地為順城鎮，占城國正式退出歷史舞台。〔註197〕

第六節 結 語

　　明朝與占城聯手滅掉安南後，占城北疆獲得片刻寧靜，但這樣的好日子隨著黎朝的興起而結束。黎朝興起之後，占城國王遵循著歷代君王的外交手法，聯合明朝對抗安南。只是，黎聖宗與先前的安南君主有所不同，此時的安南雖然與明朝在疆界上仍有所紛爭，但黎聖宗「外示恭謹內狡黠」，巧妙的維繫著緊張的宗藩關係。黎聖宗勵精圖治，在國內進行一連串的改革，帶領著安南走上富強之路。他為了實現其南帝之心，逐步的向占城逼近。先是，以「錫貢」的名義挑釁占城，迫使占城出兵，最後反將占城一軍，在1471年攻陷占城首都闍盤城。在占城向明廷告狀之際，安南上奏「疆辯」，展現出黎聖宗過人的外交手腕。使明廷限於「安南辯釋之語方陳，而占城控訴之詞又至」的窘境之中。就在明廷無法分辨是非之際，占城已成為安南的嘴上肉。

　　占城王子古來勢單力薄，領著一家老小前往明朝求救，但明朝卻無能為力，即使皇帝有出兵意願，大臣卻以「情雖可矜，理難盡許。」等理由加以反對。這反映出明朝天威已逝，朝貢體系已難以維持。明朝雖然不斷地賫喻安南，但也害怕自己面子掛不住，《明史》載「帝慮安南逆命」〔註198〕，因此這種賫喻已淪為一種形式。嘉靖年間（1522～1566），占城與明朝關係斷絕。自隆慶（1567～1572）以後，只有朝鮮、琉球、安南、暹羅等少數國家還與明廷維持朝貢關係，其他國家則不見其貢使蹤影。〔註199〕

〔註196〕〔明〕徐階等，《世宗肅皇帝實錄》，卷276，嘉靖二十二年七月甲寅條，頁5405。
〔註197〕鄭永常，〈新州港之夢：占城都城地理位置考釋〉，頁26。
〔註198〕〔清〕張廷玉，《明史》，卷324，〈占城傳〉，頁8388。
〔註199〕晁中辰，《明代海禁與海外貿易》，頁60。

第參章　占城與明朝之朝貢交流

第一節　前　言

　　占城朝貢明朝本包涵政治與利益之企圖,「狐媚燕京」外交策略的具體表現即是朝貢,因此占城不顧明太祖「三年一貢」的詔令,常常派遣使者前往中國,不僅「每歲一貢」,甚至「每歲兩貢」。除了貪圖朝貢貿易下的利益,同時也可與明朝保持密切來往。雖然這當中明朝官員對於占城朝貢頻繁感到不耐,但在明朝統治者的心目中,一直認為占城在整個東南亞國家中是「誠敬」之國,因此未放在心上,仍允許占城朝貢。

　　占城不斷地朝貢,帶動了兩國文化的交流,本文將以此背景為基礎,分析明朝對於占城朝貢的態度以及朝貢下的各種交流。

第二節　占城朝貢明朝的過程與比較

　　占城朝貢明朝的目的除了「假中國之威,以制服其仇」外,也包含著朝貢制度下的貿易:

　　　　凡外夷貢者,我朝皆設市舶司以領之。在廣東者專為占城、暹羅諸
　　　　番而設;在福建者專為琉球而設;在浙江者專為日本而設其來也許
　　　　帶方物,官設牙行與民貿易,謂之互市,是有貢舶即有互市,非入
　　　　貢即不許其互市,明矣![註1]

在「厚往薄來」的原則下,朝貢貿易已對明朝造成負擔,特別是占城。從《明

〔註1〕　〔明〕胡宗憲,《籌海圖編》,《明代基本史料叢刊‧鄰國卷【41】》(北京:線
　　　　裝書局,2006),卷12,頁1473~1474。

實錄》記載來看，占城朝貢次數頻繁，幾近每歲一貢。因此廣東瓊州知府程瑩於正統二年六月甲申（1437/7/28）上奏：「占城國每歲一貢，水陸道路甚遠，使人往復勞費甚多，乞依令暹羅等國例，三年一貢至是。」明英宗同意其奏章，對占城使節說：

> 王能敬順天道，恭事朝廷，一年一貢，誠意可嘉，比聞王國中軍民艱難，科徵煩重。朕視覆載一家深爲憫念，況各番國俱三年一貢，自今以後宜亦如之，事不煩而下不擾，王其體朕至懷。〔註2〕

明英宗清楚要求占城三年一貢，但占城仍未遵守（見下表）。正統十一年（1446）七月占城來朝貢時，明英宗又跟其使者制班說：

> 每歲遣使臣來朝，足見敬天事上之誠。但涉歷海道，風濤不測，使臣人從往來甚艱，已常憫念。遣勅令，照安南等各番國例，三年一貢。〔註3〕

但使臣制班卻說：「先王已逝，前勅不從。」明英宗只好說「王嗣爵未久，不知此事，今特頒勅諭臣知之，王自今宜每三年一次遣使臣來貢……」〔註4〕不過占城還是未遵守，按占城的說法：

> 陪臣制班等回自京師，祗奉勅旨，憫念小國，令依前詔三年一貢，撫諭諄勤，感激無任。但昔先王捐館之時，嘗有遺囑，令臣繼承先志，盡忠天朝，無虧歲貢。今臣始承，乏治事，未稟朝命，一則傾仰朝廷之德，二欲不廢先王之令，故寧受違詔之愆，再奉今年之貢，伏惟聖明鑒臣此意……〔註5〕

有鑑於明成祖時期，明占聯合進兵安南的前例，對於占城後繼者而言，「繼承先志，盡忠天朝，無虧歲貢。」是保障占城不受安南欺凌的外交策略。明英宗對占使的回應並無表示意見，僅「賜占城國使臣逋沙怕布坡等宴，并金織、紵絲、襲衣、綵幣等物有差。仍命齎勅并絨錦，綵幣等物歸賜其王及妃。」〔註6〕似乎是接受占城的說法。下表是明英宗在位年間占城的朝貢次數：

〔註2〕　〔明〕陳文等，《英宗睿皇帝實錄》，卷31，正統二年六月甲申條，頁623～624。

〔註3〕　〔明〕陳文等，《英宗睿皇帝實錄》，卷143，正統十一年七月己巳條，頁2822。

〔註4〕　〔明〕陳文等，《英宗睿皇帝實錄》，卷143，正統十一年七月己巳條，頁2822～2823。

〔註5〕　〔明〕陳文等，《英宗睿皇帝實錄》，卷169，正統十三年八月壬午條，頁3270～3271。

〔註6〕　〔明〕陳文等，《英宗睿皇帝實錄》，卷170，正統十三年九月壬子條，頁3286。

表 3-1：明正統年間占城朝貢情形〔註7〕

時　　間	朝貢過程	次序
正統元年五月甲戌 （1436/5/24）	（廣本抱本中本物下有）占城國王遣使逋沙怕濟閣等齎金葉表文來朝賀及貢方物。	1
正統二年五月癸丑 （1437/6/27）	占城國遣使臣逋沙帕麻叔奉金葉表文貢方物。	2
正統三年九月乙巳 （1438/10/12）	占城國王占巴的賴遣使臣逋沙怕麻禿等……來朝奉表貢馬及象牙犀角等方物。	3
正統四年九月己酉 （1439/10/11）	占城國遣使臣逋沙怕濟閣等……俱來朝貢馬及方物。	4
正統五年二月乙亥 （1440/3/29）	占城國王占巴的賴遣使臣逋沙怕濟閣等奉表來朝貢紫象方物。	5
正統六年六月己卯 （1441/7/2）	占城國王占巴的賴薨，其孫摩訶貢該以王遺令遣王孫述提昆等奉表來朝貢方物并乞恩嗣位。	6
正統七年三月壬申 （1442/4/21）	占城國遣使臣逋沙怕僉等奉表朝貢。	7
正統七年十二月己丑 （1443/1/3）	占城國王摩訶貢該遣姪且楊樂催等捧表慶賀貢方物。	8
正統八年四月己丑 （1443/5/3）	占城國王摩訶貢該遣通事羅榮同王姪且楊樂催等齎捧金葉表文謝恩，貢舞牌旗、黑象等方物。	9
正統九年五月乙（己）巳 （1444/6/6）	占城國王摩訶貢該遣使臣芙留該等俱來朝貢馬及方物。	10
正統十年五月戊戌 （1445/6/30）	占城國王摩阿貢該遣使臣巴寵等奉金葉表文來朝貢方物。	11
正統十年六月戊辰 （1445/7/30）	占城國王摩阿貢該遣正使巴龍副使逋沙怕等齎捧表箋來朝貢方物。	12
正統十一年七月己巳 （1446/7/26）	占城國王摩訶貢該遣使臣制班等奉表貢象及方物。	13
正統十一年十月丁酉 （1446/10/22）	占城國王摩訶貢該遣族兄左栗提明并使臣逋沙怕占持等各來朝貢方物。	14
正統十二年六月己丑 （1447/8/10）	占城國使臣逋沙怕占持……等來朝貢。	15
正統十三年八月壬午 （1448/9/26）	占城國王姪摩訶貴來遣使臣浦沙怕布坡等奉金葉表貢舞象方物。	16
正統十四年五月辛丑 （1149/6/12）	占城國王摩訶貴來遣使臣逋沙怕布坡……等來朝貢方物。	17

〔註7〕依據《英宗睿皇帝實錄》製表。

從表格可知，明英宗正統十四年之間，占城朝貢十七次。換句換說，明英宗的詔令不但沒效，反而引起反效果。按明太祖的本意：「番夷外國當守常制三年一貢，無更煩數。來朝使臣亦惟三五人而止，奉貢之物不必過厚，存其誠敬可也！」〔註 8〕，因此重點在「誠敬」。早在洪武五年十月甲午（1372/11/16）明太祖就因高麗朝貢頻繁，因而下詔：

> 因高麗貢獻煩數，故遣延安答里往諭此意……夫古者諸侯之於天子，比年一小聘，三年一大聘，若九州之外蕃邦遠國則惟世見而已，其所貢獻亦無過侈之物。今高麗去中國稍近，人知經史文物，禮樂略似中國，非他邦之比，宜令遵三年一聘之禮，或比年一來，所貢方物止以所產之布十匹足矣，毋令過多。中書其以朕意諭之占城、安南、西洋瑣里、爪哇、渤尼、三佛齊、暹羅斛、真臘等國新附遠邦，凡來朝者亦明告以朕意。〔註9〕

後來洪武七年三月癸巳（1374/5/9），明太祖再度重申：「入貢既頻，勞費太甚，朕不欲也！令遵古典而行，不必頻煩，其移文使諸國知之」〔註 10〕明太祖不斷下詔，但藩屬國仍不斷朝貢，最主要原因是「貢舶者，王法之所許，市舶之所司，乃貿易之公也！海商者，王法之所不許，市舶之所不經，乃貿易之私也。」〔註 11〕唯有朝貢才有貿易，但明太祖不欲藩屬國常來中國，洪武八年六月甲午（1375/7/4）又令中書省臣：「諭安南、高麗、占城等國自今惟三年一來，朝貢若其王立則世見可也！」〔註 12〕此語點出最常朝貢的三個國家——安南、高麗、占城。因此本文僅就洪武年間，略論此三國朝貢明朝之情況，藉此突顯占城在朝貢國之中的地位。

三年一貢的詔令傳至高麗後，高麗恭愍王王顓（在位 1351～1374）於洪武七年五月壬申（1374/6/17）遣使朝貢，要求「每歲入貢」。但中書省官員卻認為高麗進貢毫無誠意：「今乃稱禮送大府監，按元時有大府監，主收進貢方物。本朝未嘗設此，高麗入貢已久，豈不知此而妄言之，意涉不誠」。高麗把

〔註 8〕 〔明〕董倫等，《太祖高皇帝實錄》，卷 106，洪武九年五月甲寅條，頁 1763。
〔註 9〕 〔明〕董倫等，《太祖高皇帝實錄》，卷 76，洪武五年十月甲午條，頁 1400～1401。
〔註 10〕 〔明〕董倫等，《太祖高皇帝實錄》，卷 88，武七年三月癸巳條，頁 1565。
〔註 11〕 〔明〕胡宗憲，《籌海圖編》，《明代基本史料叢刊·鄰國卷【41】》，卷 12，頁 1473～1474。
〔註 12〕 〔明〕董倫等，《太祖高皇帝實錄》，卷 100，洪武八年六月甲午條，頁 1696～1697。

負責處理貢物的機構寫錯，貢物也因而被退回。〔註 13〕後來王顓遭人刺殺，其子辛禑繼位為王，是為高麗禑王（在位 1374～1388）。明太祖認為王顓死於非命，不信任辛禑，為了考驗新王的誠意，有意刁難高麗：

> 則當依前王所言，歲貢馬千匹，差其執政以半來朝，明年貢金一百
> 斤、銀一萬兩、良馬百匹，細布一萬。〔註 14〕

除了「歲貢」外，尚有一堆不合理的要求，但是高麗不願與明朝交惡，年年遣使入明。只是貢物難以達其要求，拖至洪武十二年（1379）十二月，才派遣使臣李茂芳等貢黃金百斤，銀一萬兩。明太祖「以其貢不如約，卻之。」〔註 15〕甚至於洪武十三年春正月癸巳朔（1380/2/7），頒布〈問高麗貢不如約〉詔：

> 曩元之馭宇，運未百年而天更。朕代元為君，臨御十有三載，四夷
> 入貢，惟三方如舊。獨爾東夷固恃滄海，內弒其王，貢不如約，外
> 構民禍，必三韓之地有為，故若是歟？命使徃問，叛服不常，其故
> 為何？故茲敕諭，想宜知悉。〔註 16〕

又洪武十四年十二月乙丑（1381/12/30）勅諭遼東都指揮使「……高麗貢獻，但一物有不如約，即卻之境上，固守邊防，毋被其誆。」〔註 17〕只是從這以上史料來看，其實不容易明白事情原委，再看下則史料，洪武十八年正月戊寅（1385/2/25）：

> 上諭禮部臣曰：「……高麗王王顓自朕即位以來，稱臣入貢。朕常推
> 誠待之，大要欲使三韓之人舉得其安。豈意王顓被弒而殞，其臣欲
> 掩己惡來請約束。朕數不允，聽彼自為聲教，而其請不已，是以索
> 其歲貢。然中國豈倚此為富，不過以試其誠偽耳！今既聽命，其心
> 已見，宜再與之約，削其歲貢，令三年一朝，貢馬五十匹，至二十
> 一年正旦乃貢。汝宜以此意諭之。」〔註 18〕

〔註 13〕〔明〕董倫等，《太祖高皇帝實錄》，卷 89，洪武七年五月壬申條，頁 1574。

〔註 14〕〔明〕董倫等，《太祖高皇帝實錄》，卷 116，洪武十年十二月癸酉條，頁 1904。

〔註 15〕〔明〕董倫等，《太祖高皇帝實錄》，卷 128，洪武十二年十二月壬辰條，頁 2040。

〔註 16〕〔明〕朱元璋，臺灣學生書局編，《明朝開國文獻》（臺北：臺灣學生書局，1966），頁 1821。

〔註 17〕〔明〕董倫等，《太祖高皇帝實錄》，卷 140，洪武十四年十二月乙丑條，頁 2210。

〔註 18〕〔明〕董倫等，《太祖高皇帝實錄》，卷 170，洪武十八年正月戊寅條，頁 2584～2585。

明太祖對於高麗種種不合理的要求，只是為了要考驗高麗的「誠敬」，並不在於貢物，因而處處刁難。對明太祖而言，藩屬國只要不夠「誠敬」，即使年年來朝，貢物豐富，也是無意義的。

安南方面，洪武九年五月甲寅（1376/5/19）安南陳煓遣使朝貢方物，明太祖說：「諸夷限山隔海，若朝貢無節，實勞遠人，非所以綏輯之也！去歲安南來請朝貢之期，已諭以古禮或三年或世見，今乃復遣使至，甚無謂也！」〔註19〕但是安南仍於洪武十一年來朝貢。洪武十二年二月己酉（13779/2/28），安南貢使抵達國境，遣人通報明廷，明太祖因而趕緊下令：「彼若來貢亦令三年一來，所遣之人不過五員，所貢之物務從簡儉，且須來使自持，庶免民力負戴之勞，物不貴多，亦惟誠而已。」〔註20〕隔年六月癸亥（1380/7/6）〔註21〕，安南又再度派遣貢使來朝，明太祖特地寫下〈諭書安南事〉：

> 你中書省文書裡，傳著我的言語，說往安南去。前者，我教他那里三年來朝一遍，所貢之物，惟是表意矣已！若事大之心永堅，何在物之盛。今年某使至，仍前遠賫豐物來。安南國王，何不遵朕至意？朕想莫不是彼中紊紀亂綱，更王易位，有所疑猜而如是乎？……道與安南新王，自當高枕，無慮加兵。〔註22〕

從文中可看出明太祖已相當不耐煩，但是自從楊日禮被陳朝宗室弒殺後，安南深怕明太祖以篡弒的理由出兵安南，因此仍是不斷朝貢，表示臣服之意。隔年（1381）安南再貢，恰巧此時思明府上奏安南侵邊事，明太祖決意卻其貢：「上以其詐，命還其貢，以書詰責陳煒，言其作奸肆侮，生隙構患，欺誑中國之罪。復勑廣西布政使司，自今安南入貢並勿納。」〔註23〕這詔書發揮了些許效用，安南改為三年一貢。三年後，洪武十七年二月庚午（1384/2/23），「安南陳煒奉表貢金五十兩、銀三百兩、絹三十匹、紫金盤九。」明太祖給予使者賞賜，但似乎忘了重申三年一貢之令，結果之後

〔註19〕 〔明〕董倫等，《太祖高皇帝實錄》，卷106，洪武九年五月甲寅條，頁1763。

〔註20〕 〔明〕董倫等，《太祖高皇帝實錄》，卷122，洪武十二年二月己酉條，頁1975～1976。

〔註21〕 〔明〕董倫等，《太祖高皇帝實錄》，卷132，洪武十三年六月癸亥頁2094。

〔註22〕 〔明〕朱元璋，《朱元璋御筆》〈諭書〈事〉故宮書畫典藏資料檢索 http://painting.npm.gov.tw/npm_public/index.htm，擷取日期2012/5/30。

〔註23〕 〔明〕董倫等，《太祖高皇帝實錄》，卷137，洪武十四年六月丙辰條，頁2169。

的安南又幾近每歲一貢，從此陷入了安南想要朝貢，而明朝想要卻貢的局面。〔註24〕

　　占城方面，明太祖也要求三年一貢，但事實上占城也幾近每歲一貢。明太祖知道占城朝貢頻繁，但並未特別針對占城朝貢「煩數」下過任何詔書，有關朝貢的僅有一道洪武十二年頒布的〈問中書禮部慢占城入貢敕〉。依《明實錄》記載，從洪武五年要求海外諸國三年一貢，到洪武十二年的〈問中書禮部慢占城入貢敕〉止，占城朝貢明朝共 7 次，當中甚至有一年兩貢的〔註25〕，這完全違背明太祖「三年一貢」之約，顯得前後矛盾。以明太祖的說法，「其占城來貢甚誠」，「方物既至，則當陳設晨朝，以禮而進」。〔註26〕可見所謂的朝貢在於「誠敬」，只要夠「誠敬」〔註27〕，就算每年來朝也會接受。更何況當時占主制蓬莪與明太祖關係良好，明太祖甚至主動索取貢物，希望藉此增進兩國關係，如「明又遣錦衣衛舍人李瑛等來假道往占城、索象五十隻。」〔註28〕「今命某送王使者歸，索象若干，人若干，以信往來之好。」〔註29〕如果我們將占城的情形與上述高麗、安南兩國相較，即可發現占城與明朝關係匪淺。基於兩國深厚的友誼，明朝還是默許了占城「每歲一貢」的事實。況且《明史·占城傳》也說：「然番人利中國市易，雖有此令（按三年一貢），迄不遵。」〔註30〕張奕善先生認為：「藩國的朝貢與國貿是兩者相輔相生的，國貿被絕，政治外交便不易維繫。」〔註31〕這也正是諸國朝貢明朝的重要原因。

〔註24〕 例：「洪武二十一年，遣使朝貢。上以其來煩數，所貢方物往往過侈，道路不無勞擾，詔禮部咨諭安南國令三歲一朝，方物隨其所產，止許一人進送，効其誠敬而已，象犀之屬毋或再進，以重勞吾民。」、「二十二年，安南遣使朝貢。詔禮部復咨諭安南，自今惟三年一朝，毋數遣使往來煩勞。」、「二十三年，今安南不從所諭，又復入貢，爾禮部其速令廣西遣還，必三年乃來也！」、「二十六年，詔絕安南國朝貢，時安南弒主廢立，故絕之，仍命廣西都指揮使司布政使司自今勿納其來使。」、「二十七年，安南遣使朝貢。上諭禮部臣曰安南篡試，不許朝貢！」

〔註25〕 例：洪武八年正月丁亥和十月丁酉、洪武十一年十月辛酉和十一月甲戌。

〔註26〕 〔明〕朱元璋，《明太祖文集》，卷7，頁62～63。

〔註27〕 關於朝貢的「誠信原則」，可參閱萬明，《明代中外關係史論稿》，頁196～201。

〔註28〕 〔越〕吳士連，陳荊和編校，《大越史記全書》，卷8，〈本紀〉，頁，頁459。

〔註29〕 〔明〕朱元璋，《朱元璋御筆》〈諭占巴國王〉故宮書畫典藏資料檢索 http://painting.npm.gov.tw/npm_public/index.htm，擷取日期 2012/5/30。

〔註30〕 〔清〕張廷玉，《明史》，卷324，〈外國五·占城〉，頁8383。

〔註31〕 張奕善，《東南亞史研究論集》，頁148。

第三節　占城對明朝之影響

胡宗憲說：「若我之威有以制之，則彼以互市爲恩。」〔註32〕明朝「恩威」並施，占城也「照單全收」。前面章節已介紹了「威」，筆者將在此節介紹「恩」的部份。占城朝貢明朝的貢船先占城港出發，後經海南島的畢潭港。《瓊臺志》載：「畢潭港：在州東一百里三亞村南海口，占城貢船泊此。」〔註33〕又載「凡番貢多經瓊州，必遣官輔護。」以下是地方志中所紀錄護送情形：

表3-2：儋州地方志所見占城朝貢情形〔註34〕

朝貢國	暹羅國	占城國	滿剌加國
時間	洪武三十年貢象物	宣德四年貢方物	弘治十八年貢五色鸚鵡
	正統十年貢象物	正統二年貢方物	
	天順三年貢象物	正統十二年貢象	
		十四年貢方物	
		天順七年貢白黑象	
		成化七年貢象虎	
		成化十六年貢虎	
		弘治十七年貢象	
		正德十三年貢象	
次數	3次	9次	1次

從上表可知占城與另外兩個國家相比，較爲依賴朝貢貿易，這些貢物會由明朝地方官員護送至廣東〔註35〕，再由廣東送至京師。按《大明會典》載，占城貢物共有三十一項：

> 象、象牙、犀、犀角、孔雀、孔雀尾、橘皮抹身香、薰衣香、奇南香、金銀香、土降香、燒碎香、檀香、柏香、花藤香、龍腦、烏木、蘇木、花棃木、燕蔓番沙、紅印花布、油紅綿布、白綿布、烏綿布、圓壁花布、花紅邊縵、雜色縵、番花手巾、番花手帕、兜羅綿被、洗白布泥。〔註36〕

〔註32〕　〔明〕胡宗憲，《籌海圖編》，卷12，頁1472。
〔註33〕　〔明〕唐冑，〔正德〕《瓊臺志・上冊》，《海南地方志叢刊》（海口：海南出版社，2006）卷6，頁122～123。
〔註34〕　〔明〕曾邦泰，〔萬曆〕《儋州志・地集》，頁205。
〔註35〕　〔明〕李東陽、申時行，《大明會典》，頁1590。
〔註36〕　〔明〕李東陽、申時行，《大明會典》，卷105，〈朝貢一東南夷上・占城國〉，

明占兩國在朝貢貿易下，進行經濟、物質、文化下的交流。占城的土產透過朝貢大量進入中國市場，且已融入民間。在李時珍所著的《本草綱目》裡，亦記載著許多占城的特產，例如朝霞大火珠、沈香、麝香木、檀香等等，並詳細說明其用途及功效。本文就占城主要的特產逐次分項，一一向讀者介紹。

（一）香藥

沈香：所出非一，真臘者爲上，占城次之，渤泥最下。〔註37〕

〔木笺〕香：沈香之次者，出占城國，氣味與沈香相類，但帶木，頗不堅實，亞於沈而優於熟速。〔註38〕

麝香木：出占城國，樹老而仆埋於土而腐外黑，内黄赤者，其氣類於麝，故名焉。其品之下者，蓋緣伐生樹而取香，故其氣劣而勁，此香賓童龍尤多。南人以爲器皿，如花梨木類。〔註39〕

亞濕香：出占城國，其香非自然，乃土人以十種香搗和而成，體濕而黑氣，和而長淚之，勝於他香。〔註40〕

顛風香：香乃占城香品中之至精好者，蓋香樹交枝曲幹兩相戞磨積有歲月，樹之漬液菁英凝結成香，伐而取之，節油透者更佳，潤澤頗最，蜜漬最宜，熏衣經數日香氣不歇。〔註41〕

欖子香：出占城，國蓋占城香樹爲蟲蛇鏤，香之英華結于木心，蟲所不能蝕者，形如橄欖核，故名焉。〔註42〕

鳥里香：出占城，地名鳥里，土人伐其樹，劈之以爲香，以火焙乾，令香脂見於外以輸。販夫商人刮其木而出其香，故品次於他香。〔註43〕

奇南香〔註44〕：棋楠香在一山所產，酋長差人石守採取，禁民不得

頁 1590～1591。

〔註37〕 〔明〕周嘉胄，《香乘》，《景印文淵閣四庫全書【844】》（臺北：臺灣商務印書館，1983），卷1，頁355。

〔註38〕 〔明〕周嘉胄，《香乘》，《景印文淵閣四庫全書【844】》，卷1，頁358。

〔註39〕 〔明〕周嘉胄，《香乘》，《景印文淵閣四庫全書【844】》，卷3，頁378。

〔註40〕 〔明〕周嘉胄，《香乘》，《景印文淵閣四庫全書【844】》，卷4，頁383。

〔註41〕 〔明〕周嘉胄，《香乘》，《景印文淵閣四庫全書【844】》，卷4，頁383。

〔註42〕 〔明〕周嘉胄，《香乘》，《景印文淵閣四庫全書【844】》，卷5，頁393。

〔註43〕 〔明〕周嘉胄，《香乘》，《景印文淵閣四庫全書【844】》，卷5，頁394。

〔註44〕 奇藍香，上古無聞，近入中國，故命字有作奇南、茄藍、伽南、奇南、棋（王

採取，如有私偷犯者，露犯則斷其手。〔註45〕

肌香、塗肌拂手香：二香俱出眞臘、占城國。土人以腦麝諸香搗和
而成，或以塗肌或以拂手，其香經數宿不歇，惟五羊〔註46〕至今用
之，他國不尚焉。〔註47〕

速香：產占城新洲，較之沉香體薄質輕，色黃多薄片，有孔。佳者謂
之鯽魚片、武士帽。占城新洲者，味甜；柔佛亦產香，然味酸。〔註48〕

從史料可看出占城是產香大國，這些物品要進入明朝，唯一的合法管道就是
「朝貢貿易」，至於銷售的好壞就要看市場的銷售情形。「（沈香）廣州舶上占
城、眞臘等香近來又貴。」〔註49〕、「占城所產〔木箋〕沉至多彼方貿遷，或
入方禺，或入大食。貴重沉〔木箋〕香與黃金同價。」〔註50〕、「奇南香所出
產天下皆無，其價甚高，出占城國。」〔註51〕、「顫風香，今江西道臨江路清
江鎭以此爲香中之甲品，價常倍於他香。」〔註52〕從這看得出來，占城的香
在明朝有廣大的市場，也因物以稀爲貴，賣相相當不錯。

（二）動物

除了香之外，尚有象、犀、虎等動物。按占城國，「巨象犀牛甚多，象牙
犀角廣貨別國。」〔註53〕《占婆史》亦載「占人常以象運物作戰，犀角亦甚
寶之，亦產虎。」〔註54〕且明朝基於鹵簿朝儀等因素，對象也有所需求，因

南）等。〔明〕周嘉冑，《香乘》，《景印文淵閣四庫全書【844】》，卷5，頁
395。

〔註45〕〔明〕費信，馮承鈞校注，《星槎勝覽校注》，前集，頁4。

〔註46〕按《南郡新書》云：「吳修爲廣州刺史，未至州，有五仙人騎五色羊負五穀而
來。今州廳梁上畫五仙人騎五色羊爲瑞，故廣南謂之五羊城。」轉引自〔宋〕
吳曾，《能改齋漫錄》（上海：上海古籍出版社，1979），卷9，〈地理·羊城〉，
頁260～261。

〔註47〕〔明〕周嘉冑，《香乘》，《景印文淵閣四庫全書844》，卷10，頁429。

〔註48〕〔明〕朱之瑜，《舜水先生文集》，《續修四庫全書【1385】集部·別集類》（上
海：上海古籍出版社，1995），卷20，頁67。

〔註49〕〔明〕周嘉冑，《香乘》，《景印文淵閣四庫全書844》，卷1，頁356。

〔註50〕〔明〕周嘉冑，《香乘》，《景印文淵閣四庫全書844》，卷28，頁574。

〔註51〕〔明〕周嘉冑，《香乘》，《景印文淵閣四庫全書844》，卷5，頁395。

〔註52〕〔明〕周嘉冑，《香乘》，《景印文淵閣四庫全書844》，卷4，頁383。

〔註53〕〔明〕費信，馮承鈞校注，《星槎勝覽校注》，前集，頁2。

〔註54〕〔法〕馬司培羅，馮承鈞譯，《占婆史》，頁2。

而「見獲之象，則令占城象奴送至京。」〔註55〕占城國的貢象種類繁多，《明實錄》記載有白象、黑象、紫象、馴象、舞象、花象等，而白象常被視為祥瑞的象徵。當初占城進貢白象〔註56〕，朝野為之轟動，因此時正位於征討安南的前夕，白象被視為上天賜於明朝的吉兆：

> 邇者交人作亂，聖天子命將征之。師行未逾時而白象來獻。臣按昔周獲白魚而勝殷、漢得白麟而通西域、唐得白龜而平淮蔡，白象之獻，安南克平之先兆也！〔註57〕

明成祖龍心大悅，甚至要求朝廷官員為其賦詩獻歌：

> 永樂四年（1406）八月朔，承旨集翰林儒臣及修書秀才千餘人於奉天門丹墀內同賦，各給筆札，一時立就，擢右庶子胡廣為第一，淮為第二，有羅紗之賜。〔註58〕

胡廣〔註59〕作《應制賦白象歌》：

> 白象白象來占城，皜姿孕毓金天精。雪膚霜毳交晶熒，炯炯上映瑤光星。兩牙修潔前插冰，秋波洞射徹底明……聖人御極海宇清，衣冠萬國趨彤庭。蕃臣奉貢朝玉京……白象始得延長生……物無疵癘乾坤寧，華夷一統歌太平。〔註60〕

黃淮〔註61〕作《白象詩》：

〔註55〕〔明〕董倫等，《太祖高皇帝實錄》，卷192，洪武二十一年七月丙子條，頁2885。

〔註56〕永樂四年八月庚子（1409/9/25）占城國王占巴的賴，遣其孫部坡亮微郊蘭得勝那抹等來朝貢白象方物。〔明〕楊士奇等，《太宗文皇帝實錄》，卷58，永樂四年八月庚子條，頁848～849。

〔註57〕〔明〕董倫等，《文毅集》，卷2，頁615。

〔註58〕〔明〕黃淮，《黃文簡公介菴集》，頁420。

〔註59〕胡廣，字光大，吉水人。建文二年廷試，時方討燕，廣對策有「親藩陸梁，人心搖動」語，帝親擢廣第一，賜名靖，授翰林修撰。成祖即位，廣偕解縉迎附，擢侍講，改侍讀。永樂五年進翰林學士，兼左春坊大學士。十四年進文淵閣大學士，兼職如故。廣性縝密。帝前所言及所治職務，出未嘗告人。十六年五月卒，年四十九。贈禮部尚書，諡文穆。文臣得諡，自廣始。〔清〕張廷玉，《明史》，卷147，〈胡廣列傳〉，頁4124～4125。

〔註60〕〔明〕胡廣，《胡文穆公文集》，《四庫全書存目叢書·集部【28】別集類》（濟南：齊魯書社，1997），卷4，頁547。

〔註61〕黃淮，字宗豫，永嘉人，性明果，達於治體。淮舉洪武末進士，授中書舍人。成祖即位，召對稱旨，命與解縉常立御榻左，備顧問。仁宗即位，尋擢為通政使，兼武英殿大學士，與楊榮、金幼孜、楊士奇同掌內制。正統十四年六月卒。年八十三，諡文簡。〔清〕張廷玉，《明史》，卷147，〈黃淮列傳〉，頁

聖皇繼統臨萬國，禮樂修明治文德。三辰順軌風雨時，民物熙熙躋
壽域……靈龜玉秀出圻甸，獻驎虞自周王封。惟茲白象應可匹，璨
璨瑤光孕奇質。梯杭萬里來占城，載籍徒誇產林邑……載歌忝效封
人祝，永作皇家萬年曆。〔註62〕

解縉〔註63〕作《白象頌》：

聖人垂衣朝太清，四方萬國皆來庭……占城交趾古荒服，漢唐列郡
猶連城。自從宋季歷當否，淪入異域誰能征。蠢蠢小醜作威虐，清
問赤子行天兵。感茲白象來入貢……但喜指日南交平。南交赤子被
聖德，萬歲萬歲歌神明。〔註64〕

除此之外，夏原吉〔註65〕甚至爲占城瑞象作序：

臣原吉稽首頓首言，伏惟皇上以神聖大德受天明命，統馭萬方，海
宇清寧，福瑞咸集。茲者占城國來貢瑞象，玉質鮮明雪花奇麗粲
然……蠻夷酋長拜獻于金闕之前……茲瑞象出于海外遐荒之地，重
譯而來，曠古未有，自今而見，則所以昭皇上功業之廣大、德化之
遠乎，以固萬萬年永久之鴻業，以隆萬萬年一統之太平……〔註66〕

當時參與這場盛會的人，除了胡廣、黃淮、解縉、夏原吉等人外，尚有三楊
之稱的楊士奇〔註67〕作《白象賦應制》〔註68〕、楊榮〔註69〕作《白象歌》〔註

4123～4124。

〔註62〕〔明〕黃淮，《黃文簡公介菴集》，頁420。

〔註63〕解縉，字大紳，吉水人。縉幼穎敏，洪武二十一年舉進士。成祖入京師，擢
侍讀，命與黃淮、楊士奇、胡廣、金幼孜、楊榮、胡儼並直文淵閣，預機務。
內閣預機務自此始。尋進侍讀學士，奉命總裁《太祖高皇帝實錄》及《列女
傳》。〔清〕張廷玉，《明史》，卷147，〈解縉列傳〉，頁4115～4123。

〔註64〕〔明〕董倫等，《文毅集》，卷2，頁615～616。

〔註65〕夏原吉，字維喆。早孤，力學養母。以鄉薦入太學，選入禁中書制誥。諸生
或喧笑，原吉危坐儼然。太祖詗而異之，擢戶部主事。永樂間，發卒八十萬
問罪安南，中官造巨艦通海外諸國，皆取給戶曹，原吉悉心計應之，國用不
絀。原吉有雅量，人莫能測其際，持大體，有古大臣風烈。〔清〕張廷玉，《明
史》，卷149，〈解縉列傳〉，頁4150～4155。

〔註66〕〔明〕夏原吉，《忠靖集》，卷1，頁490。

〔註67〕楊士奇，名寓，以字行。建文初，集諸儒修太祖高皇帝實錄，士奇已用薦徵
授教授當行，王叔英復以史才薦，遂召入翰林，充編纂官。永樂間，士奇奉
職甚謹，私居不言公事，雖至親厚不得聞。仁宗即位，尋修《太宗實錄》；宣
宗即位，修《仁宗實錄》。英宗即位，方九齡，軍國大政關白太皇太后，太后
推心任士奇、榮、溥三人。正統九年三月卒，年八十。贈太師，諡文貞。〔清〕
張廷玉，《明史》，卷148，〈楊士奇列傳〉，頁4131～4137。

70〕等等，皆爲一時之選。以詩歌的內容來看，占城此次貢象已超越一般貢品的價值，其所賦予的意義重大。

圖 3-1：占城象〔註71〕

從明人的角度來看，白象除了代表占城的恭順外，也代表安南戰事的吉兆、更象徵著明成祖日後的豐功偉業，與麒麟相比豪不遜色。

犀牛是占城當地的特產，自然是常貢的動物之一，馬歡在《瀛涯勝覽》中描述地相當生動：

> 其犀牛如水牛之形，大者有七八百斤，滿身無毛，黑色，俱生鱗甲，
> 紋癩厚皮，蹄有三跲，頭有一角生於鼻梁之中，長者有一尺四五寸，
> 不食草料，惟食刺樹刺葉，併食大乾木。〔註72〕

〔註68〕〔明〕楊士奇，劉博涵、朱海點校，《東里文集》（北京：中華書局，1998），卷 24，頁 355。

〔註69〕楊榮，字勉仁，建安人。建文二年進士，授編修。成祖即位，入文淵閣，同值七人，榮最少，警敏。榮歷事四朝，謀而能斷。重修《太祖高皇帝實錄》及太宗、仁、宣三朝實錄，皆爲總裁官。正統三年，與士奇俱進少師。五年乞歸展墓，還至武林驛而卒，年七十。贈太師，諡文敏。〔清〕張廷玉，《明史》，卷 148，〈楊榮列傳〉，頁 4138～4141。

〔註70〕〔明〕楊榮，《文敏集》，《景印文淵閣四庫全書【1240】》（臺北：臺灣商務印書館，1983），卷 1，頁 26。

〔註71〕2013/11/09 筆者於占婆博物館拍攝。

〔註72〕〔明〕馬歡，馮承鈞校注，《瀛涯勝覽校注》，頁 3。

但對於明朝人而言，吸引人的部份還是其牛角。屈大均〔註 73〕考察了廣東一帶事物，發現當地人以犀牛角作爲藥引：

> 入蠱蠱鄉，飲食中以犀角攪之，有毒則白沫生，以煮毒藥則無毒勢！犀角出暹羅者，內凹外凸，氣微腥。出占城者，四周圓整，注沸酒且香，照之有血暈者，價兩倍。〔註74〕

犀牛角在當時被用作藥材，而占城的犀牛角品質較他國好，因此價格翻倍。當然這些犀牛角的來源除了走私之外，就只剩下朝貢貿易。占城的老虎也很特別，同樣是透過朝貢貿易進入中國：

> 侍郎孔公詔文言：「向爲廣西按察司回，艤舟登岸江濱，其鄰舟有占城人，將進虎京師，延公過舟。虎置圈中，毛色炳然。有一人能馴虎，開圈門，以拳入虎口，虎捧之。拳出，略無所傷。後復戲其足，作退縮狀。夷人言：『虎甚惜蹄瓜，故也！』」〔註75〕

占人戲虎相當有趣，但這是要獻於京師供達官貴人觀賞，市井小民很難有所接觸，一般民眾所能接觸的大多是其傳說。〔註76〕

圖 3-2：占城犀牛〔註 77〕

圖 3-3：占城虎〔註 78〕

〔註73〕屈大均，字介子，番禺人。初名紹隆，遇變爲僧，中年返初服。工詩，高渾兀奡，有《翁山詩文集》。趙爾巽，《清史稿》（北京：中華書局，1976），卷484，頁 13331。

〔註74〕〔清〕屈大均，《廣東新語》，卷21，〈歐語・犀〉，頁 532。

〔註75〕〔明〕都穆，《都公談纂》（上海：上海古籍出版社，2005），卷下，頁 571～572。

〔註76〕「占城國虎黑色而小，能化人，雜市里間誘人食之。」〔明〕陳繼儒，《虎薈》，《四庫全書存目叢書・子部【82】譜錄類》（臺南：莊嚴文化事業有限公司，1995），卷5，頁 477。

〔註77〕2013/11/09 筆者於占婆博物館拍攝。

〔註78〕2013/11/09 筆者於占婆博物館拍攝。

（三）布匹

占城「女子織布帛，精於女紅」〔註 79〕，從貢品內容來看，布匹佔大多數〔註 80〕，說明占城紡織業發達。筆者考證了相關特產，發現當中最出名的是「吉貝」。〔註 81〕吉貝簡單來講就是木棉，對中國的影響很大，《農政全書》引《諸番雜志》云：

> 木棉：吉貝木所生，占城、闍婆諸國皆有之。今已爲中國珍貨，但不自本土所產，不能足用。且比之桑蠶，無採養之勞，有必收之效，埒之枲苧，免績緝之工，得禦寒之益，可謂不麻而布，不繭而絮。雖曰南產，言其通用，則北方多寒，或繭纊不足，而裘褐之費此最省，便列製造之具於此，庶遠近滋習農務，助桑麻之用，華夏兼蠻夷之利，將自此始矣！〔註 82〕

占城以此作爲貢物，與象牙、藥材等物大量輸入中國。〔註 83〕既然布匹是占城的特產，除了朝貢中國外，是否有影響其周遭國家？筆者查汪大淵所著的《島夷志略》，當中提到：「遐來勿：貿易之貨用占城海南布。」〔註 84〕、「吉蘭丹：貨用占城布。」〔註 85〕、「丁家盧：貨用占城布。」〔註 86〕、「東西竺：男女斷髮繫占城布。」〔註 87〕根據蘇繼廎校釋，遐來勿即南海中的蘇拉威西島（Sulawesi），丁家盧和吉蘭丹是位於馬六甲半島上的小國，而東西竺則是柔佛東岸的奧爾島（Pulau Aur），這證明了布匹是占城與周遭國家貿易的主要物品，也是進貢明朝的主要貢物。

〔註 79〕　〔法〕馬司培羅，馮承鈞譯，《占婆史》，頁 16。

〔註 80〕　紅印花布、油紅綿布、白綿布、烏綿布、圓壁花布、花紅邊縵、雜色縵、番花手巾、番花手帕、兜羅綿被、洗白布泥。〔明〕李東陽、申時行，《大明會典》，卷 105，〈朝貢一東南夷上・占城國〉，頁 1590～1591。

〔註 81〕　「古貝樹，名也！其花成鷲毛，抽似績紡作布，潔白與苧布不殊，亦染五色織，爲班布也！」〔宋〕樂史，王文楚等點校，《太平寰宇記》，卷 176，〈四夷五南蠻一・林邑國〉，頁 3359。

〔註 82〕　〔明〕徐光啓，《農政全書》（上海：上海古籍出版社，1979），卷 35，〈蠶桑廣類〉，頁 975～976。

〔註 83〕　洪武十六年二月庚子，占城國王阿荅阿者遣其臣楊麻加益等上表貢象牙二百枝、檀香八百斤、沒藥四百斤、番布六百匹。〔明〕董倫等，《太祖高皇帝實錄》，卷 152，洪武十六年二月庚子條，頁 2389。

〔註 84〕　〔元〕汪大淵，蘇繼廎校釋，《島夷誌略校釋》（北京：中華書局，1981），頁 93。

〔註 85〕　〔元〕汪大淵，蘇繼廎校釋，《島夷誌略校釋》，頁 99。

〔註 86〕　〔元〕汪大淵，蘇繼廎校釋，《島夷誌略校釋》，頁 102。

〔註 87〕　〔元〕汪大淵，蘇繼廎校釋，《島夷誌略校釋》，頁 227。

（四）其他

　　除了上述所提到的貢物之外，還有其他新奇的東西，「占城之貢大火之珠，猛火之油」〔註88〕。明人把大火之珠稱之為「朝霞大火珠」，「大如雞卵，狀類水晶，當午置日中，以艾藉之，輒火出。」〔註89〕它有兩種特性，其一是實用性，可作為一種取火石，明人田藝蘅在其《留青日札》中將大火珠歸類於「陽燧人取火」條〔註90〕，學者陳文也持同樣的看法。〔註91〕其二是觀賞性，明人宋應星將其與西域琉璃石、中國水晶相並列，如「凡琉璃石與中國水精、占城火齊其相同，同一精光，明透之義。」〔註92〕它可以被當作是一種珠寶，「大火珠：綠胎，色深紅，內外掩映，若然光焰瑩流。又有火齊紅者，其花邊白內赤，遠不逮火珠。因二花並出，一時人皆以寶珠名。」〔註93〕

　　「猛火之油」並非只產於占城，許多國家亦有之（如中國、高麗、舊港、勃泥等）。占城很早就將之當作貢品進貢中國，如「顯德五年（954），進猛火油八十四琉璃瓶。是油，得水而愈熾，彼國凡水戰則用之。」〔註94〕「猛火油」到底為何？又具備什麼樣的功用？以當時明人科學知識來講，對其認知有所偏頗，因此記載不甚正確：如李時珍認為猛火油是石腦油（釋名石油），可是對其形成過程卻不甚熟悉。《本草綱目》引《昨夢錄》：「猛火油出高麗東，日烘石熟所出液也！惟真琉璃器可貯之。入水涓滴，烈焰遽發，餘力入水，魚鱉皆死。邊人用以禦敵，此數說皆石腦油也！」〔註95〕又黃衷在其《海語》：

　　　　猛火油：樹津也！一名泥油，出佛打泥國，大類樟腦，第能腐人肌

〔註88〕〔明〕何喬遠，《名山藏》（臺北：成文出版社，1971），卷109，〈王亨記五〉，頁6408。

〔註89〕〔明〕嚴從簡，余思黎點校，《殊域周咨錄》，卷7，〈南蠻・占城〉，頁267。

〔註90〕〔明〕田藝蘅，《留青日札》（上海：上海古籍出版社，1985），卷9，頁323～324。

〔註91〕陳文，〈占城與中國明朝的文化交流〉，頁93。

〔註92〕〔明〕宋應星，《天工開物》（臺北：臺灣商務印書館，2011），卷下，卷18，頁312。

〔註93〕〔明〕薛鳳翔，《牡丹史》（安徽：人民出版社，1983），卷1，頁66。

〔註94〕〔宋〕樂史，王文楚等點校，《太平寰宇記》，卷179，〈四夷八南蠻四・占城國〉，頁3435。

〔註95〕〔明〕李時珍，劉衡如、劉山永校注《新校注本本草綱目》（北京：華夏出版社，1998），卷9，〈石腦油〉，頁402。

　　肉。燃，置水中，光燄愈熾。蠻夷以制火器，其烽甚烈，帆檣樓櫓，

　　連延不止，雖魚鱉遇者，無不燋爛也！〔註96〕

明人僅描寫其特性，至於「日烘石熟所出液」或「樹津」顯然與事實不符。
以清代的學者來看，則有更正確的說法。清人俞樾認為「疑即今洋油之類。
今洋油得水則益熾，因有得水則出火之說矣！」〔註97〕而劉嶽雲認為「猛火
油即石油」：

　　嶽雲謹案石油自漢時已著於書，其後地志所載，益知產處甚多。由

　　是以煙製墨，以油焚營，清者燃燈，濁者膏物，久澄堅結則為土，

　　瀝青西人蒸煉之，製各種色料藥料，用尤甚廣。不知者，因外國亦

　　有此油，以充貢品，遂謂油出外國，陋矣！大約地產石油，相近必

　　有煤礦，煤中積油為地火所焗流出耳！〔註98〕

所以猛火油並非想像中的新奇，中國自古以來已將猛火油作為一種軍事武器
之用。如宋代就已發明了「猛火油櫃」，是一種火焰發射裝置。在此處，占城
除了用作海戰，也作為貢物。除此之外，占城的特產尚有觀音竹、波羅蜜等
物。本文在此只探討明人著墨較多的部份，其餘關於占城的物產可參閱前人
的研究。〔註99〕

第四節　明朝對占城之影響

（一）文字

　　明朝與占城的文學交流值得關注，洪武三年五月己亥（1370/6/5），「遣使
頒科舉詔于高麗、安南、占城」〔註100〕，「其高麗、安南、占城等國如有經明
行修之士，各就本國鄉試許貢赴京師會試，不拘額數選取。」〔註101〕目的即

〔註96〕　〔明〕黃衷，《海語》，《中國風土志叢刊【61】》（揚州：廣陵書社，2003），
　　　　　卷中，頁29～30。

〔註97〕　〔清〕俞樾，《茶香室叢鈔》（臺北：新興書局，1979），卷20，〈猛火油〉，頁
　　　　　27～28。

〔註98〕　〔清〕劉嶽雲，《格物中法》，《中國科學技術典籍通彙·綜合卷》，卷4下，〈土
　　　　　部·石油〉，頁1039～1040。

〔註99〕　張秀民，《中越關係史論文集》，頁372～378。陳序經，《東南亞古史研究合集
　　　　　（上卷）》（廣東：海天出版社，1992），頁241～246。

〔註100〕　〔明〕董倫等，《太祖高皇帝實錄》，卷52，洪武三年五月己亥條，頁1021。

〔註101〕　〔明〕俞汝楫，《禮部志稿》，《景印文淵閣四庫全書【597】》（臺北：臺灣商

是要求得占城的飽學之士。占城文學程度如何？按費信《星槎勝覽》載：「其國無紙筆，以羊皮搥薄薰黑，削細竹為筆，醮白灰書字，若蚯蚓委曲之狀，言語燕鳩，全憑通事傳譯。」〔註102〕馬歡《瀛涯勝覽》載：「書寫無紙筆，用羊皮搥薄，或樹皮薰黑，摺成經摺，以白粉載字為記。」〔註103〕但嚴從簡，《殊域周咨錄》卻記：「按占城既通文字且有秀才，則紙筆乃其所有，雖言語不通于中國，而其詩文與華夏頗亦近似，若灰書之說恐亦上世之事，而非今時之陋也！」〔註104〕至於《國朝獻徵錄》則記載「書用羊皮及黑木皮，能通中國文字，其詞翰往往有傳者。」〔註105〕，顯然是兼容兩者的說法。

圖3-4：占碑文（美山遺址）〔註106〕　　圖3-5：占碑文（越南歷史博物館）〔註107〕

筆者考察宋元間的史料，如《諸蕃志》載：「商舶到其國，即差官摺黑皮為策，書白字，抄物數。」〔註108〕、《島夷誌略》載：「以白字寫黑皮為文書」〔註109〕，內容皆大同小異，其中比較特別的是占城朝貢中國的官方文書，一律使用「貝多葉」──「所貢表文以貝多葉，檢以香木函。」〔註110〕貝多葉

務印書館，1983），卷23，〈科舉通例・凡開科〉，頁424。

〔註102〕〔明〕費信，馮承鈞校注，《星槎勝覽校注》，前集，頁3。

〔註103〕〔明〕馬歡，馮承鈞校注，《瀛涯勝覽校注》，頁4。

〔註104〕〔明〕嚴從簡，余思黎點校，《殊域周咨錄》，卷7，〈南蠻・占城〉，頁266～267。

〔註105〕〔明〕焦竑，《國朝獻徵錄》，《續修四庫全書【531】史部・傳記類》（上海：上海古籍出版社，1995），卷120，頁783。

〔註106〕2013/11/12 筆者於美山遺址拍攝。

〔註107〕2013/11/06 攝於越南歷史博物館，感謝關恆安先生提供。

〔註108〕〔宋〕趙汝适，馮承鈞校注，《諸蕃志校注》，頁3。

〔註109〕〔元〕汪大淵，蘇繼廎校釋，《島夷誌略校釋》，頁55。

〔註110〕〔宋〕樂史，王文楚等點校，《太平寰宇記》，卷179，〈四夷八南蠻四・占城

除了被當作官方文書外，最常見的就是拿來抄寫經書。如隋朝時，「平林邑所獲佛經，合五百六十四夾，一千三百五十餘部，並昆崙書，多梨樹葉。」〔註111〕此處的「多梨樹葉」，學者認爲即所謂的「貝葉經」。〔註112〕且《太平寰宇記》亦載占城「以樹葉爲紙，施椰葉爲席。」〔註113〕因此，即使占城沒有紙筆，也有相關的替代物。至於史料中所說「其詞翰往往有傳者」，筆著將之抄錄如下：

《初發》

行盡河橋柳色邊，片帆高掛遠朝天。

未行先識歸心早，應是燕山有杜鵑。

《揚州對客》

三月維楊富風景，暫留佳客與同床。黃昏二十四橋月，白髮三千餘丈霜。

玉句詩聞賢太守，紅蓮書寄好文章。欲尋何遜舊東閣，落盡梅花空斷腸。

《江樓留別》

青嶂俯樓樓俯渡，遠人送客此經過。

西風楊子江邊柳，落葉不如離思多。

《題葵花》

花於本槿渾相似，葉比芙蓉只一般。

五尺欄干遮不盡，獨留一半與人看。

以上詩集，皆抄錄自《殊域周咨錄》，但書中並未記載其作者姓名，難以得知何人所作。〔註114〕嚴從簡考察了《宋史・占城傳》：「占城置文吏五十餘員，有郎中、員外、秀才之稱，分掌資儲寶貨等事。」〔註115〕認爲「其國雖無科

國〉，頁 3435。

〔註111〕〔唐〕釋道宣，《續高僧傳》，《續修四庫全書【1181】子部・宗教類》（上海：上海古籍出版社，1995），卷 2，頁 494。

〔註112〕郭紹林，〈隋代東都洛陽的佛教內道場和翻經館〉《世界宗教文化》4（2006）頁 30。

〔註113〕〔宋〕樂史，王文楚等點校，《太平寰宇記》，卷 176，〈四夷五南蠻一・林邑國〉，頁 3356。

〔註114〕〔明〕嚴從簡，《殊域周咨錄》，卷 7，〈南蠻・占城〉，頁 248。

〔註115〕〔元〕脫脫，《宋史》，卷 489，〈外國五・占城國〉，頁 14078。

舉之事，而亦知文教之崇久矣！故國人多有能詞翰者。」〔註116〕《濯纓亭筆記》亦記載宋滅亡後，沈敬之逃往占城，乞求占城出兵復國不成，竟因此憂憤而死，占城國王作詩挽之：

> 慟哭江南老鉅卿，春風拭淚爲傷情。
>
> 無端天下編年月，致使人間有死生。
>
> 萬疊白雲遮故國，一杯黃土蓋香名。
>
> 英魂好逐東流去，莫向邊隅怨不平。〔註117〕

因此嚴從簡認爲占城人的文學修養有一定的水準在：

> 觀此則占城不惟粗通文墨，而且敦重節義，不惟其臣有詩才，而其主亦善篇章，彬彬乎聲名文物，匹于朝鮮，超于日本遠矣！我太祖科舉詔之頒，眞不鄙陋其人，而欲納之于合教同文之盛也！宜哉！〔註118〕

從以上史料得知，占城有一定的漢化程度，其不但吸收了中國的文官體制，亦包含著中國文學，占使所遺留下的詩詞，也因文字優美而被記載於中國的典籍之中。

在錢幣上，亦可看見占人受漢化的影響。有的著作認爲，在制蓬莪時期，占人鑄造一種名爲「天聖元寶」的銅錢〔註119〕：

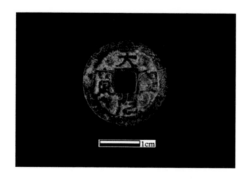 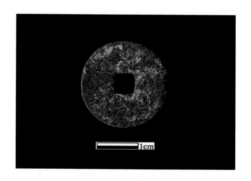

圖3-6：制蓬莪的「天聖元寶」正面　　圖3-7：制蓬莪「天聖元寶」反面

〔註116〕〔明〕嚴從簡，《殊域周咨錄》，卷7，〈南蠻·占城〉，頁248。

〔註117〕〔明〕戴冠，《濯纓亭筆記》，《四庫全書存目叢書·子部【103】雜家類》（暨南：齊魯書社，1995），卷1，頁141。

〔註118〕〔明〕嚴從簡，《殊域周咨錄》，卷7，〈南蠻·占城〉，頁249。

〔註119〕雲南省錢幣研究會、廣西錢幣學會編，《越南歷史貨幣》（北京：中國金融出版社，1993），頁24。

圖 3-8：制蓬莪的「天聖元寶」拓印〔註120〕

從拓片上可清楚看見，占人將中文「天聖元寶」四字鑄印在銅錢上。

（二）正朔與服色

1. 正朔

在朝貢制度之下，明廷的賞賜多有其意含在，特別是曆法和冠服。在中國的歷史上只要改朝換代，通常會「改正朔，易服色，所以明受命於天也！」〔註121〕明朝也不例外，「洪武間，監正元統造《大統曆》，以洪武甲子為曆元。」〔註122〕而正朔與服色也被納入在明朝的朝貢體系之中，那麼頒正朔是否會影響占城的曆法？按《星搓勝覽》載占城：「不解正朔，但看月生為初，月晦為盡，如此十次盈虧為一歲。晝夜以善褪鼓，十更為法。」〔註123〕，《瀛涯勝覽》載：「日月之定，無閏月，但十二月為一年，晝夜為十更，用打鼓記。時以花開為春，葉落為秋。」〔註124〕而吳惠〔註125〕日記載：「七年正月上元夜，王

〔註120〕 數位典藏國家型科技計畫 http://catalog.digitalarchives.tw/item/00/14/37/29.html，
擷取日期 2013/11/22。

〔註121〕 〔漢〕班固，《漢書》（北京：中華書局，1962），卷21，〈律曆志‧權衡〉，
頁945。

〔註122〕 〔明〕顧秉謙等，《神宗顯皇帝實錄》，卷289，萬曆二十三年九月庚寅條，
頁5359。

〔註123〕 〔明〕費信，馮承鈞校注，《星搓勝覽校注》，前集，頁2。

〔註124〕 〔明〕馬歡，馮承鈞校注，《瀛涯勝覽校注》，頁5。

〔註125〕 吳惠（1400～1468）字孟仁，號天樂道人，吳縣人。宣德二年進士，授行人，
使占城，陞桂林知府。性慷慨，疏財篤義，居官三十年，田盧不改其舊，卒
年六十九。國立中央圖書館編，《明人傳記資料索引》，頁548。

請賞烟火，熟沉檀，燃火樹，盛陳樂舞。每夜鼓以八更為節。」〔註126〕內容
記載皆有所不同，嚴從簡對此做出評論：

> 有上元烟火之宴，則已知有節候，非但視月生晦者。惠云夜鼓以八
> 更為節，又與十更異矣！大抵外國雖陋，久與中華往來，漸霑王化。
> 時異制殊，前後難以概視耳！〔註127〕

筆者考察時間先後順序，《大統曆》是在洪武二年十二月甲戌（1370/1/11），明
太祖冊封制蓬莪為占城國王，與此同時賜〈洪武三年大統曆〉一本，及民間檢
用曆三千本。〔註128〕費信最早是永樂七年（1409）隨鄭和前往占城，馬歡則是
永樂十一年（1413）南下占城，而吳惠則在正統六年至七年間（1441～1442）
出使占城。嚴從簡所說「久與中華往來，漸霑王化。」不無道理，且「上元：
戶張燈，放煙火。」是中國傳統習俗〔註129〕，查明朝以前占城本來並無此俗，
顯然是後來才傳過去的。〔註130〕因此筆者認為占城或多或少有受到明朝曆法的
影響，但其象徵意義仍大於實質意義，例如占城朝賀明朝皇帝萬壽節。

　　就朝貢體系而言，明政府向藩屬國頒布大統曆，其目的並不是為了使各
國有一本比較精確的曆法，以便於日常生活和生產，而是在於讓諸國接受中
國禮俗，促使其社會接受中國文化，逐步傾心于中華文物。明成祖朱棣在談
及鄭和下西洋時，說他「恆遣使敷宣教化于海外諸番國，導以禮義，變其夷
習。」〔註131〕頒曆法給海外各國，正是為了「導以禮義，變其夷習。」〔註132〕，
也同時是為了鞏固朝貢制度。如洪武二年二月辛未（1369/3/14），明太祖賜爪
哇大統曆一本，目的在於「王其知正朔所在，必能奉若天道。」〔註133〕

〔註126〕〔明〕嚴從簡，《殊域周咨錄》，卷7，〈南蠻·占城〉，頁253～254。

〔註127〕〔明〕嚴從簡，《殊域周咨錄》，卷7，〈南蠻·占城〉，頁268～269。

〔註128〕〔明〕董倫等，《太祖高皇帝實錄》，卷47，洪武二年十二月甲戌條，頁937。

〔註129〕〔明〕黃洪憲，《碧山學士集》，《四庫禁燬書叢刊·集部【30】》（北京：北京
書局，1997），卷9，〈風俗·歲時俗尚〉，頁269～270。

〔註130〕風俗：正月一日，牽象周行所居之地，然後驅逐出郭，謂之逐邪。四月有遊
船之戲。定十一月十五日為冬至，人皆相賀，州縣以土產物帛獻其王。每歲
十二月十五日城外縛木為塔，王及人民以衣物香藥置塔上，焚之以祭天。〔元〕
脫脫，《宋史》，卷248，〈外國五·占城國〉，頁14079。

〔註131〕〔明〕葛寅亮，《金陵玄觀志》，《續修四庫全書【719】史部·地理類》（上海：
上海古籍出版社，1995），卷13，〈御製弘仁普濟天妃宮之碑〉，頁187。

〔註132〕劉利華，〈明朝與占城關係論略〉（廣州：暨南大學歷史研究所碩士論文，
2002），頁41。

〔註133〕〔明〕董倫等，《太祖高皇帝實錄》，卷39，洪武二年二月辛未條，頁787。

　　筆者另查明初洪武年間，明太祖頒賜大統曆的情形，多與明廷的冊封〔註134〕、藩屬國的請封爵位〔註135〕、遠夷的朝貢〔註136〕有關，而藩屬國奉正朔的具體行爲就如同〈聖節正旦冬至蕃國聖闕慶祝儀〉所記載的「蕃王奉正朔稱朝貢者，其國中有慶祝禮，頒自朝廷，使遵行之。」〔註137〕有關占城的例子有：「今年九月十八日（1380/10/16），占城使至，爲朕上壽，萬裏遠道，非王意誠，豈能應期。」〔註138〕、「洪武十九年九月甲寅朔（1386/9/24），占城國王阿荅阿者遣其子寶部領詩那日勿等來朝賀天壽聖節。」〔註139〕、「永樂十四年十一月壬子（1414/12/13），冬至，上御奉天殿受朝賀，大宴文武群臣及四夷朝使。賜占城國王占巴的賴使臣謝那該等宴。」〔註140〕等等。

　　占城透過朝貢行爲表達對正朔的遵從，「如琉球、占城等外國，正統以前，俱因朝貢，每國給與王曆一本，民曆十本。」〔註141〕明朝頒正朔，而占城奉正朔，是占城遵守明朝禮制規範的最好寫照。

2. 服色

　　太史公曰：「自初生民以來，世主曷嘗不歷日月星辰？及至五家、三代紹而明之，內冠帶，外夷狄，分中國爲十有二州，仰則觀象於天，俯則法類於地。」冠帶（服色）自古以來即被視爲「內夏外夷」的一種身份，這觀念也應用在朝貢體系中，例如洪武年間（1368～1398），琉球國中山王察度遣使來

〔註134〕洪武二年八月丙子（1369/9/15），遣符寶郎偰斯齎詔及金印誥文往高麗，封王顓爲國王，仍賜顓大統曆一本。〔明〕董倫等，《太祖高皇帝實錄》，卷44，洪武二年八月丙子條，頁866。

〔註135〕洪武六年三月壬午（1373/4/13），安南國王陳日煃遣其少中大夫同時敏、正大夫叚悌黎安世等來朝貢方物，因請封爵……賜日煃大統曆一本。〔明〕董倫等，《太祖高皇帝實錄》，卷43，洪武六年三月壬午條，頁847。

〔註136〕洪武三年（1373）九月，西洋國王別里提其臣亦迭納瓦里沙等來朝進金葉表文，貢黑虎……以其涉海道遠，賜織金文綺紗羅甚厚，仍賜以大統曆。〔明〕董倫等，《太祖高皇帝實錄》，卷56，洪武三年九月乙卯條，頁1100～1101。

〔註137〕〔明〕李東陽、申時行，《大明會典》，卷58，〈禮部十六・聖節正旦冬至蕃國聖闕慶祝儀〉，頁1005～1006。

〔註138〕〔明〕董倫等，《太祖高皇帝實錄》，卷133，洪武十三年九月癸丑條，頁2114～2118。

〔註139〕〔明〕董倫等，《太祖高皇帝實錄》，卷179，洪武十九年九月甲寅條，頁2708～2709。

〔註140〕〔明〕楊士奇等，《太宗文皇帝實錄》，卷182，永樂十四年十一月壬子條，頁1967。

〔註141〕〔明〕李東陽、申時行，《大明會典》，卷223，〈欽天監〉，頁2956。

朝，請求中國冠帶。明太祖曰：「彼外夷能慕我中國禮義，誠可嘉尚。」〔註142〕明朝對於朝貢國通常會給予冠帶，占城也不例外，跟據《明實錄》記載，明朝主動賜於占城冠帶如下：

> 洪武二年十二月甲戌（1370/1/11），賞勞其使蒲旦麻都文綺、紗羅各一匹，仍賜以冠帶，其從者皆有賜。〔註143〕

> 洪武十九年九月甲寅朔（1386/9/24），詔賜其國王冠帶、織金、文綺、襲衣。〔註144〕

> 永樂十六年八月辛巳（1418/9/3），占城國王占巴的賴遣孫舍那挫……等國各遣使貢方物。賜冠帶、金織、文綺、襲衣及白金、鈔幣有差。〔註145〕

> 洪熙元年七月甲午（1245/8/10），賜占城國使臣逋紗怕麻叔等鈔綵幣表裡羅絹襲衣有差賜、通事舒義等冠帶，仍命賫文錦、紵絲、紗羅歸賜國王。〔註146〕

> 宣德五年八月己卯（1430/8/29），賜占城國使臣逋沙怕麻叔等鈔綵幣表裏金織紵絲襲衣及絹有差，賜其通事和阿媽等冠帶，仍命齎勑及文錦、綵幣歸賜其國王。〔註147〕

> 天順二年六月丁卯（1458/7/21），占城國王槃羅悦遣陪臣逋沙怕婆利始等奉表來朝貢犀角、象牙諸方物。賜宴并鈔幣、冠帶、金織、襲衣等。〔註148〕

> 弘治八年十月乙丑（1495/11/2），占城國王古來遣王孫并正副使沙古性等奉金葉表文貢方物。賜宴及冠帶、衣服、綵段如例，仍回賜王及妃錦段如例。〔註149〕

〔註142〕〔明〕董倫等，《太祖高皇帝實錄》，卷256，洪武三十一年三月癸亥條，頁3706。

〔註143〕〔明〕董倫等，《太祖高皇帝實錄》，卷47，洪武二年十二月甲戌條，頁937。

〔註144〕〔明〕董倫等，《太祖高皇帝實錄》，卷179，洪武十九年九月甲寅條，頁2709。

〔註145〕〔明〕楊士奇等，《太宗文皇帝實錄》，卷203，永樂十六年八月辛巳條，頁2098。

〔註146〕〔明〕楊士奇等，《宣宗章皇帝實錄》，卷4，洪熙元年七月甲午條，頁118。

〔註147〕〔明〕楊士奇等，《宣宗章皇帝實錄》，卷69，宣德五年八月己卯，頁1618。

〔註148〕〔明〕陳文等，《英宗睿皇帝實錄》，卷292，天順二年六月丁卯，頁6238。

〔註149〕〔明〕劉健等，《孝宗敬皇帝實錄》，卷105，弘治八年十月乙丑，頁1916。

弘治十二年八月己亥（1499/9/16），賜占城國來貢王孫沙不登古魯及
正副使偓善挐巴地等冠帶。〔註150〕

正德五年八月癸丑（1510/10/2），賜占城國請封夷使沙係把麻等綺
帛、襲衣，并給冠帶有差。〔註151〕

正德十五年十二月辛丑（1521/1/25），占城國王沙古卜洛差王叔沙沒
底大并正副使沙鉢脫那辦等進貢謝冊封恩，各賜冠帶有差。〔註152〕

明朝所賜與占城者，有國王、王叔、王子、王孫、使節及通事，其原因包含
了朝貢、請封及謝恩，除此之外亦有占城主動乞賜冠帶的：

賜國王錦二疋，紵絲六疋，紗、羅各四疋；王妃紵絲四疋，紗、羅
各三疋，後照此例。差來王弟、王孫，初到賞織金羅衣并紵絲衣各

永樂十年八月甲子（1412/9/17），占城國王占巴的賴遣使部該濟標等
奉表貢象及方物。賜鈔幣有差；部該濟標奉請冠帶，命禮部賜之。

〔註153〕

正統八年五月癸亥（1443/6/6），占城國通事羅榮奏乞冠帶。從之。

〔註154〕

成化五年十一月丁未（1469/12/30），占城國副使阿离等奏：「乞給賜
冠帶。」禮部言：「阿离及舍人翁末等五人，宜如所請；其通事周公
保并舍人翁貴等六人，先已給賜不可再給。」上是之。〔註155〕

嘉靖二十二年七月甲寅（1543/8/11），占城國使臣沙不等古魯等援例
奏乞冠帶……從之。〔註156〕

當中比較特別是成化五年例，從中可以發現冠帶並不是說給就給的，有一定
的規範在。如果明廷未賜予冠帶，藩屬國可以主動「乞求」，但如果毫無節制，
則會被加以拒絕。按永樂元年（1403）所定下的規定，占城使節初到：

賜國王錦二疋，紵絲六疋，紗、羅各四疋；王妃紵絲四疋，紗、羅
各三疋，後照此例。差來王弟、王孫，初到賞織金羅衣并紵絲衣各

〔註150〕〔明〕劉健等，《孝宗敬皇帝實錄》，卷105，弘治十二年八月己亥，頁2712。
〔註151〕〔明〕費宏等，《武宗毅皇帝實錄》，卷66，正德五年八月癸丑，頁1463。
〔註152〕〔明〕費宏等，《武宗毅皇帝實錄》，卷194，正德十五年十二月辛丑，頁3637。
〔註153〕〔明〕楊士奇等，《太宗文皇帝實錄》，卷131，永樂十年八月甲子，頁1617
～1618。
〔註154〕〔明〕陳文等，《英宗睿皇帝實錄》，卷104，正統八年五月癸亥條，頁2013。
〔註155〕〔明〕劉吉等，《憲宗純皇帝實錄》，卷73，成化五年十一月丁未條，頁1419。
〔註156〕〔明〕徐階等，《世宗肅皇帝實錄》，卷276，嘉靖二十二年七月甲寅條，頁
5407。

一套，正賞紵絲六疋，紗、羅各四疋，紵絲衣一套，折鈔絹二疋。
正副使初到，每人織金羅衣一套，正賞綵段四表裏，絹二疋，折衣
綵段二表裏。正副通事至正象奴等初到，每人賞素羅衣一套，正賞
綵段二表裏，折鈔絹一疋，折衣綵段一表裏。從人初到每人絹衣一
套，正賞折鈔綿布一疋，折衣絹四疋，俱與靴韈各一雙。其正副使、
通事人等給賜冠帶。〔註157〕

　　上至國王，下至從人皆有規定，因此賞賜不是胡亂給予。從規定及實際
例子來看，通事級以上可給冠帶，每人限給一次，畢竟象徵意義遠大於實質
意義。冠帶反映出的是一種華夷之辨，象徵的是教化與禮義，古人認爲：「昔
之有天下者，莫不以冠帶四夷爲聖德大業。」〔註158〕這是一種理想狀態，因
此明代皇帝也以「冠帶四夷」作爲一統天下的象徵。下圖爲明人眼中的占城：

圖3-9：《三才圖會》中的占城〔註159〕　　圖3-10：《東夷圖說》中的占城〔註160〕

〔註157〕〔明〕俞汝楫，《禮部志稿》，卷37，〈主客司職掌三‧給賜‧外夷‧占城國〉，
　　　　頁694。
〔註158〕〔宋〕范祖禹，《唐鑒》（臺北：臺灣商務印書館，1937），卷6，頁50。
〔註159〕〔明〕王圻，王思義編，《三才圖繪》（上海：上海古籍出版社，1988），頁819。
〔註160〕〔明〕蔡汝賢，《東夷圖說》，《四庫全書存目叢書‧史部【255】地理類》，（臺
　　　　南：莊嚴文化事業出版社，1996），頁411。

圖 3-11：《三台萬用正宗》中的占城　　圖 3-12：《五車拔錦》中的占城〔註
〔註 161〕　　　　　　　　　　　　　　162〕

第五節　明朝與占城之間的走私貿易

　　朝貢貿易本身帶有互通有無的互市過程。私人貿易不僅在會同館中存在，也存在官方遠航的海外貿易。〔註163〕明朝為加強對朝貢貿易的控制，下令居民不得私通番國：

> 宣德八年七月己未（1443/7/24），命行在都察院嚴私通番國之禁。上
> 諭右都御史顧佐等曰：「私通外夷已有禁例，近歲官員軍民不知遵

〔註161〕〔明〕佚名，酒井忠夫監修，《三台萬用正宗》（東京：汲古書院，2000），卷
　　　　5，頁 188。
〔註162〕〔明〕徐三友，酒井忠夫監修，《五車拔錦》（東京：汲古書院，1999），卷4，
　　　　頁 192。其他類書如《萬用正宗不求人》、《萬寶全書》、《萬書淵海》、《龍頭
　　　　一覽學海不求人》、《新刊翰苑廣記補訂四民捷用學海群玉》等皆似此圖。
〔註163〕萬明，《明代中外關係史論稿》，頁 302。

守，往往私造海舟，假朝廷幹辦為名，擅自下番，擾害外夷或誘引
為寇。比者已有擒獲，各寘重罪。爾宜申明前禁，榜諭緣海軍民，
有犯者許諸人首告，得實者給犯人家貲之半，知而不告及軍衛有司
縱之弗禁者，一體治罪。」〔註164〕

宣宗在位年間，就曾下令不得私通番國，假公濟私的官員甚至會被治罪，只
是走私貿易本就有利潤存在，難以禁止，因此仍屢有所聞：

正統八年八月壬寅（1443/9/13），廣東都布按三司奏占城國公幹人船
回，委官盤出象牙、小梳坯三百三十七箇、牙笏坯二枝、牙筯坯八
十雙俱係番物，欲連人解京，其掌船百戶陸善等告稱自用己財貿易，
未敢定奪。上曰：「皆微物也！其給還之。」〔註165〕

景泰四年七月癸未（1453/9/1），廣東三司奏給事中潘本愚〔註166〕
等奉使占城，回還於本船內搜出下番官軍鎮撫羅福等二百四十二員
名，帶回象牙、梳坯、烏木、錫、蠟等物共一千九百三十三斤俱應
入官。命所司照數給還各人。〔註167〕

天順六年八月乙亥（1462/9/6），禮部奏給事中等官王汝霖〔註168〕
等，賫詔往占城國回，貨易象牙、烏木等物數多，或給賜各人，惟
復炤數入官。上命循宣德年間例行。〔註169〕

以上述三個例子來看，剛好皆發生於九月間，這與季風有相當大的關聯，當
時正吹西南風，因而這些假公濟私的船隊，得以憑藉季風返國，只是在進入
「海關」時，不小心被查獲了。當時皇上並未加以懲處，甚至還「物歸原主」，
這些官員算是相當幸運了，不過下面這則例子就沒那麼好運了：

〔註164〕〔明〕楊士奇等，《宣宗章皇帝實錄》，卷103，宣德八年七月己未條，頁2308。

〔註165〕〔明〕陳文等，《英宗睿皇帝實錄》，卷107，正統八年八月壬寅條，頁2175
～2176。

〔註166〕潘本愚字克明，廣東博羅人。景泰二年進士，授戶科給事中，改刑科。出知
興化府，為政肅而明，公而惠，興學厚民，以憂去。起知漳州，卒官。國立
中央圖書館編，《明人傳記資料索引》，頁776。

〔註167〕〔明〕陳文等，《英宗睿皇帝實錄》，卷231，景泰四年七月癸未條，頁5065。

〔註168〕王汝霖字民望，崑山人。正統十三年進士，授吏科給事中，景泰中以憂歸，
復除兵科，歷河南參議，仕終山東布政使。國立中央圖書館編，《明人傳記資
料索引》，頁28。

〔註169〕〔明〕陳文等，《英宗睿皇帝實錄》，卷343，天順六年八月乙亥條，頁6946
～6947。

成化十七年十月丙辰（1481/11/6），使占城國行人司右司副張瑾有罪
下獄。先是瑾與給事中馮義同奉命齎勅印，封占城國王孤（孫）齋
亞麻勿菴爲王，多挾私貨以圖市利。〔註170〕

當然，這只是檯面上的例子，私底下的肯定不勝枚舉。官方尚且如此，那民
間就更不用說了。明孝宗時，此情況更爲嚴重，當時兩廣總督閔珪上奏〈議
處番船違礙〉：

弘治四年三月（1491），兩廣總督都御史閔珪奏，廣東沿海地方多私
通番舶，絡繹不絕，不待比號，先行貨賣。備倭官軍爲張勢，越次
申報。有司供億，糜費不貲，事宜禁止。況番情譎詐，恐有意外之
虞。宜照原定各番來貢年限事例，揭榜懷遠驛，令其依期來貢。凡
番舶抵岸，備倭官軍押赴布政司比對，勘合相同，貢期不違，方轉
與呈提督。市舶太監及巡按等官具奏，起送如有違礙，捕獲送問。
〔註171〕

奏章提到廣東沿海地方多私通番舶，查《大明會典》，貢道由廣東者有眞臘、
暹羅、占城、滿剌加等國〔註172〕，此事勢必與這些國家脫不了干係。不過針
對此事，禮部官員卻有不同意見：

下禮部議。據珪所奏，則病番舶之多，爲有司供煩之苦。據本部所
見，則自弘治元年（1488）以來，番舶自廣東入貢者惟占城、暹羅
各一次。〔註173〕意者私舶以禁馳而轉多，番舶以禁嚴而不至，今欲
揭榜禁約，無乃益阻向化之心，而反資私舶之利，今後番舶至廣，
審無違礙，即以禮舘待，速與奏聞。如有違礙即阻回，而治交通者
罪送。迎有節則諸番咸有所勸，而偕來私舶復有所懲，而不敢至，
柔遠足國之道於是乎在？〔註174〕

明孝宗最後採納了禮部的意見，這其實反應著明朝本身「厚往博來」的朝貢
精神。從這則事件來看，地方官員與禮部官員考量皆不相同。地方官員所重

〔註170〕〔明〕劉吉等，《憲宗純皇帝實錄》，卷220，成化十七年十月丙辰條，頁3807。
〔註171〕〔明〕俞汝楫，《禮部志稿》，卷90，〈議處番船違礙〉，頁633。
〔註172〕〔明〕李東陽、申時行，《大明會典》，頁1589、1590、1598。
〔註173〕就筆者考查《明實錄》，從明孝宗繼位以來至弘治四年止，占城朝貢3次（弘
治元年二月丁酉1488/3/15、元年四月丁未1488/5/24、三年五月壬申
1490/6/8），暹羅朝貢1次（成化二十三年九月庚戌1487/9/30，孝宗於1487/9/9
即位），此處禮部官員所述有誤。
〔註174〕〔明〕俞汝楫，《禮部志稿》，卷90，〈議處番船違礙〉，頁633。

視的是維繫地方治安，但禮部官員則著重在「懷柔遠人」，以維持天朝體制，兩方皆有其顧慮在，也沒有絕對的對與錯，這完全是制度所造成的問題。遠人尚可懷柔，但如果本國官員因此犯禁，則無須講究情面：

> 嘉靖元年（1522），暹羅及占城等夷各海船番貨至廣東，未行報稅。市舶司太監牛榮與家人蔣義山、黃麟等私收買蘇木、胡椒并乳香、白鑞等貨，裝至南京，又匿稅盤出，送官南京。刑部尚書趙鑑等擬問蔣義山等違禁私販番貨例，該入官蘇木共三十九萬九千五百八十九斤、胡椒一萬一千七百四十五斤，可值銀三萬餘兩……刑部尚書林俊復疏謂，查得見行條例，通番下海，買賣劫掠，有正犯虜死，全家邊衛充軍之條。買蘇木、胡椒千斤以上有邊衛充軍，貨物入官之條。所以嚴華夷之辯，謹禍亂之萌。〔註175〕

市舶司太監牛榮，以職權之便，購買番貨，最終因罪伏誅。文中提到「華夷之辯」，這說明了明朝在處理問題上，仍有華夷兩套標準，對於華人有一定的刑責在，但對於番舶則似乎任由他們往來。就處理走私貿易而言，明朝可謂「嚴以律己，寬以待人」。

第六節　結　語

　　試比較明初藩屬國朝貢明朝的情形，因制蓬莪用心經營與明朝之關係，使得占城比其他國家更受到明太祖的關愛。占城朝貢明朝，帶動了兩國之間的各種交流。其交流展現了明太祖朝貢體系的建立與明成祖下西洋的鴻圖霸業：

> 帝嘗以永樂七年（1409）命太監鄭和、王景弘等統官兵二萬七千餘人，駕海舶四十八艘，往諸番國開讀賞賜，得諸國風土貢物，所紀諸景，示群臣不可不知祖宗開拓疆宇、夷夏一體之意。初至占城國……〔註176〕

因此要研究明占朝貢關係，不可忽視此部份。在兩國交流的過程中，彼此相互影響，占城的物產諸如香料、布匹、犀象流入中國；而中國的文學、正朔、

〔註175〕〔明〕嚴從簡，《殊域周咨錄》，卷8，頁283～284。

〔註176〕〔明〕呂毖，《明朝小史》，《四庫禁燬書叢刊·史部【19】》（北京：北京書局，1997），卷17，〈崇禎紀·諸番國風土〉，頁602。

服色也傳入占城。兩國的貿易對彼此皆有龐大的商機，但因明朝政府對貿易途徑的嚴格控管，因此非官方管道的私人貿易屢見不鮮，這雖不是明政府所樂見的，卻也從另一角度說明著私底下明朝與占城的緊密關係。

結　論

第一節　占城外交成與敗

　　「外交誠然是一個繼續不斷的過程，外交的原則是世世代代的智慧、理性和經驗的累積」〔註1〕從占城對明朝的外交政策來看，完全應證了這一句話。占城國的項羽——制蓬莪為了對付安南，主動朝貢明朝，並成為明朝的藩屬國，為此開了先例。從制蓬莪開始，占城「國王嗣位必請命於朝，亦遣使行禮。」〔註2〕其目的即是憑藉著朝貢明朝的契機，對其世仇安南施加壓力。〔註3〕

　　在明太祖時期，制蓬莪以「獻俘」、「遣使告捷」、「祝壽」等外交手段，增加明朝對占城的好感，收到一定的成效。明朝開始介入越占紛爭，要求兩國停戰。雖然明太祖基於國防政策，一直把重心放在北方；對於東南亞諸國自始自終保持一貫的中立立場。不過，從明太祖寫給制蓬莪的國書，以及明初朝貢情形來看，占城不啻是當時明朝在東南亞最親近的國家。相形之下，安南在外交上卻顯得笨拙，因自身政變、明越邊境糾紛、越占衝突等因素，不斷與明朝交惡。

　　外交的最終目的是維護本國利益，不同的國家有不同的打算，這是國際

〔註1〕　李其泰，《外交學》，頁24。
〔註2〕　〔明〕嚴從簡，余思黎點校，《殊域周咨錄》，卷7，〈南蠻・占城〉，頁251。
〔註3〕　明人唐胄（1471～1539）曾說安南朝貢明朝是：「奉正朔，保境而威其鄰。」從占城的角度想，亦然。〔明〕嚴從簡，余思黎點校，《殊域周咨錄》，卷6，〈南蠻・安南〉，頁219。

秩序裡的生存法則，對於占城而言也不例外。

明成祖時期，三個國家不約而同發生政變。明成祖希望提昇自身的威望，以平息國內的反對聲浪，因此「揚名異域」成為他的首選。在越占衝突中，明成祖積極介入，試想天下大事何其多，明成祖卻能在六天之內處理完關於越占衝突的三份國書，可見其重視的程度。

陳天平的事件發生，反而給了占城一個機會。安南襲擊了明朝使節團，讓明成祖面子掛不住，於是占城趁機扇風點火，慫恿明朝出兵安南，結果「成祖皇帝既取交趾，狼子野心之民悉郡縣。」

明朝出兵安南，就客觀分析而言，二十條征討罪狀中關於占城有六條，雖不是決定性因素，但還是有一定份量在。例如：「占城為中國藩臣，既受朝廷印章服物，黎賊乃自造鍍金銀印、九章、冕服、玉帶等物，以逼賜其王。」、「占城國王惟尊中國，不重安南，以此一年凡兩兵加。」占城憑藉著與明朝之主藩關係，不斷向明朝申訴，並控訴安南違反明朝的天下秩序，占城最終藉由明朝之手消滅心腹大患──安南，這是占城在外交上空前的大勝利。

明朝、安南與占城三者間一直有著錯綜複雜的三角關係。明朝出兵安南後，占城在外交上作一轉變。對於占城而言，安南故然討厭，但明朝的威脅性更大。況且，此時占城與明朝在邊境利益上糾紛不斷，占城遂資助安南當地的反明勢力去牽制明朝。從這很難去批判占城在外交上是否有錯誤之處，畢竟「唇亡齒寒」，這只能說是占城一種自保的手段。筆者相信占城對於明朝的恐懼遠勝於尊敬，從占城國王對於鄭和的態度：「下象，膝行，匍匐，感沐天恩」，即可看出。

黎朝興起後，占城再次向明朝靠攏。只是，有「天南洞主」之稱的黎聖宗早已看出占城「狐媚燕京」的技倆。黎聖宗年輕氣盛，有狼子之野心。黎聖宗從安南的外交史中學到教訓，也找出突破占城狐假虎威的方法。黎聖宗一方面派遣間諜去調查明朝各項情報，另一方面派遣使者前往明朝奏「占城地方事」，迷惑明朝的耳目，使明朝在處理越占糾紛上不至於一味地往占城方向倒，在明朝來不及反應之際，占城幾近為安南所併吞。占城王子古來被迫於中國接受冊封，占城與明朝的朝貢關係也因而進入尾聲。

安南在外交上懂得改變，占城卻因襲固守，註定失敗。占城一心以為只要臣服明朝，即可成為明朝之保護國。殊不知，此一時也，彼一時也。自明成祖去世後，明朝的巔峰時代也隨之告終，緊接而來的土木堡之變對明朝是

一大創傷，國力也因而不如以往。占城只知「連橫」明朝，卻不知「合縱」
東南亞諸國，以當時黎朝對周圍國家出兵的情形來看，占城若聯合東南亞諸
國相抗衡或可避免單打獨鬥，「故小敵之堅，大敵之擒也」。〔註4〕

　　占城對明朝的外交過於保守不變通，以致失敗，但其影響卻無遠弗屆。
占城對明朝的外交活動，透過朝貢貿易的管道，其影響性涵蓋各個層面。原
先所有國家朝貢明朝的期限皆有一定規範，但占城「盡忠天朝，無虧歲貢」，
明朝還是默許了占城「每歲一貢」的事實。張奕善先生認爲：「藩國的朝貢與
國貿是兩者相輔相生的，國貿被絕，政治外交便不易維繫。」因此兩者是相
輔相成的。朝貢貿易帶動了兩國的交流：占城對明朝影響的部份，如動物、
布匹、香藥；明朝對占城的影響，則有科舉、文學、正朔與服色。此外，明
占走私貿易亦是值得留意之處。

　　占城對明朝的外交，政治是其首要考量因素。占城因其外交策略不變，
由成功走至失敗，從占城與明朝的外交互動中，看盡了小國的求生之道。縱
橫捭闔、遠交近攻、唇亡齒寒等外交名詞，在這段歷史裡生動的呈現出來。
現在，「狐媚燕京」亦已成爲歷史名詞，即便占城消失於歷史舞台，但我們仍
不能忽略其所帶來的歷史教訓及歷史意義。

第二節　綜合討論與見解

　　關於本篇論文寫作，與許多歷史研究一樣，筆者雖已盡力爬疏，但有時
對於資料不足仍感到無力。首先，最關鍵的是占城本身的史料，如今流傳下
來的以石刻碑文爲主，上面所刻寫的無非是梵文或占文，主要研究者又以法
國爲主，這使筆者在研究上碰到困難的語言障礙，這是筆者本身能力不足所
致，也成爲本文一大遺憾。但據筆者初步了解，這些碑文主要遺留在美山遺
址，美山遺址的巔峰期在 7～13 世紀，而占城目前的手抄文獻，有〈潘陀浪
王宮檔案〉，主要記述 17 世紀以後占城王室在潘陀浪的情形，剛好與筆者所
研究之14～16 世紀之占城錯開，是可惜之處。

　　安南本身的史料，如《大越史記全書》，雖是同期之史料，但黎聖宗是以
勝利者的角度，命史官編修，對於歷史事件難免偏於安南一方。在《欽定越
史通鑑綱目》裡，阮朝翼宗御批曰：「凡外國事，我史與中國史各持一說，不

〔註4〕　〔周〕孫武，駢宇騫等注，《孫子・謀攻篇》，頁 19。

免護短，未知熟是。」〔註5〕阮翼宗對於黎朝征服占城之經過也常常抱持懷疑之態度，可見安南史料只能參考，未能全信。且在《大越史記全書》裡關於占城之事往往過於簡略，時而隱晦不寫，也難以進行歷史研究。

幸好，中國寫史的傳統特重政治史，且因中國士人較重品格，史家寫史也比安南來的客觀。在明朝的史料裡，常常留有官方的外交紀錄，使筆者得以一窺占城與明朝互動之情形，且鄭和下西洋的隨從也留有一手資料，更可幫助筆者建構當時的歷史背景。只是中國史料華夷觀念濃厚，不免有失偏頗。不管是那一方史料，皆有其優缺點，唯有將不同史料進行比較與整合，才能還原歷史的面貌，這是筆者得以完成本篇論文之主因。

在史料的運用上，除了正史、實錄、文人筆記、地方志等傳統史料外，筆者利用國內外的電子資料庫找到許多珍貴的史料。例如在「故宮書畫典藏資料檢索」中找到明太祖寫給制蓬峩的國書，這是多麼彌足珍貴。從史料本身來說，僅是明太祖寫給眾多國王的一封信，但對於研究占城的學者來說，卻是目前看到唯一一封親筆信。又，筆者在「故宮博物院藏宮廷繪畫」無意間發現《少數民族像冊》，使得本來毫無資料的通事麻林機，突然間栩栩如生的出現在我們面前。近年來興起的「漢喃古籍文獻典藏數位化計畫」，更幫助筆者快速取得越南當地資料，這不得不拜科技所賜。王國維先生很早就闡釋「新發現」和「新學問」的關係，不過科技日新月異，「新方法」也同樣重要。歷史是不斷的進步，歷史研究並不拘泥過去，有新方法、新觀念才能豐富歷史研究。筆者的研究並非百分之百正確，所提供的只是歷史當中的一個現象，學問本是相互切磋交流，或許將來有更多證據出土時，可以還給占城一個歷史全貌。就像李昌鈺所說：「讓證據說話，讓歷史證明一切。」

2013年11月，筆者為了論文，前往越南進行移地研究，首站即是漢喃研究院。筆者拜會了研究員丁克順老師，以及漢喃院院長。由於受限院內規定，很多書籍不對外開放，但丁克順老師人很熱心，在不違反院內規定下，借調相關書籍供筆者閱讀，令筆者很是感激。隨後，筆者又參訪了越南歷史博物館、占婆博物館、美山聖地等景點，蒐集了不少資料，讓筆者得以將出土文物與文獻作結合，豐富了研究成果。

〔註5〕　〔越〕潘清簡，《欽定越史通鑑綱目》，卷24，頁6下。
　　　　http://lib.nomfoundation.org/collection/1/volume/264/page/49，擷取日期2013/9/28。

第三節　未來研究與展望

　　占城與明朝的官方外交到嘉靖二十二年六月甲午（1543/7/22）告終，雖然至此結束了朝貢關係，但未來仍有許多延伸課題可以探討。例如 1545 年以後安南兩大家族鄭氏與阮氏交惡，安南自此進入南北對峙時期。阮氏政權推行南向擴張政策，不斷侵擾占城，占城不得不把首都從新州遷往鶴頂（今越南東南岸頭頓角〔Cap St.Jacques〕一帶）。在安南、占城之爭中，明朝大體上是支援占城，以牽制安南。當時曾任四夷館提督的陳全之提出徙海商以實新州，幫助占城恢復貿易，「足國裕民」的計策，〔註6〕只可惜此計不成功。〔註7〕

　　明朝支援占城雖難以實行，但也證明了中國商人在占城的貿易影響力。明朝末年，鄭芝龍遣船興販琉球、朝鮮、眞臘、占城、三佛齊等國〔註8〕，購買南洋商品轉口至日本。〔註9〕鄭成功更是在其父基礎上擴大海外貿易，每年平均約投入四十六至五十艘的商船在海外貿易上。其中，用於「東洋」日本貿易的約三十艘，用於「西洋」東京、廣南、占城、柬埔寨、瑜陀耶、大泥、麻六甲、柔佛、萬丹、咬留巴、呂宋貿易的約六至十艘。〔註10〕上述皆證明占城在海外貿易的地位。

　　正德、嘉靖以後，葡萄牙、西班牙、荷蘭、英國等西方商人闖入東南沿海，與中國猖獗的海盜活動糾纏在一起，走私成為貿易的主流，安南、占城、暹羅等地成為中國海商對日本、臺灣、菲律賓、馬六甲、巴達維亞等地的走私貿易基地和轉口貿易中心。荷蘭人在大員（今臺南）、巴達維亞，西班牙人在菲律賓，都曾經採取措施吸引中國商人開展雙邊貿易。

〔註6〕　二國各自有事，其地久棄不理。若允占城修貢載行，賜以眞封，嚴勅諸國。凡有閩廣水商，久沒該國者，盡室起赴新州，分田立宅，就其眾中之豪，授以千百夫長之號，內以都護占城，外則大通諸國，運致土產，轉相貿易；不出數年，番舶畢集；吳、浙、閩、廣水商亦許徑至。若遣官往理，起例抽分，足國裕民。姑且未論，而威伸南海，交阯猶服，仍以中國之化施之炎嶠，則慕我聲名，樂吾德教，日漸月化，其民可臣服矣。〔明〕陳全之，《蓬窗日錄》，卷2，〈西南夷〉，頁70。

〔註7〕　李慶新，〈貿易、移植與文化交流：15～17 世紀廣東人與越南人〉，頁 5。本篇於 2003 年 3 月 13～15 日發表於香港中文大學圖書館系統主辦，「第二屆海外華人研究與文獻收藏機構國際合作會議」。更詳細內容可參閱鄭永常，〈會安興起：廣南日本商埠形成過程〉，頁 170～172。

〔註8〕　〔清〕計六奇，《明季南略》（北京：中華書局，1984），頁 187。

〔註9〕　臺灣大百科全書 http://taiwanpedia.culture.tw/web/index，擷取日期 2013/9/30。

〔註10〕　陳錦昌，《鄭成功的台灣時代》（臺北：向日葵文化，2004），頁 34。

　　閩粵商人在安南、占城、暹羅貿易中最為活躍，與日本、荷蘭、葡萄牙、西班牙人一起經營，東北亞以日本，中國沿海以臺灣、月港、廣州、澳門，中南半島以廣南、占城、馬六甲，菲律賓馬尼拉、印度尼西亞巴達維亞為樞紐的遠東海洋貿易，構成世界海洋貿易的重要組成部分。〔註11〕

　　文祿元年（1592），太閤豐臣秀吉創立了朱印船制度，「凡受朱印往廣南、東京、占城、柬埔寨、六坤（今那空是貪瑪叨）、大泥（北大年）、暹羅、臺灣、呂宋、阿媽港等為商賈，特許渡海」，〔註12〕准許日本京都、堺、長崎商人前往上述地方經商。〔註13〕創立江戶幕府的德川家康也曾為了伽羅香，向占城進行貿易。〔註14〕肥前日野江藩主有馬晴信，在德川家康主政時代成為少數持有對外貿易特許狀「朱印狀」領主之一，也擁有許多船隻往來日本與澳門、占城。〔註15〕

　　16世紀以降，占城也逐漸受到西方勢力的影響。西班牙來到東南亞後，與占城有所往來。吾師李毓中先生在這方面有深厚的造詣，在其所寫的〈取人膽汁獻於王：十六世紀末西班牙文獻中的占城（Champa）風俗與概況〉也略及西班牙與占城之關係。西班牙人關於占城的資訊主要來源有三，一是在1593年Diego Beloso以柬埔寨國王使節抵達馬尼拉時，以證人身份在當時總督哥枚司・佩列斯・達斯馬里尼亞斯面前寫下的證詞中，提及他與Gregorio de Vargas曾被占城國王欺騙而囚禁在該地為奴；〔註16〕二是Miguel de Jaque de los Ríos de Manzanedo及Gabriel de San Antonio等人，1596年跟著Blas Ruiz

〔註11〕李慶新，〈貿易、移植與文化交流：15～17世紀廣東人與越南人〉，頁6。

〔註12〕《長崎志》，轉引自許雲樵，《北大年史》（新加坡：南洋編譯所，1946），頁43。

〔註13〕李德霞，〈日本朱印船在東南亞的貿易〉，《東南亞南亞研究》4（2010），頁80～84＋92。

〔註14〕日本國臣使舶司長谷川左兵衛藤廣謹呈書占城國主殿下，風舶往來千里，如回談為慰為喜，前日伽羅香百斤來吾邦，遣白銀二拾貫目，何為銀多而香少哉？所深□也！有佳香，則以柬埔寨之便可被相達也。腰刀壹柄附貴使去吾主君之所贈於殿下也。又被物二領被寄貴夫人，又二領被寄貴姊，且又吾儕信物脇刀壹柄獻之甘殿下。以往益修盟好之道者，豈有它乎？及有佳香而必有其告　吾邦遣人須買取之，所乞者以風便而得佳香也！事事附使者之古頭不宜。〔日〕桃木至朗、樋口英夫、重枝豐著，《チャンパ：歷史・末裔・建築》，頁61。

〔註15〕臺灣大百科全書 http://taiwanpedia.culture.tw/web/index，擷取日期2013/9/30。

〔註16〕A.G.I.(Archivo General de Indias, Sevilla), Filipinas 6, R.7, N. 106.

等人在柬埔寨時，聽聞 Blas Ruiz 提及一些有關占城的風俗民情。〔註 17〕最後，則是一份據信是哥枚司・佩列斯・達斯馬里尼亞斯家族開始製作的抄本，前面曾提到的《謨區查抄本（Boxer Codex）》，此手稿最後幾頁收有一份〈占城王國風俗報告（Relación de las costumbres del reino de Chanpa）〉，堪稱是目前有關十六世紀占城風俗概況最詳細的報告。〔註 18〕

　　荷蘭東印度公司 VOC 興起後，也在東南亞建立據點。從現存的荷蘭相關資料來看，荷蘭在占城的活動似乎是以對付競爭者為主而非貿易：如《巴達維亞城日記》裡記載荷蘭在占城沿岸搜索葡萄牙船〔註 19〕及中國船隻〔註 20〕；甚至是破壞西班牙在東南亞的艦隊。〔註 21〕除次之外，尚有類似私掠船的記載。〔註 22〕在《熱蘭遮城日誌》裡亦有提到荷蘭會派遣快艇在占城沿海

〔註 17〕 Miguel de Jaque de los Ríos de Manzanedo, *Viaje de las Indias Orientales y Occidentales*, 1606(Spain: Ediciones Epuela de Plata, 2008), p. 110；Gabriel de San Antonio, "Descripción del reino de Champa, y costumbres de los naturales", *Breve y Verdadera Relacion de los Sucesos del Reino de Camboxa, 1604(en Roberto Ferrando, Relaciones de la Camboya y el Japón*(Madrid: historia 16, 1988), p. 62.

〔註 18〕 李毓中，〈取人膽汁獻於王：十六世紀末西班牙文獻中的占城（Champa）風俗與概況〉。本篇於 2012 年 5 月 31 日發表於佛光大學社會科學暨管理學院主辦「2013 臺灣的東南亞區域研究年度研討會」。

〔註 19〕 1634 年 2 月（崇禎七年）：司令官 Coster 奉令於中國沿岸搜索上列兩艘也哈多船……而本身率引古格間號及地山姆號赴占城海岸，航行 Pracel 淺灘及其外洋 Poulo Cecil 以及陸地之附近，以監視現在正乘季節風期通過該處之葡萄牙船及中國船。〔荷〕官方，郭輝譯，《巴達維亞城日記（第一冊）》（臺北：臺灣文獻，1970），頁 98。

〔註 20〕 1634 年 2 月（崇禎七年）：並下令威林堅號在沿岸搜索海盜 Tan glauw，勸彼以其兵力再與我方聯合對付中國，然後開往占城海岸前進……又戎克船應探勘 Samsuan 與海南間之水路及中國沿岸以及南海與大陸間之水陸，由該地開往占城。〔荷〕官方，郭輝譯，《巴達維亞城日記（第一冊）》，頁 109。

〔註 21〕 1642 年 1 月（崇禎十五年）：其目的為在馬狗（澳門）海南及東京灣，監視敵船……又巡視廣南及江巴（Champa）沿岸各港，盡量對西班牙人予以損害。〔荷〕官方，郭輝譯，《巴達維亞城日記（第二冊）》（臺北：臺灣文獻，1970），頁 346。

〔註 22〕 如 1634 年 2 月（崇禎七年）：大型中國戎克船一般滿載貨物抵達本地。該船自廈門島西端之街鎮 Laqueteijn 開往柬埔寨，在占城海岸被也哈多船威林堅號所扣留，認為其船員及船貨為正當之捕獲物。〔荷〕官方，郭輝譯，《巴達維亞城日記（第一冊）》，頁 97。1643 年 12 月：一官或其他中國人之帆船與日本通商而經我等扣留作為正當捕獲物時，日本將作何想法；對此詢問獲得回答謂：如在日本領域外即在中國廣南、占城等海岸捕獲此項帆船，則保證不發生麻煩，但將受到海盜之惡評。〔荷〕官方，郭輝譯，《巴達維亞城日記（第

巡弋以提防西班牙船隻〔註 23〕，或是在占城沿岸與廣南船隻交戰〔註 24〕，以及關於管理前往占城貿易船的報告。〔註 25〕

　　占城雖不再是中國的藩屬，但仍一起參與了大航海時代的舞台，在海洋史上留有一席之地。占城這一歷史上的古老王國，留下了許多未來值得深入研究的課題，對於占城的研究有賴於區域和國際合作，上述所提皆可成為將來合作研究計畫的題材，正如時間的長河會繼續流動，歷史的研究也永不止息。

二冊）》，頁 398。

〔註 23〕1642/1/26（崇禎十五年）：一艘中國人的戎客船從大員抵達巴達維亞，所攜帶的東西當中，有一封特勞牛斯署期 1641 年 11 月 17 日的書信。特勞牛斯說……回程將沿著廣南與占巴海岸巡弋西班牙大帆船。〔荷〕官方，江樹生譯註，《熱蘭遮城日誌（第二冊）》（臺南：臺南市政府，2002），頁 10。

〔註 24〕1642/9/14（崇禎十五年）：註釋（7）Pieter Boon，安特威普人。1643 年六月以三艘船的司令官航離【荷文本作：再度前往】福爾摩莎。7 月 7 日，途中，在占巴沿海與廣南大帆船交戰中，因快艇 Wijdenes 號爆炸去世。〔荷〕官方，江樹生譯註，《熱蘭遮城日誌（第二冊）》（臺南：臺南市政府，2002），頁 20。

〔註 25〕1646/4/24（永曆元年）：有 1 艘戎客船持我們的通行證從此地航往占巴（Tsiampa）王國，載有 50 擔提煉過的硫磺，一批粗瓷器鐵鍋，以及一些其他的中國雜貨，搭有 39 個人。〔荷〕官方，江樹生譯註，《熱蘭遮城日誌（第二冊）》（臺南：臺南市政府，2002），頁 525。

附　錄

占城諸王年表（1360～1543）

君王（梵文）	中文記載	越史記載	拼音	在位期間
Po Binasuor	阿荅阿者	制蓬莪	Chế Bồng Nga	1360～1390
Jayasimhavarman V	閣勝	羅皚	La Khai	1390～1400
Indravarman VII	占巴的賴	占巴的賴	Ngauk Klaung	1400～1441
	摩訶賁該	摩訶賁該	Ma Ha Vijaya	1441～1446
	摩訶貴來	摩訶貴來	Ma Ha Quí Lai	1446～1449
	摩訶貴由	摩訶貴由	Ma Ha Quí Do	1449～1458
	摩訶槃羅悅	槃羅茶悅	Ma Ha Bàn La Trà Duyệt	1458～1460
	槃羅茶全	槃羅茶全	Bàn La Trà Toàn	1460～1471
	槃羅茶悅	槃羅茶遂	Bàn La Trà Toại	1471～1474
	齋亞麻勿庵		Techai Ya Ma Fou Ngan	1474～1478
	古來		Kou Lai	1478～1505
	沙古卜洛		Cha Kou Pou Lo	1505～1543

參考書目

一、中文史料

1. 〔周〕孫武，駢宇騫等注，《孫子》，北京：中華書局，2007。
2. 〔漢〕司馬遷，《史記》，北京：中華書局，2007。
3. 〔漢〕班固，《漢書》，北京：中華書局，1962。
4. 〔漢〕鄭玄，《周易》，長沙：岳麓書社，2001。
5. 〔漢〕鄭玄，《禮記》，臺北：新興書局，1977。
6. 〔北魏〕酈道元，《水經注》，北京：時代文藝出版社，2001。
7. 〔南朝宋〕范曄，《後漢書》，北京：中華書局，1965。
8. 〔南齊〕沈約，《宋書》，北京：中華書局，1974。
9. 〔南梁〕蕭子顯，《南齊書》，北京：中華書局，1972。
10. 〔唐〕釋道宣，《續高僧傳》，《續修四庫全書【1181】子部‧宗教類》，上海：上海古籍出版社，1995。
11. 〔宋〕王禹偁，《小畜集》，《景印文淵閣四庫全書【1086】》，臺北：臺灣商務印書館，1983。
12. 〔宋〕王欽若，《冊府元龜》，南京：鳳凰出版社，2006。
13. 〔宋〕周必大，《文忠集》，《景印文淵閣四庫全書【1147】》，臺北：臺灣商務印書館，1983。
14. 〔宋〕周去非，楊武泉注，《嶺外代答》，北京：中華書局，1999。
15. 〔宋〕范祖禹，《唐鑒》，臺北：臺灣商務印書館，1937。
16. 〔宋〕陸佃，《增修埤雅廣要》，《續修四庫全書【1271】子部‧小說家類》，上海：上海古籍出版社，1995。

17. 〔宋〕陸遊，《劍南詩稿》，上海：上海古籍出版社，1985。

18. 〔宋〕趙汝适，馮承鈞校注，《諸蕃志校注》，北京：中華書局，1956。

19. 〔宋〕樂史，王文楚等點校，《太平寰宇記》，北京：中華書局，2007。

20. 〔宋〕葉隆禮，《契丹國志》，上海：上海古籍出版社，1985。

21. 〔元〕脫脫，《宋史》，北京：中華書局，2007。

22. 〔元〕脫脫，《遼史》，北京：中華書局，1974。

23. 〔元〕汪大淵，蘇繼廎校釋，《島夷誌略校釋》，北京：中華書局，1981。

24. 〔元〕周達觀，《真臘風土記》，北京：中華書局，2000。

25. 〔明〕王世貞，《安南傳》，《明代基本史料叢刊·鄰國卷·越南【79】》，北京：線裝書局，2006。

26. 〔明〕王世貞，《彙苑詳註》，《四庫全書存目叢書·子部【180～181】類書類》，臺南：莊嚴文化事業有限公司，1995。

27. 〔明〕王世貞，魏連科點校，《弇山堂別集》，北京，中華書局，1985。

28. 〔明〕王圻，王思義編，《三才圖繪》，上海：上海古籍出版社，1988。

29. 〔明〕王圻，〔萬曆〕《續文獻通考》，臺北：文海出版社，1984。

30. 〔明〕王鳴鶴，《登壇必究》，《續修四庫全書【960～961】子部·兵家類》，上海：上海古籍出版社，1995。

31. 〔明〕田汝成，《西湖遊覽志》，浙江：人民出版社，1980。

32. 〔明〕田藝蘅，《留青日札》，上海：上海古籍出版社，1985。

33. 〔明〕朱之瑜，《舜水先生文集》，《續修四庫全書【1385】集部·別集類》，上海：上海古籍出版社，1995。

34. 〔明〕朱元璋，臺灣學生書局編，《明朝開國文獻》，臺北：臺灣學生書局，1966。

35. 〔明〕朱元璋，《明太祖文集》，《景印文淵閣四庫全書【1223】》，臺北：臺灣商務印書館，1983。

36. 〔明〕李文鳳，《越嶠書》，《四庫全書存目叢書·史部【162～163】載記類》，臺南：莊嚴文化事業有限公司，1996。

37. 〔明〕李東陽、申時行，《大明會典》，臺北：文海出版社，1984。

38. 〔明〕李時珍，劉衡如、劉山永校注，《新校注本本草綱目》，北京：華夏出版社，1998。

39. 〔明〕李賢，《明一統志》，臺北：臺灣商務印書館，1983。

40. 〔明〕宋岳，《晝永編》，《續修四庫全書【1124】子部·雜家類》，上海：上上海古籍出版社，1995。

41. 〔明〕宋廉，《元史》，臺北：中華書局，1965。

42. 〔明〕宋應星,《天工開物》,臺北:臺灣商務印書館,2011。

43. 〔明〕何喬遠,《名山藏》,臺北:成文出版社,1971。

44. 〔明〕沈周,《石田翁客座新聞》,《續修四庫全書【1167】子部・雜家類》,上海:上海古籍出版社,1995。

45. 〔明〕沈德符,《萬曆野獲編》,北京:中華書局,1997。

46. 〔明〕呂毖,《明朝小史》,《四庫禁燬書叢刊・史部【19】》,北京:北京書局,1997。

47. 〔明〕吳楚材,《疆識略》,《四庫全書存目叢書・子部【181～182】類書類》,臺南:莊嚴文化事業有限公司,1995。

48. 〔明〕佚名,《祕閣元龜政要》,《四庫全書存目叢書・史部【12】編年類》,臺南:莊嚴文化事業有限公司,1996。

49. 〔明〕佚名,酒井忠夫監修,《三台萬用正宗》,東京:汲古書院,2000。

50. 〔明〕佚名,酒井忠夫監修,《萬用正宗不求人》,東京:汲古書院,2003。

51. 〔明〕佚名,酒井忠夫監修,《萬書淵海》,東京:汲古書院,2001。

52. 〔明〕佚名,酒井忠夫監修,《五車萬寶全書》,東京:汲古書院,2001。

53. 〔明〕佚名,域外漢籍珍本文庫編纂出版委員會編,《龍頭一覽學海不求人》,北京:人民出版社,2011。

54. 〔明〕周嘉胄,《香乘》,《景印文淵閣四庫全書【844】》,臺北:臺灣商務印書館,1983。

55. 〔明〕林希元,《同安林次崖先生文集》,《四庫全書存目叢書・集部【075】別集類》,臺南:莊嚴文化事業有限公司,1997。

56. 〔明〕武緯子補訂,域外漢籍珍本文庫編纂出版委員會編,《新刊翰苑廣記補訂四民捷用學海群玉》,北京:人民出版社,2011。

57. 〔明〕官修,黃彰健校勘,《明實錄》,京都:中文出版社,1984。

58. 〔明〕姚虞,《嶺海輿圖》,臺北:廣文書局,1969。

59. 〔明〕胡宗憲,《籌海圖編》,《明代基本史料叢刊・鄰國卷【41】》,北京:線裝書局,2006。

60. 〔明〕茅元儀,《武備志》臺北:華世出版社,1984。

61. 〔明〕茅瑞徵,《皇明象胥錄》,《四庫禁燬書叢刊・史部【10】》,北京:北京書局,1997。

62. 〔明〕胡廣,《胡文穆公文集》,《四庫全書存目叢書・集部【28】別集類》,濟南:齊魯書社,1997。

63. 〔明〕高岱,《鴻猷錄》,上海:上海古籍出版社,1992。

64. 〔明〕涂山,《明政統宗》,臺北:成文出版社,1969。

65. 〔明〕唐胄，〔正德〕《瓊臺志》，《天一閣藏明代地方誌叢刊【18】》，臺北：新文豐書局，1985。

66. 〔明〕唐胄，〔正德〕《瓊臺志》，《海南地方志叢刊》，海口：海南出版社，2006。

67. 〔明〕俞汝楫，《禮部志稿》，《景印文淵閣四庫全書【597】》，臺北：臺灣商務印書館，1983。

68. 〔明〕馬歡，馮承鈞校注，《瀛涯勝覽校注》，上海：中華書局，1955。

69. 〔明〕夏原吉，《忠靖集》，《景印文淵閣四庫全書【1240】》，臺北：臺灣商務印書館，1983。

70. 〔明〕徐三友，酒井忠夫監修，《五車拔錦》，東京：汲古書院，1999。

71. 〔明〕徐光啓，《農政全書》，上海：上海古籍出版社，1979。

72. 〔明〕徐企龍，酒井忠夫監修，《妙錦萬寶全書》，東京：汲古書院，2003。

73. 〔明〕張國經，〔崇禎〕《廉州府志》，北京：書目文獻出版社，1992。

74. 〔明〕張燮，《東西洋考》，北京：中華書局，1984。

75. 〔明〕莫旦，《大明一統賦》，《四庫禁燬書叢刊·史部【21】》，北京：北京書局，1997。

76. 〔明〕都穆，《都公談纂》，上海：上海古籍出版社，2005。

77. 〔明〕鄧元錫，《皇明書》，《四庫全書存目叢書·史部【29】別史類》，臺南：莊嚴文化事業有限公司，1996。

78. 〔明〕焦竑，《國朝獻徵錄》，《續修四庫全書【531】史部·傳記類》，上海：古籍出版社，1995。

79. 〔明〕費信，《星槎勝覽》，臺北：廣文書局，1969。

80. 〔明〕費信，馮承鈞校注，《星槎勝覽校注》，上海：中華書局，1954。

81. 〔明〕黃衷，《海語》，《中國風土志叢刊【61】》，揚州：廣陵書社，2003。

82. 〔明〕黃省曾，謝方校注，《西洋朝貢典錄》，北京：中華書局，2000。

83. 〔明〕黃淮，《黃文簡公介菴集》，《叢書集成續編【138】文學類》，臺北：新文豐書局，1988。

84. 〔明〕黃洪憲，《碧山學士集》，《四庫禁燬書叢刊·集部【30】》，北京：北京書局，1997。

85. 〔明〕黃道周，《廣名將傳》，《叢書集成初編》，上海：商務印書館，1937。

86. 〔明〕曾邦泰，〔萬曆〕《儋州志》，《海南地方志叢刊》，海口：海南出版社，2004。

87. 〔明〕曾才漢，〔嘉靖〕《太平縣誌》臺北：新文豐書局，1985。

88. 〔明〕湯顯祖，《玉茗堂全集》，《四庫全書存目叢書·集部【181】別集

類》臺南：莊嚴文化事業有限公司，1997。

89. 〔明〕楊榮，《文敏集》，《景印文淵閣四庫全書【1240】》，臺北：臺灣商務印書館，1983。

90. 〔明〕楊士奇，劉博涵、朱海點校，《東里文集》，北京：中華書局，1998。

91. 〔明〕解縉，《文毅集》，《景印文淵閣四庫全書【1236】》，臺北：臺灣商務印書館，1983。

92. 〔明〕葛寅亮，《金陵玄觀志》，《續修四庫全書【719】史部‧地理類》，上海：上海古籍出版社，1995。

93. 〔明〕過廷訓，《本朝分省人物考》，《續修四庫全書【535】史部‧傳記類》上海：上海古籍出版社，1995。

94. 〔明〕蔡汝賢，《東夷圖說》，《四庫全書存目叢書‧史部【255】地理類》，臺南：莊嚴文化事業有限公司，1996。

95. 〔明〕鄭曉，《吾學編》，《續修四庫全書【424】史部‧雜史類》，上海：上海古籍出版社，1995。

96. 〔明〕鞏珍，向達校注，《西洋番國志》，北京：中華書局，1982。

97. 〔明〕陳士元，《諸史夷語解義》，《四庫未收書輯刊‧拾輯‧柒冊》，北京：北京書局，2000。

98. 〔明〕陳子龍，《明經世文編》，北京：中華書局，1962。

99. 〔明〕陳于宸，〔萬曆〕《瓊州府志》，《日本藏中國罕見地方志叢刊【1】》北京：書目文獻出版社，1990。

100. 〔明〕陳仁錫，《潛確居類書》巴伐利亞州立圖書館
http://ostasien.digitale-sammlungen.de/。

101. 〔明〕陳全之，《蓬窗日錄》，《續修四庫全書【1125】子部‧雜家類》，上海：上海古籍出版社，1995。

102. 〔明〕陳建，《皇明通紀法傳全錄》，《四庫禁燬書叢刊補編‧第 10 冊》，北京：北京書局，2005。

103. 〔明〕陳建，《皇明通紀法傳全錄》，《續修四庫全書【357】史部‧編年類》，上海：古籍出版社，1995。

104. 〔明〕陳建，《皇明通紀集要》，《四庫禁燬書叢刊‧史部【034】》，北京：北京書局，1995。

105. 〔明〕薛鳳翔，《牡丹史》，安徽：人民出版社，1983。

106. 〔明〕戴璟、張岳，〔嘉靖〕《廣東通志初稿》，《北京圖書館古籍珍本叢刊【38】史部‧地理類》，北京：書目文獻出版社，1988。

107. 〔明〕戴冠，《濯纓亭筆記》，《四庫全書存目叢書‧子部【103】雜家類》，暨南：齊魯書社，1995。

108. 〔明〕謝肇淛，《五雜組》，上海：上海書局，2001。

109. 〔明〕羅日褧，余思黎點校，《咸賓錄》，《中外交通史籍叢刊》，北京：中華書局，2000。

110. 〔明〕嚴從簡，余思黎點校，《殊域周咨錄》，北京：中華書局，2000。

111. 〔清〕計六奇，《明季南略》，北京：中華書局，1984。

112. 〔清〕俞樾，《茶香室叢鈔》，臺北：新興書局，1979。

113. 〔清〕張廷玉，《明史》，北京：中華書局，2007。

114. 〔清〕夏燮，沈志華編，《明通鑑》，北京，改革出版社，1994。

115. 〔清〕屈大均，《廣東新語》，北京：中華書局，1997。

116. 〔清〕顧炎武，《天下郡國利病書》，《續修四庫全書【597】史部·地理類》，上海：上海古籍出版社，1995。

117. 〔清〕劉嶽雲，《格物中法》，《中國科學技術典籍通彙·綜合卷》，鄭州：河南教育出版社，1995。

118. 〔民國〕趙爾巽，《清史稿》，北京：中華書局，1976。

二、外國資料

1. 〔越〕黎崱，武尚清點校，《安南志略》，北京：中華書局，2000。

2. 〔越〕吳士連，陳荊和編校，《大越史記全書》，東京：東京大學東洋文化研究所附屬東洋學文獻センター刊行委員會，1984。

3. 〔越〕潘清簡，《欽定越史通鑑綱目》漢喃古籍文獻典藏數位化計畫 http://www.nomfoundation.org/。

4. 〔越〕陳重金，《越南史略》，戴可來譯作《越南通史》，北京：商務印書館，1992。

5. 〔越〕陶維英著，鐘民岩譯，《越南歷代疆域：越南歷史地理研究》，北京：商務印書館，1973。

6. 〔法〕馬司培羅，馮承鈞譯，《占婆史》，上海：臺灣商務印書館，1933。

7. 〔法〕G.賽代斯，蔡華、楊保筠譯，《東南亞的印度化國家》，北京：商務印書館，2008。

8. 〔法〕費瑯，(Ferrand, Gabriel)輯注、耿昇譯，《阿拉伯波斯突厥人東方文獻輯注》北京：中華書局，1989。

9. 〔法〕費琅，馮承鈞譯，《崑崙及南海古代航行考，蘇門答剌古國考》，《世界漢學論叢》，北京：中華書局，2002。

10. 〔義〕馬可波羅，沙海昂（A.J.H. Charignon）註，馮承鈞譯，《馬可波羅行紀》，臺北：臺灣商務印書館，2000。

11. 〔荷〕官方，江樹生譯註，《熱蘭遮城日誌（第一冊）》，臺南：臺南市政府，1999。

12. 〔荷〕官方，江樹生譯註，《熱蘭遮城日誌（第二冊）》，臺南：臺南市政府，2002。

13. 〔荷〕官方，江樹生譯註，《熱蘭遮城日誌（第三冊）》，臺南：臺南市政府，2004。

14. 〔荷〕官方，江樹生譯註，《熱蘭遮城日誌（第四冊）》，臺南：臺南市政府，2010。

15. 〔荷〕官方，郭輝譯，《巴達維亞城日記（第一冊）》，臺北：臺灣文獻，1970。

16. 〔荷〕官方，郭輝譯，《巴達維亞城日記（第二冊）》，臺北：臺灣文獻，1970。

17. 〔荷〕官方，程大學譯，《巴達維亞城日記（第三冊）》，臺北：臺灣文獻，1990。

18. 〔日〕岩村成允，許雲樵譯，《安南通史》，香港：星洲世界書局，1957。

19. 〔日〕石澤良昭編，《東南アジア史【2】東南アジア古代家國の成立と展開》，東京：岩波書店，2001。

20. 〔日〕石井米雄編，《東南アジア史【3】東南アジア近世の成立》，東京：岩波，2001。

21. 〔日〕石井米雄，《東南アジア世界の構造と變容》，東京：創文社，1986。

22. 〔日〕宮岐正勝，《鄭和の南海大遠征：永樂帝の世界秩序再編》，東京：中央公論社，1997。

23. 〔日〕桃木至朗、樋口英夫、重枝豊，《チャンパ：歷史・末裔・建築，》東京：めこん，1999。

24. 〔日〕Tran Ky Phuong、重枝豊，《チャンパ遺跡》，東京：連合出版，1997。

25. 〔澳〕瑞德（Anthony Reid），吳小安、孫來臣、錢江、李塔娜譯，《東南亞的貿易時代 1450～1680》，北京：商務印書館，2010。

26. 〔紐西蘭〕尼古拉斯・塔林主編，陳明華、俞亞克譯，《劍橋東南亞史》，雲南，人民出版社，2003。

27. 〔英〕D.G.E.霍爾，中山大學東南亞歷史研究所譯，《東南亞史》，北京：商務印書館，1982。

28. Reid, Anthony, *Southeast Asia in the Age of Commerce, 1450-1680*, New Haven: Yale University Press, 1988.

29. Boxer Codex 手稿，未出版，感謝李毓中老師提供。

30. Christie, Jan Wisseman,"State Formation in Early Maritime Southeast Asia: A Consideration of the theories and the Data", *Bijdragen tot de Taal-, Land- en*

Volkenkunde, 151/2 (1995), pp. 235-288.

31. Majumdar, Ramesh Chandra, *Champā : history & culture of an Indian colonial kingdom in the Far East, 2nd.-16th century A.D.*, New Delhi: Gyan Pub. House, 2008.

32. Nicholas Tarling, *The Cambridge history of Southeast Asia*, Cambridge: Cambridge University Press, 1999.

33. Trần Kỳ Phương & Bruce M. Lockhart, *The Cham of Vietnam: history, society, and art*, Singapore: NUS Press, 2011.

34. Wolters, O. W., *History, Culture, and Region in Southeast Asian Perspectives*, Ithaca, N.Y.: Cornell University, 1999.

三、近人著作

1. 中國社會科學院，《古代中越關係史資料選編》，北京：中國社會科學院，1932。

2. 王自強編，《明代輿圖綜錄》，北京：星球地圖出版社，2007。

3. 向達整理，《鄭和航海圖》，《中外交通史籍叢刊》，北京：中華書局，1961。

4. 呂宗力，《中國歷代官制大辭典》，北京：北京書局，1994。

5. 李其泰，《外交學》，臺北：正中書局，1980。

6. 李雲泉，《朝貢制度史論——中國古代對外關係體制研究》，北京：新華書局，2004。

7. 姚楠，《東南亞與華人——王賡武教授論文選集》北京：中國友誼出版公司，1987。

8. 梁錦文，《越南簡史》，南投：國立暨南大學東南亞研究中心，2003。

9. 萬明，《明代中外關係史論稿》，北京：中國社會科學院，2011。

10. 晁中辰，《明代海禁與明代海外貿易》，北京：人民出版社，2005。

11. 許雲樵，《北大年史》，新加坡：南洋編譯所，1946。

12. 國立中央圖書館編，《明人傳記資料索引》，臺北：編者印行，1966。

13. 陶晉升，《中國近古史》，臺北：東華書局，1979。

14. 陶晉升，《宋遼金元史新編》，臺北：稻香出版社，2008。

15. 張奕善，《東南亞史研究論集》，臺北：臺灣學生書局，1976。

16. 張秀民，《中越關係史論文集》，臺北：文史哲出版社，1992。

17. 曾玲，《東南亞的鄭和記憶與文化詮釋》，合肥：黃山書社，2008。

18. 雲南省錢幣研究會、廣西錢幣學會編，《越南歷史貨幣》，北京：中國金融出版社，1993。

19. 廖舜右等著，《國際關係新論》，臺北：五南出版社，2013。

20. 劉曉暉、楊燕譯，《印度神話：永恆的輪迴》，北京：中國青年出版社，2003。

21. 鄭一鈞，《論鄭和下西洋》，北京：海洋出版社，2005。

22. 鄭永常，《征戰與棄守：明代中越關係研究》，臺南：國立成功大學，1998。

23. 鄭永常，《來自海洋的挑戰：明代海貿政策演變研究》，臺北：稻香出版社，2004。

24. 鄭鶴聲、鄭一鈞，《鄭和下西洋資料彙編》，濟南：齊魯書社，1989。

25. 陳序經，《東南亞古史研究合集（上卷）》，廣東：海天出版社，1992。

26. 陳佳榮、謝方、陸峻嶺，《古代南海地名匯釋》，北京：中華書局，1986。

27. 陳達生，《鄭和與東南亞伊斯蘭》，北京：海洋出版社，2008。

28. 陳學霖，《明代人物與史料》，香港：香港中文大學，2001。

29. 陳學霖，《明代人物與傳說》，香港：香港中文大學，1997。

30. 陳錦昌，《鄭成功的台灣時代》，臺北：向日葵文化，2004。

31. 龔書鐸、劉德麟主編，《圖說明朝》，臺北：知書房，2009。

四、期刊資料

1. 王桃，〈明成祖出兵安南人數考述〉，《華南師範大學學報（社會科學版）》5（2004），頁153～155。

2. 王貞貞，〈略論占婆文化〉，《東南亞縱橫》12（2004），頁72～76。

3. 毛春初，〈安南、占婆的百年衝突（1368～1471）與明朝的不作為政策〉，《中山大學研究生學刊（社會科學版）》22：4（2001），頁86～91。

4. 朱桂蓮，〈論越南對占婆的征服〉，《江漢大學學報（人文科學版）》4（1989），頁60～66。

5. 杜劍宣，〈從占婆國的滅亡看越南的「南進」〉，《廣西師範學院學報（哲學社會科學版）》2（1981），頁50～55。

6. 李未醉，〈古代占婆對華朝貢之動因探析〉，《廣西社會科學》3（2006），頁100～102。

7. 李德霞，〈日本朱印船在東南亞的貿易〉，《東南亞南亞研究》4（2010），頁80～84＋92。

8. 桂光華，〈關於占婆建國時間的兩種看法淺析〉，《南洋問題研究》1（1984），頁114～120。

9. 梁志明，〈論占城在鄭和下西洋中的歷史地位與作用〉，《南洋問題研究》4（2004），頁1～10＋96。

10. 許鈺，〈占城國譯語註〉，《南洋學報（一）》第二卷，第一輯（臺北，成

文出版社，1950），頁 1385～1409。

11. 許雲樵，〈滿剌加國譯語註〉《南洋學報（四）》第六卷，第一輯（臺北，成文出版社，1950）頁 327～353。

12. 郭紹林，〈隋代東都洛陽的佛教內道場和翻經館〉，《世界宗教文化》4（2006），頁 29～31。

13. 張奕善，〈明帝國南海外交使節考〉，《臺大歷史學報》3（1976.05），頁 131～195。

14. 黃柏棋，〈How to Deal with Aboriginal Culture-Ancient Champa as an Example〉，《民族學報》6（2007.12），頁 53～75。

15. 黃國安，〈鄭和下西洋與中國占城經濟文化交流〉，《東南亞縱橫》2（1985），頁 30～34。

16. 黃國安，〈占城與宋朝的友好關係〉，《東南亞縱橫》3（1984），頁 24～27。

17. 鄧昌友、陳文源，〈宋朝與占城經貿關係探索〉，《東南亞縱橫》2（2004），頁 66～69。

18. 劉利華，〈宣德至成化年間明朝出使占城使節考〉，《韶關學院學報》4（2002），頁 102～106。

19. 劉利華，〈明朝出使占城使節考（上）〉，《阜陽師范學院學報（社會科學版）》1（2002），頁 122～124。

20. 劉利華，〈明代占城通使中國考〉，《船山學刊》3（2009.07），頁 177～180。

21. 廖大珂，〈論伊斯蘭教在占城的傳播〉，《南洋問題研究》3（1990），頁 88～97。

22. 餘思偉，〈占婆與宋朝貿易關係略述〉，《東南亞縱橫》3（1982），頁 24～26。

23. 鄭永常，〈明太祖朝貢貿易體制的建構與挫折〉，《新亞學報》22（2003），頁 457～498。

24. 陳文，〈占城與中國明朝的文化交流〉，《東南亞研究》4（2004），頁 92～96。

25. 陳文，〈明代占城與中國的友好關係〉，《東南亞縱橫》7（2004），頁 45～51。

26. 陳文，〈明朝出使占城研究〉，《東南亞》2（2004），頁 46～52。

27. 陳顯泗，〈12～13 世紀真臘占婆間的「百年戰爭」〉《雲南師範大學學報（哲學社會科學版）》4（1988），頁 8～14。

28. 蕭軒竹，〈占城在明代對外關係中的地位〉，《政大史粹》10（2006.06），頁 1～27。

五、會議論文

1. 李毓中。2012 年 6 月 3～4 日。〈東南亞古王國的最後身影：十六世紀末西班牙文獻中的占城〉，發表於國立清華大學人社中心主辦「季風亞洲與多元文化國際學術研討會：多元文化視角下的東西文明交流」工作坊。

2. 李毓中。2012 年 5 月 31 日。〈取人膽汁獻於王：十六世紀末西班牙文獻中的占城（Champa）風俗與概況〉，發表於佛光大學社會科學暨管理學院主辦「2013 臺灣的東南亞區域研究年度研討會」。

3. 李慶新。2003 年 3 月 13～15 日。〈貿易、移植與文化交流：15～17 世紀廣東人與越南人〉，發表於香港中文大學圖書館系統主辦，「第二屆海外華人研究與文獻收藏機構國際合作會議」。

4. 張正諺。2012 年 5 月 31 日。〈占城在明中葉前期海洋史上的歷史意義〉，發表於佛光大學社會科學暨管理學院主辦「2013 臺灣的東南亞區域研究年度研討會」。

5. 鄭永常。2013 年 5 月 17 日。〈新州港之夢：占城都城地理位置考釋〉，發表於國立成功大學歷史系與人社中心主辦「2013 年近世東亞海港城市研究工作坊 II」工作坊。

6. 鄭永常。2013 年 11 月 29～30 日。〈會安興起：廣南日本商埠形成過程〉發表於國立成功大學人社中心主辦「2013 海洋文化學術研討會【東亞海港城市與文化】」。

7. 陳宗仁。2011 年 11 月 4 日。〈略論《東西洋考》所附輿圖對東亞海域的描繪〉，發表於中研院人社中心主辦「近世東亞海域史的多視角研究：以各國史料為中心的探討」工作坊。

8. 陳信雄。2013 年 5 月 17 日。〈近世東亞各國外銷陶瓷與海外交通〉，發表於國立成功大學歷史系與人社中心主辦「2013 年近世東亞海港城市研究工作坊 II」工作坊。

六、學位論文

1. 李富森，〈略論占城與宋朝的關係〉河南：鄭州大學歷史研究所碩士論文，2005。

2. 劉利華，〈明朝與占城關係論略〉廣州：暨南大學歷史研究所碩士論文，2002。

七、網路資源

1. 中國期刊網 http://cnki50.csis.com.tw.nthulib- oc.nthu.edu.tw/kns50/index.aspx。

2. 北京故宮博物院藏宮廷繪畫 www.dpm.org.cn/big5/E/E23/wenwu/49.htm。

3. 日本九州大學總合研究博物館デジタルアーカイブ
   http://record.museum.kyushu-u.ac.jp/wakan/。
4. 法國家圖書館 http://gallica.bnf.fr/。
5. 故宮書畫典藏資料檢索 http://painting.npm.gov.tw/npm_public/index.htm。
6. 華藝線上圖書館 http://www.airitilibrary.com/。
7. 臺灣大百科全書 http://taiwanpedia.culture.tw/web/index。
8. 德國巴伐利亞州立圖書館 http://ostasien.digitale-sammlungen.de/。
9. 數位典藏國家型科技計畫 http://www.ndap.org.tw/index.php。
10. Google 衛星地圖 http://maps.google.com.tw/。

八、電子資料庫

1. 中研院漢籍電子資料庫。
2. 中國方志庫。
3. 中國基本古籍庫。
4. 文淵閣四庫全書電子版。
5. 漢喃古籍文獻典藏數位化計畫 http://www.nomfoundation.org/。